担当与创新

走出“深水区”的区域教育改革

主　编　高一鸣
副主编　孙　茜　姜汉明　田　恒　李继冶　王　磊

山东大学出版社
SHANDONG UNIVERSITY PRESS
·济南·

图书在版编目(CIP)数据

担当与创新:走出“深水区”的区域教育改革/高一鸣主编.—济南:山东大学出版社,2022.2
ISBN 978-7-5607-7386-5

Ⅰ.①担… Ⅱ.①高… Ⅲ.①地方教育—教育改革—研究—济南 Ⅳ.①G525.21

中国版本图书馆 CIP 数据核字(2022)第 015679 号

责任编辑 张彩芸
封面设计 王秋忆

担当与创新
DANDANG YU CHUANGXIN
——走出“深水区”的区域教育改革

出版发行 山东大学出版社
社　　址 山东省济南市山大南路 20 号
邮政编码 250100
发行热线 (0531)88363008
经　　销 新华书店
印　　刷 济南巨丰印刷有限公司
规　　格 720 毫米×1000 毫米 1/16
　　　　 14.5 印张 277 千字
版　　次 2022 年 2 月第 1 版
印　　次 2022 年 2 月第 1 次印刷
定　　价 59.00 元

区域教育走出“深水区”的标志性成就

（代序）

2014年，我在接受媒体专访时说过，我国正处在经济社会转型的关键时期，教育改革也进入“深水区”。办好人民满意的教育就必须正确对待教育在发展过程中出现的热点问题，使教育的改革与发展步入良性循环的轨道。我还提出，教师常常是改革的发动者，是原动力。要发挥学校和教师的积极性和创造性，就要给学校和教师充分的自主权，使他们愿意改革，能够改革。这其中的关系是显而易见的，只有充分发挥学校和教师的积极性和创造性，才能推动教育教学高质量发展，才能解决教育在发展过程中出现的难点问题，从而办好人民满意的教育。

提高质量是教育改革发展的核心任务。从教育大国向教育强国转变，从人力资源大国向人力资源强国转变，关键是提高质量。质量的提升特别要强调以下几点：首先是建立正确的教育质量观，把是否适应国家需要和人的全面发展需要作为衡量教育质量的根本标准；其次是制定教育质量标准，建立教育质量保障体系；最后是把办学的精力和资源集中到提高质量上面来，提高质量必须加强教师队伍建设，有好的教师才有好的教育，教师质量和水平的高低，决定了教育质量和水平的高低。

在一次全国会议上，听了高一鸣同志有关济南高新技术产业开发区（以下简称“济南高新区”）以落实区管校聘促进教育教学高质量发展的介绍，我感到非常欣慰和兴奋。其后，我们就有了更加深入的交流。“县管校聘”是教育体制机制改革的“牛鼻子”“深水区”，是建设现代学校制度的核心。现代学校制度的建设关键是进一步理顺学校和政府的关系，教育和行政的关系，还有学校内部的机构之间的关系。济南高新区的改革以岗位聘任为突破口，以绩效考核为杠杆，以绩效薪酬改革为驱动力，成功地理顺了这些关系，有效地促进了教师和校长的有效流动，激发了教师的育人主体精神，使优质的教育资源得到更广泛的普及，实现了各个学校的教学质量的普遍提高，高新区涌现出一批优质品牌学校，初中学业水平由改革前的全市末位跃升为全市前列，使得更多的人受到更好的教育，满足了人民群众对优质教育的美好期盼。

济南高新区勇于走进教育改革“深水区”，体现了当地党委政府的担当意识和创新精神。有人问过我，如何最大限度地实现教育公平？我的回答是，首先要强化教育的公益性质，强化政府责任。教育是具有基础性、普惠性的社会事业，政府必须依法管好。其次政府还要加大对教育基本公共服务的投入力度，拓展教育基本公共服务的范围，比如将职业教育纳入其中，向贫困地区和薄弱环节倾斜，努力缩小教育差距。最后还应该建立促进教育公平的长效机制，以制度保障公平。其实这三点归结为一点，就是要求当地政府要有不忘初心使命的担当精神，落实加大投入、缩小差距的体制机制，保障实现教育公平。从全国范围看，在高新区教育的“高”与“新”的光环之下，其实更多的是教育发展存在起点低、底子薄、优质资源少等问题，这些问题与高新区经济发展强、涌入人口多形成鲜明的对比。济南高新教育人以“坐不住、等不起”的危机感、责任感和使命感，在全国率先启动教育体制机制改革，实现从教育管理向教育治理转变，由内涵提升到特色发展，由鲜为人知到品牌蝶变，走出了“内涵提升、特色发展、品牌蝶变”的教育改革新路径。

济南高新教育教学质量的“蝶变”，充分体现了改革的必要性、重要性和迫切性。在传统的教育管理体制中，教育行政部门集“管办评”于一身，导致了学校办学自主权不足、家长参与度不够、办学开放度不高等问题；在学校管理方面，管理人员只能上不能下，教师队伍只能进不能出，考核评价方式单一，绩效考核作用不明显；在个人成长方面，原有教师职称评审限制了教师成长，教师干多干少、干好干坏一个样，协同育人配合效率极低。因此，通过教育全方位改革破解难题是加快教育发展的必由之路，所以要全面改。怎么改是最重要的问题，也是最大的难题。改就要敢于突破传统体制地改，就要全面、系统、深入地改。我认为，济南高新区重点做好了“转”“放”“评”和“聘”四项工作，实现了“能上能下、能进能出、多劳多得、优劳优酬”的改革任务目标，构建了全国区域教育发展典型新范式。

（一）加快“转”，变“善政”为“善治”

济南高新区教育改革首先理顺并重新界定了政府与学校的关系，由原来上下级的从属关系，转为政府出资购买学校教育服务，出资额的多少取决于学校提供的教育品质。具体来说就是按照学校培养学生的数量、质量及社会满意度，以不同标准按生均的方式向学校拨付薪酬包，学校再进行二次分配。

（二）持续“放”，变“政府推车”为“学校开车”

一是转体制。打破了事业单位“铁交椅”，对自愿加入岗位聘任管理体系的学校全体人员，实施了全员聘任制，实现了从身份管理到岗位管理。二是强竞争。改革以校长竞争上岗引领岗位竞聘，通过竞争上岗择优选贤，提升校长自我发展内生力。同时，对校长个人职级评定转变为对学校岗位管理难度的评定，赋予了校长权责相当的人权、事权、财权，从原有校长身份管理到校长岗位管理。三是破瓶颈。我们创造了教师职级晋升新赛道，建立了晋升积分制，不再受职称名额限制，达到相应的积分可晋升一个薪级。打破了教师专业化发展和薪酬体系的“天花板”。四是铺双轨。建立教育管理人员与教师相对独立的“双轨运行”绩效体系，建立档案工资与实际薪酬相分离的“双轨运行”管理机制。

（三）优化“评”，变“终结性评价”为“发展性评价”

一是多元化评价。评价指标以培养学生核心素养为核心，包括关键指标、特色指标、辅助指标、否决指标。这套评价体系既包含有党和国家赋予的教育要求，也有社会对教育的期许，同时给予校长更大的自主办学权，实现学校特色发展。在评价过程中，更加侧重对其实施发展性评价，引导和鼓励学校自我分析、自我研究、自我改进。二是捆绑式考核。学校、校长、教师成为利益共同体，发挥了团队育人的作用。全体人员按岗定薪，与学校进行捆绑考核评价，既解决了中小学长期以来无法解决的干好干坏、干多干少都一样的顽疾，又能形成团队合力，提高育人效果。

（四）做好“聘”，变“学校人”为“系统人”

真正落实县（区）管校聘政策，创新用人机制，合理配置教师资源，实施动态调整机制，使教师由“学校人”变为“系统人”，打破了教师交流轮岗的管理体制障碍。本着“全体起立、重新上岗、择优选配、统筹安排”的原则，建立了“人才超市”，达成了“系统人”与“学校人”的“双向选择”，实现了通过竞聘上岗改造人、培养人、成就人的教育改革初心。

可以说，济南高新区以岗位聘任为突破口在全国率先启动了区域教育体制机制改革，走出了“内涵提升、特色发展、品牌蝶变”的教育改革新路径，为区域教育高质量发展提供了可供借鉴的理论和经验。我们有理由相信，在实现《中国教育现代化 2035》的宏伟蓝图的改革与创新实践中，济南高新教育会深化改革，再接再厉，开拓创新，形成全社会共同参与的教育治理新格局，进一步深化创新人才培养方式和教学组织模式等方面的教育教学，培养学生创新精神与实践能力，提升教育高质量发展的内涵，为当地和全国总体实现教育现代化做出突出贡献！

2021 年元旦于上海

（袁振国，教授，博士生导师，享受国务院特殊津贴。现任国家教育体制改革领导小组办公室副主任，国家教育咨询委员会秘书长，华东师范大学教育学部主任）

前 言

由于历史的原因，我国长期以来实行的是一种高度集中的教育管理体制。这种体制的特点是：在管理方式和管理行为上注重用行政、计划的手段对教育进行直接干预和严格控制，强调管理过程的硬性规范，强调教育评价结果的统一量化。教育和管理机制相对单一、固定，自上而下的行政命令推行和实施相对直接。这在一定程度上有利于教育整齐划一发展和教育机会均等的实现，但随着我国经济社会的高速发展，尤其是教育现代化的提出与实施，这种教育管理机制与模式已经明显不适应当下教育发展和学校发展的要求：地方政府手中有限的教育管理权不能真正服务于学校发展特色教育以适应本地经济发展提出的教育有效需求；学校没有充分的自主权，师生缺乏主动性，学校教育与社会需求存在脱节，毕业生的数量、类型往往不能适应国家和社会发展对人才的基本要求，产生了大量教育无效供给，种种结果严重阻碍了教育现代化的进程。

2010年3月，长达2.7万字的《国家中长期教育改革和发展规划纲要(2010～2020年)》征求意见稿公之于众，这是未来10年中国教育改革的路线图和时间表。对于新一轮教育改革，党中央、国务院提出要重视改革的系统设计和整体安排，加快重要领域和关键环节改革步伐，以改革推动发展，以改革提高质量，以改革增强活力，进一步消除制约教育发展和创新的体制机制障碍。

有文章指出，这标志着中国的教育改革走入“攻坚期”和“深水区”，走出“攻坚期”，突破“深水区”，这是历史赋予我们的责任与使命。[①] 著名学者袁振国先生2014年在接受记者采访时也指出：我国正处在经济社会转型的关键时期，教育改革也进入深水区。办好人民满意的教育就必须正确对待教育在发展过程

① 参见张以瑾等：《中国教育改革的深水突围——教育规划纲要贯彻落实两周年述评之三》，《中国教育报》2012年8月17日。

中出现的热点问题，使教育的改革与发展步入良性循环的轨道。但是，随着教育综合改革不断深入，深层次矛盾也不断凸显。认识不到位、政策不配套、改革动力不足成为影响改革深入的主要挑战；各自为政，各方面利益难以平衡，利益相关方的改革积极性欠缺则是最为现实的阻力。推进教育领域综合改革，一要更新观念，二要创新体制。要建立起中央和地方上下贯通、职责明确的纵向机制，沟通顺畅、协调发展的横向机制；理顺改革指导机构与改革执行机构之间的关系；推进试点之间的充分共享、共同推进，带动全国教育综合改革顺利开展。[①]

自党的十八届三中全会正式提出“推进国家治理体系和治理能力现代化”，教育治理成为我国教育管理体制改革研究的时代最强音。但日益复杂的教育事务与相对集中的公共权力之间的矛盾凸显。一方面，政府部门对教育进行着强力控制；另一方面，政府在教育改革和发展中也存在基本职能履行不足、实际制度供给不足等问题，使得教育改革的指令性和随意性并存，“千校一面”与巨大的“校际差距”同在。学者们认为，教育治理改革的关键是实现管办评分离，基于教育规律科学治教，不断推进教育公共权力运行的制度化、规范化、法治化，最大限度地促进教育公平，最终能为每个学生提供优质教育，实现教育领域公共利益的最大化。2017年，中共中央办公厅、国务院办公厅《关于深化教育体制机制改革的意见》提出，“深化简政放权、放管结合、优化服务改革，把该放的权力坚决放下去，把该管的事项切实管住管好，加强事中事后监管，构建政府、学校、社会之间的新型关系”，“完善中小学教师绩效工资制度，改进绩效考核办法，使绩效工资充分体现教师的工作量和实际业绩”，“实行校长职级制”，摘掉校长的“官帽”。

济南高新区全面落实习近平总书记和中共中央、国务院关于深化教育体制机制改革的指示和意见，创新式改革了阻碍教育高质量发展的难点和痛点——全面、系统和深入地突破传统教育体制机制的束缚，以“能上能下、能进能出、多劳多得、优劳优酬”为核心，重点做好“转”“放”“评”和“聘”等四项工作，构建了区域教育发展典型新范式，实现了从教育管理向教育治理转变，产生了新时代教育系统人文化责任与主体创造精神全面提升的“乘积效应”，由内涵提升到特色发展，由鲜为人知到品牌蝶变，区域教育教学质量稳步跨入全市前列，走出了一条“内涵提升、特色发展、群峰并起”的教育改革新路径。

本书分七个部分介绍了近10年来济南高新区教育人在党委政府的正确领导下，积极响应全区管理体制机制改革，深入落实“县管校聘”，推广和深化“三

---

① 参见袁振国：《教育改革已经进入深水区》，《华夏教师》2014年第4期。

自教育”教学成果，助力高新区教育走出凹地、打造四个高地的奋斗与创新过程中的思考与收获。第一章基于本区域的历史与现实背景，介绍了我们对新型教育关系、现实挑战的思考。第二章主要介绍了新时代教育行政主管部门勇于改革和率先改革的担当精神，通过补齐全区域教育的“木桶”短板和纠正教育传统体制中的惯性效应，为深入改革做好前提准备。第三章是本书重点内容之一，通过案例介绍了落实县管校聘改革的过程，展示了改革过程中变“善政”理念为“善治”措施、变“政府推车”为“学校开车”、变终结性评价为过程发展性评价、教师从“学校人”变为“系统人”的政策出台与实施效果，反映了以育人“心”内涵与教育治理新机制的改革主题。第四章从区域教研工作、校本教研改革、校长教研角色回归以及课堂教学与教育质量评价等方面，展现了教育管理体制机制改革给本区域教科研带来的巨大变化，学校校长与教师的主体精神得到激发与释放后，对教育教学改革与高质量发展发挥了空前的积极作用。第五章基于区域特点介绍了学校在高质量发展过程中与社区及社会各界的互动与影响，阐释了家校社共育对学校工作的促进作用，以及学校发展对社区文化的辐射与影响作用。第六章从教育有了高度、教育有了温度、教育有了厚度和教育有了热度四个层面，展示了教育管理体制机制改革之后，本区域品牌学校群峰并起、居民幸福空前增强、内生创新激发蜕变和百家同道携手共进等全区教育教学整体呈现的面貌。最后一部分是对区域教育发展今后面临任务与挑战的思考，从张扬高新教育人的创业精神、担起办人民满意教育的使命、依法创新教育体制机制改革、依托教科研学深化教育教学、以人性的力量发展教育内涵等五个方面提出：走出“深水”的区域教育，不忘初心、牢记使命，今后要以更强劲的担当意识与创新精神，进一步解放思想，开拓创新，攀登教育高质量发展的“高山”，为实现中华民族振兴的中国梦做出贡献。

十分感谢袁振国先生在百忙之中为本书作序，更感恩他多年来对本区教育工作高屋建瓴的指导和关心。由于时间仓促，水平所限，本书存在不少纰漏和错误，希望大家予以批评指正。

高一鸣

2022 年 2 月

目　录

第一章 新时代区域教育高质量发展的使命

“教育是国之大计、党之大计。”近年来，习近平总书记关于教育的重要论述以及中共中央、国务院相继出台的系列教育文件，对区域性基础教育的全学段、全要素、全方位改革指明了方向、路径、重点和标准，我国区域基础教育进入大变革、大调整、高质量发展新时期。党的十九届五中全会审议通过的《中共中央关于制定国民经济和社会发展第十四个五年规划和二〇三五年远景目标的建议》提出建设高质量教育体系，到 2035 年建成教育强国的战略目标，为我国制定教育领域中长期规划提供了基本遵循。济南高新区教育抓住本区域体制机制改革的战略发展机遇，从 2016 年开始，针对影响区域教育整体发展的现实问题，聚焦学校高质量发展的核心地带，为全面提升教育质量，满足人民群众对优质教育的美好期盼，济南高新区教育以岗位聘任为突破口，以绩效考核为杠杆，以绩效薪酬改革为驱动力，以四个高地建设为着力点，在全国率先启动教育体制机制改革，走出了“内涵提升、特色发展、品牌蝶变”的教育改革新路径，实现了“济南教育看高新”的奋斗目标。

第一节 区域教育高质量发展的时代背景

随着《中共中央关于全面深化改革若干重大问题的决定》的发布，校长和教师的岗位设置、编制管理及流动交流等教育重大资源配置等问题浮出水面，区域教育领域的探索和改革进入“深水区”，面临着很多前所未有的新情况、新问题、新矛盾，改革的难度大、压力大，矛盾也比较多，许多问题没有现成答案，需要在实践中探索。这要求教育行政部门能够对学校现有岗位设置、编制管理等问题提出更科学的方案，进一步优化教育资源配置。

一、新时代所面临的新型教育关系

新时代教育事业面临的形势任务，可以用五个“新”来研判。一是新形势，深刻认识人民群众对公平优质教育的需求日益强烈，决定了今后教育发展的主要内容；世界百年未有之大变局加速演变的趋势，决定了今后中国教育走向世界、教育对外开放的主要任务；在全球治理和国际规则制定中主要矛盾的表现形式，决定了今后参与教育国际治理的突破方向。二是新阶段，迈向第二个百年奋斗目标新征程中，我们的主要任务是构建高质量发展教育体系，目标是建成教育强国、实现教育现代化。从“富起来”到“强起来”，主要解决好不好、强不强的问题，要补齐短板、攻克短板。三是新理念，“十四五”规划建议从根本上讲是新发展理念的“规划版”，教育系统要把新发展理念具体化，从内涵、外延、工作措施等方面全面落实，重新书写教育高质量发展的生产函数。四是新格局，教育要主动服从于、服务于以国内大循环为主体、国内国际双循环相互促进的新发展格局，自觉成为新发展格局中的内生变量，深入研究教育与社会的循环、教育与经济的循环、教育自身国内循环和国际循环等。五是新要求，新形势新任务给教育提出了政治需求、量的需求、质的需求、文化需求、结构需求五方面需求。①

基于新教育形势，区域教育高质量发展要激活五个新型教育关系。一是新型的师生关系。在常态化班级学习中，几十名学生面对一名学科教师，形成了“多对一”的师生关系。随着线上教育持续开展，一名学生除了班级学科教师，还有线上辅导学科教师，这些教师不仅可能是其他学校的，还有可能是充当“教师”角色的家长或其他社会人员，形成了“一对多”的师生关系。此次疫情中，高新区中学教师开放型在线辅导有效解决了全市初高中毕业年级学生无法正常到校上课的问题，印证了这种新型师生关系所起到的作用。二是新型的家校关系。当前，家庭和学校之间的界限不再清晰，二者融为一体，相互支撑、相互作用，共同聚焦孩子成长。学校中的“课”可以停，家庭扮演起了“学校”的角色，借助互联网使得学校教育的价值更清晰、内容更鲜活、意义更丰富；学校扮演起了“家庭”的角色，借助互联网使得家庭教育的定位更准确、理解更全面、方法更多样。三是新型的师校关系。以往教师和学校之间有着较强的“绑定”关系，教师的教学时间与教学实践是在学校完成的。如今，教师的多元角色正在冲破原有学校体制机制的束缚，原来的“绑定”关系逐渐转变为“融合”关系。对于教师而

① 参见邓晖：《教育系统：奋力开创教育高质量发展新局面》，《光明日报》2020 年 11 月 8 日。

言，针对本班孩子的辅导答疑是“规定动作”，网上辅导答疑以及线上新课的讲授则是“自选动作”，这种混合式的角色模式为教师专业化成长带来了重要发展机遇。四是新型的亲子关系。随着线上教育持续介入，家庭教育中增加了学校教育的场景与元素，在原来亲子关系的基础上逐渐叠加上了“师生关系”，形成了一种新型的融合关系。当家长的角色叠加上教师角色后，家长会逐渐改变自己，避免将自己成长过程中的惯性转移到孩子的成长中；当孩子的角色叠加上学生角色后，孩子会产生自我认知，逐渐将家长的言传身教转移到自己的成长中。五是新型的学考关系。当前情况下，学和考转变为主从关系，学主考从、以学定考成为处理学考关系的基本把握，新的学考关系更多体现出从“一考”到“多考”的转变：从“一考”定全部到“多考”显个性、从“一考”定分数到“多考”显综合、从“一考”定能力到“多考”显素质。需要注意的是，“多考”并不是简单的多次重复考试，而是特指与学的过程相结合的考试。这样的考试体现的是以学为出发点的学校全过程治理的一致性和一体化，是学校全过程治理中体现新型学考关系的要义所在。

二、济南高新区教育的改革背景

高新区，主要是指基于人才与智力的高度聚合和集中，通过将产、学、研相结合，有效完成高新精尖技术与产业的有序聚集，促进社会、经济与科学技术协调有序发展的综合性园区。世界上第一家高新技术产业园区于 20 世纪 50 年代诞生在美国斯坦福大学，经过了 60 多年的发展完善，高新区已经成为世界各国和地区经济发展、科技创新、产业升级的原动力和最优惠政策集聚的中心地。高新区在其他国家也称作“大学研究园区”“科学工业园”“科学城”等。1988 年，国务院正式批准实施“火炬计划”，扶持内容包括聚焦创新产业集群、科技服务体系、产业化示范项目和产业化环境建设项目等，高新技术产业开发区建设和发展的序幕随之拉开。1991 年，国务院批准建立首批国家级高新区，济南高新区名列其中，历经 30 多年的建设和发展，已成为济南市乃至山东省的科技经济建设主战场、创新创业新高地。但是，与其他开发区一样，在管理体制方面，济南高新区同样遇到了一些困难和挑战，也面临许多“成长中的烦恼”。针对发展中遇到的问题，2016 年初，济南高新区按照济南市委、市政府的部署启动了体制机制改革工作，全面推行管理体制和干部人事制度改革。济南高新区体制机制改革坚持问题导向，致力于破除行政化运作模式，着力解决行政效率低下、动力活力不足等主要问题，根据“企业化管理、市场化运作、专业化服务”的要求和目标，推动“四大改革任务”，实现“四个转变”，通过一系列动作，高新区经济社会发展的管理体制和用人分配机制改革取得重大成效和突破。随着经济的发展和改革的不断深入，改革初期的一系列问题不断凸显。如何进一步优化改革，实现管理体制更加高效精简、干部人事管理机制更加激励竞争、开发运营制度更加灵活实用，成为济南高新区持续改革创新促进高质量发展面临的新问题。①

由于历史的原因，我国长期以来实行的是一种高度集中的教育管理体制。这种注重用行政和计划手段进行直接干预、严格控制和统一评价学校教育的机制与模式，已经明显不适应当下教育发展和学校发展的要求。如何将地方政府手中有限的教育管理权真正服务于学校发展特色教育，最大限度地满足和适应本地经济发展对教育的需求；如何落实学校充分的自主权，激发学校师生教与学的主动性，以解决学校教育与社会需求存在脱节、不能适应国家和社会发展对人才的基本要求的问题，这是加大教育有效供给，推动区域教育现代化进程的关键问题。济南高新区跨区范围大、各方面力量和资源不均衡、教育起步晚，区域教育底子薄、基础弱，优势资源欠缺，教育发展普遍不均衡、不充分，诸多背景及区域实际困难成为区域教育管理体制改革的难题和痛点。因此，传统教育管理体制对我们阻碍更大，教育行政部门管得多、管得死、重行政、轻服务，管理人员能上不能下、教师队伍只进不出，学校缺乏办学自主权、教师专业成长主体意识弱，等等，问题十分突出。这一系列问题，要求我们必须彻底改变传统教育管理体制的弊端，从革新教育理念、变革教育体制与机制的根本上构建教育新格局，扭转区域教育发展的劣势，实现区域教育全面、实质性提升。

三、济南高新区教育面对的挑战

2016 年 6 月，按照济南市委、市政府颁布的《关于公布市级下放济南高新区管委会行政权力清单的通知》，市直相关部门下放 3258 项权限至高新区管委会，困扰高新区 20 多年的放权问题得以彻底解决，高新区的发展环境得到进一步优化，实施“大部制”改革后，行政效率得以“化学融合”式大幅提升，加快形成有利于创新发展的良好行政体制。实行全员聘任制促使干部人事管理从“身份管理”转变为“岗位管理”。打破了传统的编内编外、行政事业身份界限，岗位管理坚持“因事设岗、以岗选人、人岗相适、宁缺毋滥”的原则，真正全面落实全员聘任制。2017 年又实施了教育系统改革，全区 33 所学校共 1500 多人纳入聘任管理体系。开启岗位化管理序幕，实行全员 KPI 考核，实现了考核从“主观评

① 参见张婷婷：《济南高新区管理体制改革问题研究》，山东财经大学硕士学位论文，2021 年。

价”向“量化考评”转变。基于全区改革的大好形势，我们对高新区教育的改革进行了更加深入和系统的思考。

一是高新区教育发展现实有要求，必须马上改。因历史原因，高新区教育发展存在起点低、底子薄、优质资源少等问题，与高新区经济发展强、涌入人口多、教育增长快的经济社会发展需求不相适应，不相匹配。我们要以“坐不住、等不起”的危机感、责任感和使命感加快教育改革，提升人民群众幸福感、获得感，所以要马上改。力争3至5年内全区教育实现办学内涵丰厚多元、品牌学校群峰并起、居民教育获得感强的目标，助力全区经济社会发展，产生山东济南高新教育现象。

二是传统教育管理体制有难题，必须全面改。在传统的教育管理体制中，教育行政部门集“管办评”于一身，导致了学校办学自主权不足、家长参与度不够、办学开放度不高等问题。在学校管理方面上，管理人员只能上不能下，教师队伍只能进不能出，考核评价方式单一，绩效考核作用不明显；在个人成长方面，原有教师职称评审限制了教师成长，教师干多干少、干好干坏一个样，协同育人配合效率极低。通过教育全方位改革破解难题是加快教育发展的必由之路，所以要全面改。

三是国家对教育高质量发展有要求，必须深入改。2018年，习近平总书记在全国教育大会上指出“教育是国之大计、党之大计”，明确提出了深化教育体制改革，要全面落实办学体制和教育管理改革，不断激发教育事业发展的生机和活力。在中共中央办公厅、国务院办公厅下发的《关于深化教育体制机制改革的意见》中提出：要全面深化教育综合改革，全面实施素质教育，全面落实立德树人根本任务，系统推进育人方式、办学模式、管理体制、保障机制改革，对教育改革进行顶层设计和要求。国家对教育发展的要求就是我们改革的方向，济南高新区教育体制机制改革势在必行，所以必须深入改、真正改。

第二节　区域教育高质量发展承担的使命

区域教育发展规划肩负“承上启下”的重任。“承上”就是要对国家宏观教育规划进行特定区域内的空间细化与具体落实；“启下”则是在对区域教育发展内外部环境进行全面分析的基础上，对所属市县或学校的发展规划进行更为具体的指导。区域教育高质量发展，在党的教育方针引领下，遵循教育发展规律，着眼人的全面发展，就是要瞄准政府关心、群众关切、社会关注的教育发展不平衡不充分问题，为每个孩子提供更加充分的特色化、多样化、个性化优质教育服务，并逐步形成社会支持教育、教育反哺社会的和谐教育生态，逐步实现区域之间、城乡之间、个体之间共享教育的美好梦想。

人是教育的最终目的，也是推动教育发展的根本动力。推动教育高质量发展，关键在学校、在校长、在一线教师。我们必须激发校长和教师的潜能，要有方向地干，树立无须提醒的学习自觉。学习是教育者的永恒追求，所谓“自觉”就体现在教育工作者时时不忘学习、处处能够学习，让学习成为一种工作生活的方式、习惯。

一、使命担当：破解制约教育高质量发展的顶层谋划

2018年全国教育大会以来，党中央、国务院相继颁布《关于学前教育深化改革规范发展的若干意见》《关于深化教育教学改革全面提高义务教育质量的意见》《关于新时代推进普通高中育人方式改革的指导意见》3个重要文件，对新时代基础教育改革发展做出了系统的顶层设计，编制区域教育发展规划就要准确把握中央精神实质和实践要求，在区域范围内进一步实现细化战略目标、重点任务和政策举措，保证党和国家重大教育决策部署落地见效。区域教育发展要着力在补齐短板、优化结构、增强活力、提升质量上取得突破。经过多年努力，我国教育基本解决了“有学上”的问题，但难以“上好学”的问题依然突出，公平与质量成为新时代教育改革发展的重要指向。

在走向教育高质量发展的进程中，着力破解区域教育发展难题。学校面临以下制约中小学高质量发展的因素：一是学校办学缺乏战略性思考与规划。学校教育战略性思考与规划是学校高质量和可持续发展的关键，但区域内学校普遍缺乏战略思考与规划，或是战略规划不先进，办学的顶层设计不符合知识经济时代的社会发展动力演变规律，不符合教育发展和学生身心发展规律，总体上落后于时代、社会、教育和学生发展的要求和需求，因此难以面向未来和创造未来。二是学校战略规划不系统不具体。学校规划要有连续性、承接性和前瞻性，才能适应现实与长远发展。长期以来，学校教育管理、课程设置等随意性、碎片化，战略规划不连续，缺乏从宏观、中观到微观，或长期、中期、短期的系统思考谋划，究竟学校需要做什么、怎么做、做到什么程度，也缺乏具体的路径和有效措施，不适合学校发展实际、区域经济社会发展实际，从而缺乏师生认同度及发展指导性。三是由于对学校文化的内涵与外延认识不清，学校文化内生力不强，疏于对学校已有文化的梳理、传承，缺乏适应自身的文化创生，导致学校

文化缺个性、难贴身，学校文化因而缺乏整体性构建，难以从精神、制度、环境上形成价值引领和行为引导，导致学校办学缺乏先进文化的引领，学校办学核心理念、发展目标、学生培养目标以及课程、教学理念不能做到与时俱进和面向未来，弱化了统整育人的功能，不能促进教育向文化引领方向发展。四是学校文化融合度差。学校文化没有与学校的制度、课程、教学、德育、评价相融合，没有与校长、师生的精神价值和行为规范相融合。

苏东坡在他的词中说过“此心安处是吾乡”。这里的“安”不是安于现状、得过且过，而是安之若素、恪尽职守。心安是人最重要的德行，也是推动教育高质量发展最重要的前提条件。心安源于不忘初心。“教育初心是什么?”教育管理者的初心就是服务，服务学校，服务校长，为学校品质提升尽心尽力；校长的初心就是助力，助力教师，助力学生，为师生的高质量发展铺路搭桥。① 中共中央办公厅印发《关于进一步激励广大干部新时代新担当新作为的意见》，主要目的就是旗帜鲜明地为敢于担当、踏实做事、不谋私利的干部撑腰鼓劲，让能干实干者有平台、受重用，让敢闯敢试者有底气、受包容。我们在推进教育综合改革、提升教育教学质量的过程中，难免受到一些非议和责难。只要牢记初心，清楚我们的事业为什么而出发，就不会摇摇摆摆。广大一线教师是推动教育高质量发展的坚强基石，五更起、三更回，风里来、雨里去，任务重、工作苦。正如教育部原部长陈宝生所讲，广大教师是在不确定性上工作的人，对他们要高看一眼，厚爱一分。因此，我们要勇于担当，对学校的发展、对教师的成长一定要有更多的耐心，给予更多的成长时间和空间。

二、开拓创新：构建教育高质量发展的新型供给侧

推动新时代教育高质量发展，必须通过教育管理体制机制改革，重新界定行政部门与学校的关系，激发校长和教师的育人主体精神，构建教育高质量发展的新型供给侧，实现从学校、教师、学生到家长及社会等教育供给主体有意识地主动转变理念和思想。

(一)行政部门的主动转变

社会参与正在从“直言热议”转变为“理性认同”。随着常态化疫情防控，以往对线上教育是否需要的声音逐渐减少了，如今对如何更好开展线上教育、适应孩子消费需求、让家长读懂孩子的声音逐渐增多了。在这样的过程中，社会

① 参见奚爱国：《新时代推进区域教育高质量发展的若干思考》，《人民教育》2018年第19期。

的理性认同不断得到凝聚，逐渐向理性参与跨越。

（二）学校管理的主动转变

学校的治理正在从“单一线上治理”转变为“线上线下统筹治理”。新冠肺炎疫情期间，教师的工作场景不仅有线上场景，而且还有线下的学校、居家场景，工作量认定需要线上和线下统筹考虑。学校治理的新结构必然要求新的工作机制、新的人力资源调配机制以及新的资源供给模式。

（三）教师精神的主动转变

教师的设计正在从“初步使用”转变为“适应融合”。以往教师线上教育的设计具有浓厚的线性特点，仅按照教材上已有的单元划分和知识点设计线上教育的内容、流程和结构，线上教学只是线下教学的补充。当前，教师对线上教育的设计完全突破了原有班级的限制，学科、年级、群体甚至学生“临时小组”之间的融合已经为线上教学提供了有序开展的条件，更大范围时空和条件的融合逐渐为教师所熟知和掌握，逐渐内化为教师的素养和能力。

（四）学生状态的主动转变

学生的体验正在从“娱乐游戏”转变为“学习成长”。以往提到“线上教育”，很自然地会把它跟使用电脑、平板等终端进行游戏娱乐活动等同起来。疫情期间，学生与线上教育长时间深度“拥抱”，真正体验到的是线上的“教育”功能，知识学习和个人成长从线上教育也可以获得支持。

（五）家长态度的主动转变

家长的认识正在从“抵制限制”转变为“尝试接受”。以往大多数家长对线上教育采取的态度和做法是坚决抵制孩子进入线上教育，即使被迫接触线上教育内容，也需要通过技术设置对线上教育进行限制。

这五大主体对线上教育认知和理解的转变，更深层次的原因是孩子的成长需求已经“不知不觉”地跨入了新的周期，发生了实质性的变化。孩子的成长需求是一生健康成长过程中的核心变量，教育供给体系及时甚至超前捕捉这个核心变量，使其转变为核心增量，这才是高质量发展的题中应有之义。[①] 这要求区

① 参见李奕：《迈向教育高质量发展的新阶段》，《中国教育报》2020年4月26日。

域教育始终把握以下三点：一是始终坚定正确的政治方向。习近平总书记系列重要讲话精神涉及方方面面，提出了一系列治国理政、兴党为民的新理念、新思想、新战略，已经形成了完整的思想体系，内涵丰富、博大精深，既有指导工作的方法论，也有开启人心的生活哲学，可以说既科学又系统，既深邃又接地气。自觉把学习党的十九大精神和习近平总书记系列重要讲话精神作为最主要的政治学习，通过读原著、学原文、悟原理，准确把握习近平新时代中国特色社会主义思想的核心要义，让教育理念、教育行为在政治上、思想上与党中央始终保持高度一致。同时，充分发挥学校各类育人载体的作用，把学习党的十九大精神和全国教育大会精神贯穿于学校教育的全过程，融入校园文化，纳入学科课程，在广大师生中营造浓厚的学习氛围。二是始终坚定育人方向。习近平总书记在2018年全国教育大会上指出："培养什么人，是教育的首要问题。"就如何培养德智体美劳全面发展的社会主义建设者和接班人，习近平总书记强调，要在坚定理想信念、厚植爱国主义情怀、加强品德修养、增长知识见识、培养奋斗精神、增强综合素质六个方面下功夫。我国是中国共产党领导的社会主义国家，这就决定了教育必须把培养社会主义建设者和接班人作为根本任务，培养一代又一代拥护中国共产党领导和我国社会主义制度、立志为中国特色社会主义奋斗终生的有用人才。这是教育工作的根本任务，也是我们必须坚持的育人方向。三是始终坚定成事方向。解放思想是先导。40多年的改革历程，就是不断解放思想的过程。习近平总书记指出，要有新突破，就必须进一步解放思想。这是新时代的号令，也是新时代的使命。"思之深，则行之远。"解放思想从来就不是解决一时一地问题的权宜之计，而是推动工作一以贯之的思想路线和工作方法。办出更高质量教育，就一定要破除与新时代要求不相符合、与高质量发展不相适应的思想观念和思维模式，以思想的大解放引领发展的高质量。

三、拼搏实干：全面深入地突破传统体制机制框架

邓小平同志说："不干，半点马克思主义都没有。"高新区教育"怎么改"，是最重要的问题，也是最大的难题。改就要敢于突破传统体制，就要全面、系统、深入地改。这一方面要求我们要有定力地干，修炼不受条件限制的心安情怀，要有劲头地干，保持以现实为基础的拼搏行为，以真抓的实劲、敢抓的狠劲、善抓的巧劲、常抓的韧劲，让"高质量"从"字面"落到"地面"，让说法变成做法，把

承诺化为效果。一是上争援助，基于区域教育实际深入改革。落实教育优先发展战略地位，确保教育政策有效实施，党委政府高度重视是关键。我们抓住高新区委、区政府深化改革的有利时机，在布局规划、经费投入、编制管理等涉及教育切身利益的问题上，要有“硬着头皮、厚着脸皮、磨破嘴皮”的精神，当好参谋，争取政府以更大决心、更多财力、更多精力支持教育事业，促进社会大环境提供给教育的支撑力大幅提升。二是求真务实，确定区域教育的重点目标。党委政府确定了目标不能只是停留在纸上、口头上，要按照教育高质量发展的要求，开展项目实施、重点突破，通过借力他人、寻求合作，科学谋划、系统设计、对标找差、有序推进，在找差中探寻存在的症结，在对标中找到破解的路径。三是守正创新，遵循教育规律，讲规矩地发展教育。“打铁还需自身硬”，高新教育系统的党员干部在知敬畏、存戒惧、守底线中开展工作，全面加强行风建设，提升师德师风形象，在监督和约束的环境中工作生活成为日常习惯，注重广大一线校长和教师在转变群众对教育行风最直观的感受上发力。

区域教育发展规划作为区域教育改革发展的蓝图，要充分吸收政府、社会、教育内部等多方面力量，广泛听取不同主体的意见建议，使教育规划编制成为一个科学决策、民主决策的过程，成为一个统一思想、凝聚共识的过程。[①] 我们注重通过政府、社会、教育内部等多方面力量的教育规划，形成改革合力和化解张力。一是加强统筹谋划。区域教育发展规划编制应当在政府统筹下，由政府的综合发展规划部门和教育行政部门共同牵头，形成由教育管理人员、从事教育研究与其他相关领域研究的专家学者共同工作的组织形式。要切实加强党对规划编制工作的全面领导，充分发挥各级地方党委教育工作领导小组的作用，成立地方“十四五”教育发展规划编制工作领导小组，组建工作专班和咨询专家队伍，统筹谋划本区域教育改革发展的新思路新举措。二是坚持问计于民。习近平总书记对“十四五”规划编制工作做出重要指示，强调要开门问策、集思广益，把加强顶层设计和坚持问计于民统一起来，鼓励广大人民群众和社会各界以各种方式为“十四五”规划建言献策，切实把社会期盼、群众智慧、专家意见、基层经验充分吸收到“十四五”规划编制中来，齐心协力把“十四五”规划编制好。区域教育发展规划编制要按照中央有关科学决策、民主决策、广纳群言、广集众智的要求，扩大公众参与度，尤其是对关系区域教育发展全局和人民群众切身利益的重大问题及其改革举措，要广泛听取意见建议。三是推进依法

① 参见孟久儿、汪明：《用规划引领区域教育高质量发展》，《中国教育报》2020年9月1日。

决策。区域教育发展规划编制应按照依法行政、依法决策的原则，严格遵循规划编制的程序和要求，执行起草、衔接、论证、审批、发布、评估等制度，履行公众参与、专家论证、风险评估、合法性审查、集体讨论决定等重大行政决策法定程序，必要时采取公布规划草案、举行听证会等形式公开征求意见，努力提高规划编制的科学化、民主化和规范化水平。

第三节　区域教育高质量发展过程与方法

自党的十八届三中全会正式提出“推进国家治理体系和治理能力现代化”以来，教育治理成为我国教育管理体制改革研究的时代最强音。2017 年，中共中央办公厅、国务院办公厅印发《关于深化教育体制机制改革的意见》，提出“深化简政放权、放管结合、优化服务改革，把该放的权力坚决放下去，把该管的事项切实管住管好，加强事中事后监管，构建政府、学校、社会之间的新型关系”和“完善中小学教师绩效工资制度，改进绩效考核办法，使绩效工资充分体现教师的工作量和实际业绩”等一系列指示意见。济南高新区以此为契机，深入综合调配“人”“财”“物”“时”“空”，加大落实立德树人根本任务力度，强化学校育人效能，开展了以激发学校办学活力、激发教师教育活力为基本目的的教育体制机制改革综合探索。

高新区教育高质量发展治理机制改革的总体目标是：力争将高新区打造成教育体制机制改革的探索园区和示范园区，实现学校“办学自主、用人自紧、指标自定、成果共享”，促进教师“自我驱动、主动成长”，促进区域教育公平、优质、持续发展。主要依托转变政府职能，形成新型教育服务供求关系；完善教师能上能下的弹性机制，实现从身份管理到岗位管理；实施教师职务晋升积分制度，破解教师职称评审困扰；实施捆绑评价，发挥团队育人作用等，通过这些途径、策略推进与落实改革的任务目标。围绕上述目标，基于高新区教育基础的现状、问题、经验与优势，创新教育管理架构，革新岗位管理基本思路，遵循“区域机制建设→学校自主实施→师资盘活重组→成果效益拓展”的基本路径，重点做好“转”“放”“评”“聘”四项工作，探索构建“管办评”分离的有效治理机制，创新以“学生素养评价”为核心旨归的学校多元考评体系，实践“区管校聘”切实落实路径，论证改革创新成果的引领性与范式价值。

一、顶层规划，统筹设计区域教育机制改革整体框架

基于教育的现实问题和痛点难点，高新区将教育改革的重点和触发点定位为打破选人用人、薪酬分配、奖惩激励等机制性障碍，围绕“干部能上能下、人员能进能出、待遇能高能低”探索建立激励竞争的干部和人事管理制度。2016年9月，高新区开始着手拟订区域教育改革总体方案。2016年12月，拟定了《济南高新区教育体制机制改革总体方案》，明确了改革的主要目标任务。

在整体方案指导下，2017年1月，由济南市教育局和区人事局、区财政局、区审计监察局、区教育局等部门主要领导组成的研究团队开始深入、反复探讨具体实施文件。1月至6月，团队经历多轮研讨，共计43次修改，最终经济南高新区党工委办公会通过，印发了《济南高新区教育系统岗位聘任管理办法》《济南高新区教育系统综合质量考核管理办法》《济南高新区教育系统绩效薪酬管理办法》三个试行文件，并拟定了管理岗、教学岗、教辅岗三种与事业单位不同的基本工资体系，中小学绩效工资拨付标准、校长绩效工资标准等。区域教育机制改革整体框架基本形成。

二、区域放权，学校自主探索实践，实施人事考评改革

2017年，高新区第一轮教育改革开始实施推进。6月，高新区公布招聘简章，经过网上报名、资格审查、述职演讲、民主测评、专家面试等程序，面向社会公开招聘校长；7月，区教育行政部门主持召开校长会，面向全区解读关于教育体制机制改革的主要精神和相关试行方案，传达改革意见精神，进行政策答疑；8月，全区中小学校自主召开教职员工会议，详细解读试行方案。本着完全自愿的原则，学校教师自愿递交改革申请书比例达到80%以上的，学校召开教代会通过并递交改革申请——全区33所中小学校自主提出申请，加入实施教育改革的行列，共计1700多名教师自愿放弃“身份”，纳入“岗位”管理。按照岗位聘任管理办法，所有申报的学校、全体教职工全部纳入济南高新区基础教育集团管理，“学校人”不复存在，只有“集团人”，教师由集团统一调配、统一安排。

加入集团后，各学校自主组织，研究拟定学校三年发展规划和六年发展愿景，同时自主研究制订由关键指标、特色指标、其他指标、加分指标、否决指标组成的三学年的发展性KPI评价指标体系和本年度的KPI考核指标体系。同时，根据全区改革试行方案要求，各学校制定学校教职工考核方案、绩效工资分

配方案等一系列方案制度，提交教代会审议通过后上交教育主管部门备案审核。改革薪酬制度坚持优绩优酬，强化薪酬激励，各学校依据具体校情自主制定内部绩效考核管理办法，绩效工资分配充分体现教师工作量和实际业绩，切实解决“干与不干一个样，干多干少一个样，干好干坏一个样”的弊端。

考虑到教育改革初期必然出现的教师阻抗以及各种不可预期因素的影响，区教育主管部门对各学校实施适度的科学监控和动态跟进：由教育专家团队对学校规划、方案进行论证，经审核通过后，学校正式实施教育改革，绩效工资同步兑现；区域统一实行档案工资与实际薪酬相分离、人事档案管理与合同聘任管理分离的“双轨运行”管理机制。即原有编制内人员，由相关部门负责保留身份、档案工资待遇、职称等，并随着政策的变化随时调整，但不实际兑现，退休时按档案工资情况办理退休手续。在改革初期保障了体制、机制改革前后各项措施顺畅实施，各领域有序过渡，实现教育改革“软着陆”。

一系列的改革措施与落实，切实将学校的办学自主权还给学校，赋予校长在干部使用、评优评先、课程实施等方面的权力，调动学校自主发展的内驱力，极大地鼓励支持学校在科学发展前提下实现特色提升。

三、“区管校聘”，盘活区域师资，促进教育公平均衡

2019 年 12 月，高新区讨论形成并印发《济南高新区中小学教师“区管校聘”管理工作方案（试行）》。“区管校聘”工作是在对人员封存事业身份，实施全员聘任的基础上开始实施的，一是按照“总量控制、城乡统筹、结构调整、有增无减”的原则，以学生数核定学校教职工员额数量；二是针对档案封存人员岗位设置同样采取总量控制机制；三是实施学校与教职工“双向选择”管理；四是完善以教职工的师德、能力、业绩、贡献为核心的评价与退出机制；五是完善了中小学新任教师公开招聘制度；六是完善了教职工合法权益保障制度。通过上述几项举措，搭建高新教育“人才超市”，通过支教、交流轮岗等途径将全区教师整合重组，盘活区域师资，有力促进区域教育均衡与公平的实现。

四、拓展教育改革实践领域，论证成果经验，延伸改革效益

在高新区中小学教育改革探索、实践期间，基于学校教育改革实践经验和成果，2018 年 8 月，经完善教育机制体制改革会议决议通过，针对高新区中小学校的改革实践开始延伸到教育行政人员与幼儿园阶段。区教育办公室内设教

育行政管理部、教育事业发展部(与教育集团合署办公),分别按照两套架构进行组建,所用资金在社会事务局核算,其中教育行政管理人员可与管委会其他机关双向流动,薪酬体系改革相应展开。公办幼儿园也按照中小学的基本标准启动改革。改革实施领域的拓展,一方面促进了区域教育体制机制改革阶段成果的实证论证,同时促进了改革的效益延伸。

所有的改革落实与成功都不是一蹴而就的。高新区教育体制机制改革也经历了一个“边设计、边实践、边总结、边完善,再设计、再实践、再总结、再完善”的循环探索和持续检验的推进过程。尤其是在第一轮改革的几年中,要及时发现改革的制度、政策、规范、路径、策略等领域的问题,对问题深入追因,探索解决策略,及时调整,既要确保改革推进的有序和规范,也要力争改革的创新与实效。比如,在改革实践过程中,关于“人才超市”的设计和推行,就经历了一个从“试运行”到“真实施”的过渡阶段,既给教师的工作实践和专业发展发出一定提醒,更督促驱动了教师队伍水平的整体提升,确保了“区管校聘”双向选择工作的平稳、有序、高效落地,助推了区域教育整体健康生态发展。

五、强化责任担当,聚焦于学校高质量发展的核心地带

从学校文化体系、现代学校制度体系、学校课程体系、学校高效教学体系和学校德育体系五个方面对学校工作进行系统化、序列化、整体性的设计和路径规划,促进现代学校建设和基础教育整体转型发展。

坚持面向未来,提高区域教育站位。坚持学校五大体系建设,紧跟新时代教育节奏,把握未来发展方向,追求学校治理体系和治理能力的现代化。依据《中国教育现代化2035》和党的十九届五中全会及国家教育“十四五”规划明确提出的“建设高质量教育体系”,推进“教育高质量发展”,同时,按照2021年国务院《政府工作报告》关于要“发展更加公平更高质量的教育”的宏观导向,前瞻性进行区域教育发展的战略布局。

坚持协调发展,营造区域教育生态。从学校教育的关键要素出发,引导学校从文化、制度、课程、教学、德育等方面开展体系化整体性建构,通过各要素的相互协调配合,完善内部治理体系,促进区域内基础教育阶段学校的均衡发展,高质量发展,营造区域教育发展新生态。

坚持六项原则,科学有序有效推进区域、学校五大体系建设。一是前瞻未来与照顾当下相结合的原则。既关注未来社会对教育发展的需求,又立足当前

教育实际，走适合自身的建设与发展之路。二是不断创新与按需继承相结合的原则。系统总结经验，对接需求进行创新，用创新的办法解决学校发展中的新问题。三是循序渐进与弯道超车相结合的原则。教育发展整体转型，既要循序渐进，也要弯道超车，按规划奋力实践，保证时效。四是品格、知识、能力、体魄兼顾的原则。兼顾学生的品格、知识、能力、体魄四大方面的发展，确保党和国家教育方针的落实。五是基础性与发展特色性相结合的原则。既重视学校的基础性发展和保底要求，又促进学校特色化、多元化和个性化发展。六是单项突破与学校整体转型兼顾的原则。在五大体系建设中，各校可以首先在单项上实现突破，从而带动整体转型。

第二章　责任担当与区域教育创新机制改革

2018年9月10日，全国教育大会在北京召开。中共中央总书记、国家主席、中央军委主席习近平出席会议并发表重要讲话。习近平总书记强调指出，要深化教育体制改革，健全立德树人落实机制，扭转不科学的教育评价导向，坚决克服唯分数、唯升学、唯文凭、唯论文、唯帽子的顽瘴痼疾，从根本上解决教育评价指挥棒问题。要深化办学体制和教育管理改革，充分激发教育事业发展生机活力。

济南高新区教育经过30多年的发展，成绩卓著，硕果累累，但区域之间、城乡之间、学校之间在办学水平和办学质量上的差距也在日趋拉大，在教育投入、资源配置、运行机制、课程改革、家校共育等领域还存在着诸多短板。如何补齐这些短板，如何克服教育传统体制中的惯性效应对教育均衡、高质量发展的阻碍，这就急需一批能干事、勇作为、敢担当的改革先锋，急需一支有情怀、想创业、愿付出的教师队伍，急需一个风气正、氛围好、干劲足的竞争团队，急需一种不怕输、敢于赢、勇于闯的改革精神。

第一节　补齐全区教育教学的“短板”

美国管理学家彼得·德鲁克(Peter F.Drucker)提出，一只水桶盛水的多少，并不取决于桶壁上最高的那块木板，而恰恰取决于桶壁上最短的那块。这就是著名的“木桶定律”，也叫“短板效应”。[①]

① 参见张学艺、王天怡：《基层治理中领导者对“木桶定律”的运用误区及规避之策》，《领导科学》2020年第24期。

一、目标导向找问题

正如时任济南市教育局局长王品木在《激发办学活力，向教育综合改革的更深处迈进》的报告中所讲，《国家中长期教育改革和发展规划纲要（2010～2020年）》指出，要以转变政府职能和简政放权为重点，深化教育管理体制改革，规范学校办学行为，促进管、办、评分离，提高公共教育服务水平。国务院印发的《国家教育事业发展“十三五”规划》指出，要不断深化教育综合改革，充分调动基层特别是广大学校、师生的积极性、主动性和创造性；要激发学校办学活力，落实学校办学自主权，特别是在教学工作、资源配置、人事管理等方面的自主权；要着力加强教师队伍建设，推进教师教育综合改革，吸引优秀毕业生从教；加快推进教育治理现代化，推进政府职能转变，强化社会监督评价。此外，中共中央办公厅、国务院办公厅《关于深化教育体制机制改革的意见》提出“深化简政放权、放管结合、优化服务改革，把该放的权力坚决放下去，把该管的事项切实管住管好，加强事中事后监管，构建政府、学校、社会之间的新型关系”，“完善中小学教师绩效工资制度，改进绩效考核办法，使绩效工资充分体现教师的工作量和实际业绩”，“实行校长职级制”，摘掉校长的“官帽”。以此为目标，济南市根据国家要求和意见，在条件相对较好的高新区先试先行，开展了教育体制机制改革的综合探索。

（一）行政部门重管理轻服务，制约了学校自主发展和特色提升

有些行政部门对学校管得过细，限制多、服务少，使学校畏首畏尾，阻碍了学校办学主动性、创造性的发挥，造成了千校一面的同质化发展。行政部门对学校办学的评价要么形式单一、主观性大，要么名目繁多、学校疲于应付，这在很大程度上制约了教育评价对学校工作的积极指引作用。

（二）现行教师职称评审办法一定程度上挫伤了教师工作的积极性

在现行教育体制下，教师职称评审受名额限制，参评难度很大，影响了教师工作的积极性。资历、学历、能力、工作量差不多的教师由于职称评审受限，导致他们的收入差距拉大，甚至师资流失严重，影响安定，破坏公平，损害干群关系。部分高级教师没有职称评审需求，职业倦怠情况突出，缺乏工作持续前进的推动力。

(三)现行绩效考核办法对推动学校发展的效果不明显

济南市学校绩效工资的分配方式是先按教师数量进行平均分配，再由每位教师从中拿出一部分进行二次分配。学校为回避矛盾，二次分配的比例不会很大，绩效分配时存在“平均主义”“大锅饭”现象，教师干多干少、干好干坏一个样，甚至有时出现干的工作越多，老师的课时报酬越低的现象。同时，干部津贴多少问题也成了教师与学校管理层之间的矛盾焦点，协同作战意识越来越弱。

(四)原有的校长行政级别使中小学行政化日趋严重

学校的好与坏、校长的名气大小看的是育人的效果，不是学校的行政级别。行政级别的存在原本为解决校长的待遇问题，但越来越多的校长把当校长当成了“做官”，校长专业化被矮化。校长行政化也给校际教育交流带来一定障碍，不利于区域教育均衡发展。

二、度长絜大补短板

怎样才能够让高新教育高位蓄水？怎样才能够让教育的短板变长、长板更长？怎样才能够让全体教育工作者能够为了补短板、修长板主动有为积极创新？

济南高新区领导紧跟时代要求，高屋建瓴，精准研判，抓痛点，找短板。“一方面，我们面临着全区教育发展不平衡、不充分的现实问题；另一方面，我们也看到了现行教育体制的诸多壁垒，比如教育行政部门管得多、管得死，重行政、轻服务，教师职称评审困扰等，要实现教育质量的快速提升，我们必须破局。”时任济南高新区智能装备产业发展中心主任方奎明在接受记者采访时说。

(一)补教育资源短板

2018 年 7 月，济南市第一所国际学校——济南托马斯外籍人员子女学校获得办学许可证。同年 9 月 1 日，第一批外籍及港澳台学生顺利入学。至此，高新区的教育业态已趋于完善，涵盖公办教育、民办教育和国际教育，覆盖从学前教育到高中教育的所有基础教育学段，形成公办教育、民办教育齐头并进，国际教育独树一帜的发展态势。

2019 年，开工建设 18 个教育配套建设项目，千方百计加大优质教育资源供给，加快满足人民群众对高质量教育的需求。三年内建设公办幼儿园19所，目前全区普惠性幼儿园覆盖率达94.4%，入园率100%。现有义务教育学校39所、高中1所、国际学校1所。

(二)补办学活力短板

曾几何时，职业倦怠似乎成为教师的专属，究其原因，是教育活力在消减。教师干跟不干一个样，干多干少一个样。2017年9月1日开学前的一周，济南高新区的34所学校纷纷召开全体教师大会，公布《济南高新区教育系统岗位聘任管理办法(试行)》等3个文件，其中，大家热议已久的"全员岗位聘任"详细方案发放到每个教师的手中。3天考虑期里，全校教师自愿申请比例达到80%及以上，学校便可申报进入岗位聘任管理体系。不到3天，全区34所学校中，有33所学校递交了申请，1700多名教师自愿放弃"身份"，纳入济南高新区基础教育集团进行"岗位"管理，济南高新区成为"第一个吃螃蟹的人"，成为最先释放教育活力、教师活力、学校活力的区域。

(三)补课程建设短板

世纪之交，我国高举"素质教育"大旗，启动了"跨世纪素质教育工程"，拉开了新中国历史上第八次基础教育课程改革的序幕。教育部按照国务院关于"深化教育教学改革，扎实推进素质教育"的工作部署，出台《基础教育课程改革纲要(试行)》，研究制定义务教育课程方案和课程标准，并于2001年9月在全国38个国家级实验区开展义务教育课程实验。20多个年头过去了，但"中小学教师的课程意识并没有真正建立起来，中小学教育围绕升学考试，以纲为纲、以本为本，着眼于知识传授的局面仍然没有根本性转变。巧妇难为无米之炊，课程与教学的关系就类似于'米'与'炊'的关系——想要有高质量的教学就要重视相应的课程建设"①。基于此，高新区以教科研为龙头，全力带动"基于学生、为了学生、在学生中"的新时代课程建设。

(四)补自我教育短板

2016年8月，高新区实验中学还是一所基础薄弱的普通高中，要想提高学校的育人质量和教学成绩，彻底改变落后局面，就必须大刀阔斧地进行改革与创新。学校基于"自主、自我、自觉"的本质，融"自主学习、自我教育、自觉发展"

① 张志勇：《疫情让我看到了中国教育的九大短板》，《中国教育报》2020年3月10日。

为一体，统筹课程改革、课堂转型、德育创新、文化建设等各个方面，建构起了“三自教育”育人范式，实现了教育教学质量的大幅提升，产生了广泛的社会反响。

“三自教育”围绕解决基础教育教学过程中的实际问题和未来挑战，创造性地提出了科学的思路、方法和措施，符合党的教育方针、政策，能体现立德树人根本要求和改革创新时代精神，遵循学生身心发展和教育教学规律。“三自教育”不仅成为学校办学目标与办学理念的提升，更成为学校践行“为党育才、为国育人”职责和使命的生动实践。

(五)补综合实践短板

顾明远先生说过:“没有爱就没有教育，没有兴趣就没有学习，教书育人在细微中，学生成长在活动中。”我国基础教育历来重视升学考试科目的学习，课程建设通常也总是围绕这些科目来组织，导致与考试相关度不高或者不直接的德育、体育、美育、劳动技术教育类课程得不到应有的重视；同时，重科学理论知识的学习，轻实践性课程的落实。其实我国古代的先哲们历来重视知行合一，重视理论与实践的结合。曾子曰:“吾日三省吾身:为人谋而不忠乎？与朋友交而不信乎？传不习乎？”(《论语·学而》)陆游《冬夜读书示子聿》:“古人学问无遗力，少壮工夫老始成。纸上得来终觉浅，绝知此事要躬行。”无不强调实践的重要性。高新区的每一所学校坚持让每一面墙会说话，让每一处围墙有绿色，让每一个活动有德育，让每一个日子有意义，旨在培养德智体美劳全面发展的新时代社会主义建设者和接班人。

(六)补团队教研短板

2017 年 6 月，高新区教育教学专家指导委员会挂牌成立。时任济南高新区党工委副书记刘业朝表示，毫不避讳，以前的高新区教育一直在追赶，但经过 5 年的努力，现在的高新区教育已经驶入了全速发展的“快车道”。从一个“追赶者”成长为一个“超越者”，需要调动一切积极因素改革创新，提升教育品质，满足人民群众对优质教育的需求。专家智库的成立就是一针强心剂，将助力教育成为高新区发展的“新引擎”。教育专家智库成立后，作为一个非常设学术机构，接受济南高新区社会事业局的委托，开展对高新区各学校教育教学的研究、咨询、指导、评估、服务等工作。专家智库中的专家，既有教育系统的老领导，又有管理经验丰富的老校长，还有从事教育教学实践的老教研员，从政策把脉到学校管理，再到教学一线，实现全覆盖，实行新的教研教学组织方式，充分发挥集体教研的优势。

（七）补家校共育短板

温暖的亲子关系、师生关系、家校关系是教育走向幸福与成功的关键。学校教育不是万能的，单纯只靠学校和老师是无法教育好孩子的。人们常说：“父母是孩子的第一任老师。”家庭教育是基础，父母对孩子的影响是深远而巨大的。孩子在学校的一言一行都是对其家庭教育的映射。如何构建和谐的家校关系，形成教育合力一直是高新教育人思考与实践的重心。做好家校共育工作，起点是“家”，协同是“校”，宗旨在“育”，关键是“共”。家校共育，就是充分发挥好家庭、学校的作用，形成合力，共同把孩子培育好。2021 年 1 月 20 日，济南高新区教育高质量发展校长论坛“提升家校共育实效，搭建智慧共建共享平台”在高新区奥龙小学举行，展现了高新区家校共育的丰硕成果。

济南高新区自从 2017 年实施教育体制机制改革以来，上下同心，通力合作，在教育资源、办学活力、课程建设、自我教育、综合实践、团队教研、家校共育等方面找痛点、补短板，蓄水养鱼，对遏制教育传统模式中的惯性效应起到了积极的推动作用。

第二节　遏制教育传统体制中的惯性效应

我国的教育管理体制改革经历了一个从无到有、日趋成熟和完善的过程，一个对教育规律逐步认识、不断深化的过程，一个不断发现问题、直面问题、解决问题并最终形成新时代中国特色社会主义教育管理体制的过程。

新中国成立 70 余年了，时代在变，社会在变，风尚在变，育人目标也在变，“世易时移，变法宜矣”。特别是改革开放以后，我国的政治和经济形势都发生了很大的变化，为适应政治经济发展的必然要求，教育管理体制又有一些新的变化。1985 年 5 月 27 日，中共中央、国务院颁发了《中共中央关于教育体制改革的决定》；2008 年 8 月，我国正式启动《国家中长期教育改革和发展规划纲要》制定工作，并于 2010 年 7 月 29 日正式发布纲要。“教育关系到我们国家未来的生存，对于一个国家而言，教学制度的优劣直接决定着这个国家人才的优劣。教育奠基未来！教育改革能够促使我国从人口大国变成人力资源大国，人民真正步入小康社会。因此我们必须坚定不移地进行教育改革，使我国的教育制度更加完善。”①

一、厘清教育传统体制的弊端

中国传统教育包括新中国成立以来的教育，充分发挥自身体制上的优势，扬长避短，为社会经济发展培养了大批的优秀人才，但也暴露出一些弊端，尤其在传统体制上呈现出一些愈演愈烈的惯性效应。

(一)政府“一管就死，一放就乱”

“从计划经济时期过来的人们，都记得一句老话：一管就死，一放就乱。改革开放的各个历史时期，特别是全面深化改革以来，我们牢牢扭住制度建设这个主轴，推进国家治理体系和治理能力现代化，就是要告别过去那种‘放—乱—管—死’的恶性循环。无论是收是放，都要及时果断、胆大心细、有条不紊，有步骤、有秩序、有章法地展开。”②“改革首先厘清的是政府与学校的关系”，济南高新区教育体育局原局长方奎明认为，“传统的政府与学校的关系是上下级管控关系，学校自主权很少，这就像管控型的父母与孩子，父母对孩子的衣食住行都要‘管’，操心多，但教育效果却往往不尽如人意”。这种管得过严、统得过死的现象不通过强有力的改革很难阻止其发展的惰性，“管控不容易，放开更不容易。下决心从常态切换到非常态，需要非凡的政治魄力；让一切重归于常态，更需要做重要的政治决断”。

(二)学校发展很不均衡

长期以来，政府政策与资金的倾斜、社会生活环境的优越、生源的优质等原因，造成学校发展极不均衡。追求成为重点学校，以便能够培养出更多的名牌大学生，剧场效应、“虎爸虎妈”成为国人热捧追逐的对象。“30 多年来，政府对重点学校投入大量资金，使地区教育发展不均衡，造成了择校问题。20 世纪 80 年代和 90 年代初，小学升初中要经过考试。这造成了考试竞争，增加了学生的学业负担。为了减轻学生的课业负担，推进素质教育，教育部曾明令取消小学升初中的考试，采用电脑派位方式。但是重点学校仍然以各种竞赛成绩作为选拔学生的标准，于是奥数班、英语(精品课)班、艺术特长班应运而生，使得考

---

① 李春玲、肖远军:《试论我国教育行政体制中的权力分配》,《江西教育科研》1996 年第 2 期。
② 曹东勃:《收放自如　避免“一管就死　一放就乱”》,《中国青年报》2020 年 4 月 3 日。

试竞争愈演愈烈，学生学业负担越来越重。”①

(三)评价方式过于单一

2020年10月13日，中共中央、国务院印发《深化新时代教育评价改革总体方案》(简称《方案》)，并明确“扭转不科学的教育评价导向，克服唯分数、唯升学、唯文凭、唯论文、唯帽子的顽瘴痼疾，提高教育治理能力和水平，实现教育强国”的目的。《方案》由党中央、国务院颁布，并在教育部官方网站及中央电视台等官方媒体发布，说明“五唯”问题的严重性。这里的“五唯”并非特指高校教师评价，而是泛指我国教育领域普遍存在的用分数、升学、文凭、论文、帽子作为唯一标准来衡量学生的学、教师的教和学校的优劣，以及聘用人才、晋级职称、评定荣誉的现象。

(四)片面强调智育发展

传统的以应试为主的教育体制过分强调传授知识和技能，强调知识的熟练程度。教师作为教育的实施者，受评价机制的制约，不得不采用机械重复、强化训练的呆板模式，忙于知识的灌输和技能强化训练，无暇顾及教育的科学性与艺术性。由于教育目标单一，学习局限在课本的范围内，并且教学方法单调，沉重的学习负担造成部分学生厌学和心理逆反，严重影响了学生的创造力、求知欲，身体素质和心理素质都有不同程度的下降。

(五)教师专业成长窄化

由于对学生与教师的评价尺度过于单一，唯分数、升学马首是瞻，教师与学生一样迷失在题海里，真正的专业发展不得不束之高阁，两耳不闻窗外事，一心只教考试书。备课围绕考试，培训围绕考试，甚至教育发展论坛也紧紧围绕着考试，眼界不宽、视野不广、境界不高、格局不大，导致教育被束缚在一张张考卷和一道道试题中，学生的思维也被固化在答案和模板中。澄澈的目光不再，活泼的笑容不再，教育的魅力与活力也已不再。

二、遏制教育传统体制的惯性

惯性被称为一种“假想力”。没有惯性，事物可能会支离破碎；惯性过大，则

---

① 赵玉成：《顾明远：中国教育路在何方》，《上海教育》2014年第16期。

会成为我们保持不良习惯、抵制改变与发展的力量。济南高新区教育经过30多年的快速发展，惯性已经成为阻碍教育均衡、快速、高质量发展的绊脚石。如何遏制教育传统体制的惯性，让高新教育重现生机与活力呢？

（一）转变政府职能

2015年5月，教育部《关于深入推进教育管办评分离促进政府职能转变的若干意见》明确提出推进教育管办评分离的重要意义和总体要求。推进管办评分离，构建政府、学校、社会之间的新型关系，是全面深化教育领域综合改革的重要内容，是全面推进依法治教的必然要求。改革开放以来，我国教育体制改革不断深化，政府、学校、社会之间关系逐步理顺，但政府管理教育还存在越位、缺位、错位的现象，学校自主发展、自我约束机制尚不健全，社会参与教育治理和评价还不充分。为进一步提高政府效能、激发学校办学活力、调动各方面发展教育事业的积极性，必须深入推进管办评分离，厘清政府、学校、社会之间的权责关系，构建三者之间良性互动机制，促进政府职能转变。按照“简政放权、放管结合、优化服务”的原则，理顺政府与学校关系，形成新型教育服务供求关系，以生均的方式购买学校的教育服务，实现管、办、评分离的目的。

（二）完善教师能上能下的弹性机制

按照中央关于深化事业单位人事制度改革的总体要求，以目标任务为导向，以岗位结构比例为调控杠杆，加快形成人员能进能出、岗位能上能下、待遇能高能低的用人机制，激发单位活力，促进教育事业发展，打破事业单位铁交椅，实现从身份管理到岗位管理。

（三）破解教师职称评审困扰

2017年秋季学期开学前的一周，在济南高新区教师的脑海里留下了极深的印象。那一周，全区中小学纷纷召开全体教师大会，《济南高新区教育系统岗位聘任管理办法（试行）》等3个改革文件开始被密集下发、解读，其中最大变化是“封存编制、全员聘任”。全区每一名教师都要对是否加入这场改革投上自己的一票。实施教师职务晋升积分制度，为教师专业化向高层次发展创造无限空间。

（四）发挥团队育人的作用

以学生的核心素养培养为目标，实施捆绑评价，既解决了中小学长期以来无法解决的干好干坏、干多干少都一样的顽疾，又要形成团队合力，提高育人效果。2021 年是济南高新区成立 30 周年，30 年来，高新区教育事业从无到有，从有到优，扬“五育”、重实践，打造了一张素质教育靓丽新名片，形成了以立德树人，德、智、体、美、劳全面发展的区域课堂教学整体育人模式，全员育人，全程育人，全方位育人。

三、发挥体制机制改革优势

2017 年 11 月 18～19 日，中国教育学会第三十次学术年会在上海召开，来自教育部、联合国教科文组织亚太局、中国联合国教科文组织全国委员会、上海市教育委员会的相关领导，以及全国各地的教育工作者近 2000 人参加会议。会议围绕“公平、优质、多样——面向未来的中国基础教育”这一主题，探讨新时代中国教育特别是基础教育发展的新特征和新使命。中国教育学会会长钟秉林致开幕词强调，21 世纪以来，我国教育事业发展成就令世人瞩目，教育发展水平已跨入世界中上行列，当前我国教育领域主要矛盾表现为人民群众接受高质量教育的热切期盼与优质教育资源严重短缺且发展不均衡之间的矛盾，并提出解决矛盾的根本途径是转变教育发展方式，坚持以提高质量、优化结构为特征的内涵式发展。高新区教育以突破传统束缚为目标，基于社会与经济发展和人民群众对教育的需求与期待，以转变教育管理方式促进教育高质量发展。

(一)勇于担当，精准施策

1.成立教育改革领导小组，拟订改革总体方案

改革之初，成立了以高新区一把手为组长，以人事、财政、审计监察、教育等部门主要领导为成员的教育体制机制改革领导小组，领导小组下设教育体制机制改革办公室。自 2016 年 9 月至 12 月，经过充分调研学校、教育系统领导干部、教职工，拟定了《济南高新区教育体制机制改革总体方案》，明确了改革的主要目标任务。

2.反复研究，出台具体实施文件

2017 年 1 月至 6 月，经过三轮由济南市教育局、区人事局、区财政局、区审计监察局、区教育局等部门主要领导参加的研讨会，通过 43 次文件修改，最终经济南高新区党工委办公会通过，印发了《济南高新区教育系统岗位聘任管理办法》《济南高新区教育系统综合质量考核管理办法》《济南高新区教育系统绩效薪酬管理办法》三个试行文件。并拟定了管理岗、教学岗、教辅岗三种与事业

单位不同的基本工资体系，中小学绩效工资拨付标准、校长绩效工资标准等。

3.实施校长公开招聘，教代会论证，学校递交改革申请

2017年6月，按照公布招聘简章、网上报名、资格审查、述职演讲、民主测评、专家面试等程序，面向社会公开招聘校长。2017年7月，召开校长会，详细解读三个试行文件，并进行政策答疑。2017年8月，各学校召开全体教师会，详细解读三个试行文件。学校教师自愿递交改革申请书比例达到80%及以上的，学校召开教代会通过并递交改革申请。

4.学校研究制订考核指标体系

学校递交申请书后，研究拟定学校三年发展规划和六年发展愿景；制定由关键指标、特色指标、其他指标、加分指标、否决指标组成的三学年中小学发展性评价指标体系；制定学校教职工考核方案；制定绩效工资分配方案等一系列方案制度，并提交教代会审议通过。

5.教育主管部门论证通过，正式实施

教育主管部门组织教育专家团队，逐一对各学校三年发展规划、三年发展性评价指标体系、考核方案、分配方案进行论证，校长现场答辩。教育主管部门审核通过之后，正式实施教育改革，兑现绩效工资。

(二)多管齐下，重点突破

1.实现管办评分离

通过改革理顺政府与学校的关系，以购买服务的思路，按照学校培养学生的数量、质量及社会满意度等指标，以生均经费的方式拨付绩效工资，既激励学校努力提高育人质量，又能减少学校过度用人的冲动。

2.实施全员聘任制

打破事业单位铁交椅，实现从身份管理到岗位管理，形成能上能下、能进能出的灵活用人机制。对自愿加入岗位聘任管理体系的学校全体人员，封存事业身份，实施全员聘任制。校长采取竞聘、公开招聘方式产生；副校长由校长提名报上级主管部门审批；学校中层、教职工由校长直接聘任。被聘人员均与教育集团签订聘任合同，明确岗位职责、工作任务、工作目标。

3.推行校长职级改革

校长是学校发展的关键，改革以校长为突破口，通过竞争上岗、面向社会公开招聘校长，提高校长综合素质和整体管理水平。结合校长职级改革，将对校长个人职级评定转变为对学校岗位管理难度的评定，从而实现对校长的身份管

理到岗位管理的转变。校长人选可根据个人情况和岗位等级对应的待遇，选择适合的学校进行竞争。竞争时，参与人选要列出学校三年的发展指标，这样既便于今后的考核，更利于校长系统梳理学校发展的思路。同时，为更好地吸引人才，面向社会公开招聘的校长按照评价结果提供 30～60 万元的住房补贴。

4.实行职级晋升积分制

破解教师职称评审困扰，改革后教师职级晋升实行积分制，不受名额限制，破解了现有教师职称评聘中难以量化、岗位受限等问题。聘任教师学年考核区级优秀一次积 2 分，校级优秀一次积 1.5 分，合格积 1 分。然后再根据不同岗位基本工资晋升积分的要求，达到相应的积分便可晋升一个薪级，从而变过去阶段性职称评审为动态考核。同时，设计了快速晋升通道，对于有突出贡献的人才，在正常考核的基础上可另行加分，开辟了教师专业化向高层次发展的无限空间。

5.建立干部与教师相对独立的绩效体系

在制度设计上有校长岗位绩效工资、管理团队绩效工资和教师岗位绩效工资，三种绩效工资相对独立。其中，副校长与中层干部执行的是管理团队绩效工资，是按照学校教职工绩效工资总额的 7%确定；教师执行的是生均绩效工资标准。从制度设计上鼓励干部兼课，鼓励有能力的教师从事一线教学。如管理干部（校长除外）不从事一线教学，原则上他们绩效工资的收入将低于教师绩效工资。

6.实施改革双轨制

实行档案工资与实际薪酬相分离、人事档案管理与合同聘任管理相分离的“双轨运行”管理机制。原有编制内人员，由相关部门负责保留身份、档案工资待遇、职称等，并随着政策的变化随时调整，但不实际兑现，退休时按档案实际情况办理退休手续。

7.建立基于学生核心素养的一体化考核评价体系

每个中小学改革之初要制定三年的发展性评价指标，评价指标以培养学生核心素养为核心，主要包括关键指标（占 40%，含学生发展水平、家长满意度、学生满意度等内容）、特色指标（占 30%，含品德发展水平、综合素养、课程建设等内容）、辅助指标（占 30%，含党建工作、队伍建设、日常管理等内容）、否决指标（重大安全责任事故等）。这些指标大小、开展的情况全部由学校根据自身发展的实际制定，经教育专家指导委员会审定后，即成为学校第二年的工作目标。学年末由社会第三方评价机构根据学校制定的指标进行考核，学校考核成绩即为校长的考核结果。考核结果影响教职工的评优比例，如学校考核为优秀的，教职工优秀比例为20%；学校考核为合格的，教职工优秀比例则为15%；学校基本合格及不合格的，教职工优秀比例降为5%。这样既解决了中小学长期以来无法解决的干好干坏、干多干少都一样的顽疾，又有利于形成团队合力，提高育人效果。

(三)上下同心，成绩斐然

1.理顺政府与学校的关系，盘活学校运行机制

改革后，济南高新区政府与学校双方的关系不再是上下级的从属关系，而是一种类似买卖双方的市场关系，政府出资购买学校的教育服务，出资额的多少取决于学校提供的教育品质。具体来说就是按照学校培养学生的数量、质量及社会满意度等要素，以不同标准，按生均的方式向学校拨付薪酬包。学校收到薪酬包后，再按岗位进行二次分配。在这一新体制下，学校内部的分配，无论是校长还是教师，都按岗拿薪，并与学校进行捆绑评价——学校评价优秀，校长就优秀，教师的优秀比例也会高。每个学校校长在竞争上岗时，都要按照评价体系，根据学校实际，提出自己的六年工作规划和三年工作计划。其中三年工作计划将明确到具体的工作目标任务，并作为考核指标。在此基础上，每学年末，教育行政部门将对照学校指标进行考核，学校考核的结果即为校长的考核结果。同时，学校考核结果既影响教职工的评优比例，也关系教职工的绩效收入。比如，学校考核优秀，则教职工区级优秀比例为20%，校级优秀比例也是20%；如学校考核合格，则教职工区级优秀比例为15%，校级优秀比例也是15%；如学校考核基本合格，则优秀比例直接降到5%。此外，学校考核优秀时，生均绩效工资标准比考核合格的也要高。

2.教师主动作为，积极作为，育人效果显著提升

“放下了‘铁饭碗’，捧起了‘金饭碗’。”这样既解决了中小学长期以来无法解决的干好干坏、干多干少都一样的顽疾，又有利于学校形成团队合力，提高育人效果。老师们都主动作为，努力让学校变得更好、得到社会更多认可成为每一位学校教职员工的共识。此外，在改革方案制定中，原先教师的职称评审困扰也得到了充分考虑：教师职级晋升实行积分制，不受名额限制，达到相应的积分，便可晋升一个薪级；对于有突出贡献的人才，在正常考核的基础上可另行加分，破解了传统教师职称评审中难以量化、岗位受限等问题，打破了教师专业发展的“天花板”。区里对学校实施一体化捆绑评价后，无论是校长还是教师，都

按岗拿薪，并与学校教育质量进行捆绑，谁要拖后腿，不是校长一个人不乐意，而是大家都不乐意，老师们也自然都更加积极努力了。

3.破解“五唯”痼疾，聚焦核心素养，促进全面发展

在改革步步深入的同时，随之而来的教育教学评价体系改革，既是教育体制机制改革的重要一环，也成为济南高新区教育体制机制改革以来备受关注的问题。以教育教学评价改革来引导育人模式转变，力求扭转不科学的教育评价导向，尤其是克服‘五唯’问题，为学生终身发展奠基。在教师层面，济南高新区把教书育人作为评价核心；在学校层面，把发展学生核心素养作为评价重点。与岗位聘任管理体系相配套，济南高新区建立了基于学生核心素养的一体化考核评价体系。在这套评价体系中，以满分100分计，包括学业发展水平、家长满意度、学生满意度等组成的“关键指标”占40分；学生品德发展水平、综合素养、课程建设等组成的“特色指标”占30分；学校党建工作、教师队伍建设、日常管理等组成的“辅助指标”占30分。此外，还设置了“否决指标”，比如学校一旦发生重大安全责任事故，就会直接得“差评”。

改革后的教育教学评价体系，既涵盖了党和国家对教育工作的要求，也包括社会对教育的期许，同时，更侧重对学校的发展性评价，引导学校自己跟自己比，鼓励学校自我分析、自我研究、自我改进，给学校自主发展留出了足够空间。“新的评价体系就像一个‘指挥棒’，倒逼学校从单纯追求分数，转到关注学生的全面发展上来。”济南高新区丰奥嘉园小学校长王希锋谈道：“改革以来，学校从管理到教育教学都发生了翻天覆地的变化，在学校管理上，改革以前主要是约束强制性的管理模式，给老师安排工作主要靠行政手段；而改革后，老师们干得多干得好，薪资晋级等各方面都有体现，老师的积极性高了，学校管理职能顺势转变为支招服务型管理模式。”

为此，丰奥嘉园小学还制定了教师专业成长三年规划，从专家引领、外出培训、平台展示、经费支持、后勤服务等各个方面，为老师提供成长支持。该校教师还集体教研为学生“量身定制”题组，小而精、针对性强，不仅减轻了学生负担，还提高了学习效率，逐步走向“书包减重、作业减负、课堂增效”。这所过去名不见经传的小学校，一批青年教师很快开始崭露锋芒，教龄不足七年的张军芳老师，在全国教学研讨会上做经验分享、展示研讨课，研究论文、教学设计、教学实录等多次发表在教育教学权威期刊上。学校也被评选为2019年全国青少年校园足球特色学校、山东省文明校园、山东省首批人工智能试点学校。在2019年第三方社情民意调查中，该校教师对学校满意度也达到了100%。

4.走上育人“快车道”，转变“后进生”，成为“学优生”

随着改革的持续深化，济南高新区学校办学自主权不断增加，学校的办学特色更加明显，全区教育走上了“快车道”，发生了新变化，逐步形成了教育行政部门、学校、社会等多元主体共同参与的教育治理格局，全区教育在全市逐步从“后进生”迈入“学优生”序列。

2017年建校的济南高新区东城逸家中学，也是该区首批加入改革序列的学校之一。“借着高新区教育体制机制改革的东风，从建校之初，我们就以最高标准去打造这所学校。”东城逸家中学校长王晶说。该校在教育个别化、施教精准化和家校协作化等多个方面，都进行了积极探索，并立足学生发展核心素养，打造了包括人文科学、国际理解、学会学习、健康生活、责任担当和实践创新六个版块的整体课程架构。同时，探索更紧密的家校合作新模式，组织家长参与教育教学保障、改革、规划等工作，定期召开学校发展重大事项家长通报会，建立了畅通的多元交流沟通渠道，分专题、分层次、分节点召开不同类型的家长会，促进家校共育。在2019年度的全区第三方教育系统社情民意调查中，该校获得了三个“100%”，即家长满意度100%，教师满意度100%和综合评价100%。这也是该校连续两年保持这样的好誉度。

在济南高新区，东城逸家中学的快速发展并非个例。改革实施以来，一批学校正在蓬勃发展，济南高新教育一年一个新台阶，教育发展质量持续提升。初中学业水平由改革前的全市排名末位，到2019年即提升至全市前三名。学生综合素质和教师专业化能力也实现了双提高：高新学子代表济南市参加山东省中小学生校园艺术节合唱和戏剧比赛，在舞台上绽放异彩；在第二十七届和平诗歌写作比赛中，我区两名学生获得了比赛最高奖——马丁·路德·金奖，他们的作品碑刻被永久保存在“世界和平玫瑰园”中。近两年，我区“一师一优课”在各级评选中获奖比例均居全市前列，仅去年该区就有31人荣获全国和省市教育系统先进个人，1位校长荣获山东省齐鲁名校长称号，两位校长成功入选齐鲁名校长培养工程人选。

改革成果也惠及更多人民群众。济南高新区在全市率先开展中午配餐、延时服务、校长接待日、家长大讲堂等一系列方便家长的教育服务项目。学前教育公益普惠率持续提升，全区学前普惠率由46%提高到91.84%，位列全市第二，实现历史性突破。全区义务教育阶段学生的校服全免费，农村学校校车全覆盖，家长对高新教育的认可度持续提升。越来越多的家长对改革后的教育给予了充分肯定和支持。济南高新区学校家长满意度达标率，也从改革之前的46%提升到了100%。

2017年以来，济南高新区以教师编制改革为突破口，持续优化教育体制机制。一系列改革措施落地后，基层校长责任更重、压力更大，但也被赋予更加灵活的办学自主权，一线教师“铁饭碗”被打破，教学教研热情得到充分调动，教育事业面貌一新。

第三节　以立德树人发展高质量五大体系

全面构建学校教育高质量发展的实践路径在学校文化体系、现代学校制度体系、学校课程体系、学校高效教学体系和学校德育体系五大体系①中，文化体系是学校教育高质量发展的动力系统，解决办学方向、目标与动力问题；课程体系、教学体系、德育体系是学校教育高质量发展的路径系统，解决教育内容、载体与路径问题；制度体系是学校教育高质量发展模式的保障系统，解决护航、机制与保障问题。

一、动力系统：文化体系

学校文化，是学校坚守教育本质和追求办学价值的精神支柱，是学校办学实践优化和策略创新的动力源泉。体系化建设学校文化，是从学校文化的内涵把握、功能发挥、传承创新、特色构建、样态呈现等方面开展融合式构建，并以“办学核心理念与教育主题”彰显其文化个性。学校文化体系的构建，主要包括精神文化、制度和执行文化、形象文化三大子体系。学校精神文化子体系包含了办学核心理念、学校教育主题（学校教育类型）、学校系列二级理念、学校发展目标、学生培养目标、校训、三风、学校教育名言、学校宣言等；学校制度和行为文化子体系包含了学校章程、发展规划、治理结构、管理方略与系列制度、面向未来的课程体系、高效教学体系、公民教育体系、学校教育信息化、学校教育国际化、特色发展、安全管理与后勤服务、学校发展性评价体系等；学校形象文化子体系包含了基础性视觉要素、听觉要素、可移动用品的设计、不可移动的物质与人文环境的设计、校服、校办媒体六大方面。

---

① 参见唐永富等：《区域推进学校教育高质量发展的高新教育模式——五大体系建设激发中小学教育创造力》，《教育科学论坛》2021年第32期。

学校文化体系建设的一般顺序是：第一步，系统总结本校的历史文化积淀、所在社区的文化特征，从中提炼出有价值的、优秀的学校文化积存；第二步，提炼办学核心理念，将其作为学校文化体系中最高的、指引学校全局工作的、第一重要的文化要素，同时撰写其释义；第三步，分别构建学校精神文化、制度和执行文化、形象文化等三大子体系，合并为《学校文化战略纲要》，形成学校完整的文化体系；第四步，根据《文化战略纲要》，制定文化“上墙、上路、上顶棚、上移动用品、上主题文化区、上网络、上音频”的方案，整体设计，分步进行建设；第五步，编制完成《学校文化战略纲要》。学校文化，作为办学的动力源与发展的生命力，其建设的“塑型”或“完型”，着力于将传统文化与现代教育价值观融合，形成链接历史、关注当下、走向未来的学校文化个性彰显，并最终落点于办学的核心理念和教育主题。

二、路径系统：课程体系、高效教学体系、德育体系

(一)课程体系

学校课程体系是指学校建构的、以办学核心理念和课程理念为魂的、由课程的各要素有机组合而形成的、完整的课程结构。该体系应符合本校实际，有利于学生形成正确的价值观和积极主动的学习态度，有利于学生获得未来必需的基础知识与基本技能。课程体系建设主要解决学校“教什么”、学生“学什么”、“如何课程育人”、“如何全面育人”以及“国家课程如何校本化实施”等问题。

课程体系建设的一般顺序是：第一步，理念建设，在办学核心理念的指导下，确立学校课程理念、课程目标、本校学生发展核心素养等；第二步，模式选择，对现有的各类课程通过选择、改编、整合、拆分、补充、拓展等方式，调整相关课程结构与内容，确定本校课程体系建设的类型(模式)；第三步，总框设计，设计出有利于奠基学生未来、满足学生成长需要的课程体系，形成学校课程体系基本框架图；第四步，方案制定，具体内容应包括课程体系建设的指导思想、基本目标、课程体系的基本结构、课程开发过程、课程实施、课程评价、课程保障等；第五步，课程编写，包括校本课程标准制定、课程撰写凡例制定等；第六步，课程实施(包括教学理念、教学目标、教学环境、主要课型、教学组织模式、教学过程、教学方法、课时比例、课时制、教学评价等)；第七步，落实课程保障；第八

步，课程评价制度建设，构建以学为本、促进发展的课程评价制度体系。

在这八步中，关键是第三步，将各级各类课程结构化，形成课程系统的基本框架；核心是第一步，把办学核心理念转化为课程理念，对学校文化进行课程化表达。

(二)高效教学体系

学校高效教学体系指的是学校建构的、以办学核心理念和教学理念为魂的、由教学中的部分要素有机组合而形成的、具有本校独特教学风格的、效能较高的教学结构、样式。高效教学体系建设主要解决学校“怎么教”、学生“怎么学”、信息技术与学科教学如何融合、如何减轻教与学的负担以及“如何评”等问题。

学校高效教学体系建设的一般顺序是：第一步，依据学校的办学核心理念和教育主题，确立教学的改革方向与价值追求，推出本校的教学理念、校级教学总目标；第二步，确定教学原则；第三步，确定教学环境（包括物质环境、心理环境、网络环境等）；第四步，确定课型（分传统课型和创新课型两类）；第五步，确定教学组织方式（如班级授课制、走班制、导师制、学长制等）；第六步，确定课时制（有长课时、中课时、短课时、微课时供选择）；第七步，确定教学流程（根据课前、课中、课后分别做什么、怎样做，创建课堂教学范式的基本式和各种变式）；第八步，确定教学策略；第九步，选择教学方法和技术；第十步，做好教学保障；第十一步，开展教学反思与评价（包括评价的理念、目的、主体、客体，评价的内容、方式、方法，结果运用等）。

(三)德育体系

学校德育体系指的是学校建构的、以办学核心理念、德育理念为魂的、由德育各要素有机组合而形成的、具有本校育人特色的德育结构体系。德育体系主要解决学校教育“培养什么人”“为谁培养人”“怎样培养人”及“幼小初高德育一体化建设”等问题。

德育体系建设的一般顺序是：第一步，依据学校的办学核心理念和教育主题，确立本校德育体系的价值取向，推出本校的德育理念、德育目标；第二步，确定德育原则；第三步，确定德育内容；第四步，确定德育途径；第五步，确定德育方式、方法；第六步，建立德育评价体系；第七步，落实德育的保障工作等，并由此形成完整的德育体系基本框架。

三、现代学校制度体系

现代学校制度体系指的是学校构建的，能够适应向知识社会转型及知识社会形成以后的社会发展需要，以新型的政、校关系为基础，以现代教育观为指导，学校依法民主、自主管理，能够促进学生、教职工、学校、学校所在社区的协调和可持续发展的一套完整的制度体系。建立现代学校制度体系主要是为了解放教育生产力、激活教育发展力，解决学校“治理体系和治理能力现代化”“家校社协同育人”以及“学校可持续发展”等方面的问题。

现代学校制度体系建设要重点做好如下工作。第一，依据学校的办学核心理念和教育主题，制定本校的治理理念。第二，确立现代学校制度体系的基本框架。其中，以学校章程、学校发展规划、学校发展性评价制度体系，特别是办学绩效评估制度、学校课程体系建设和高效教学激励制度、学校特色发展制度等制度建设为重点，以形成“一校一章程”“一校一规划”“一校一评价体系”的现代学校制度为目标。第三，梳理现代学校制度体系建设的基本路径。从章程制定出发，其他制度建设跟上，再一轮轮制定规划、实施规划、评价规划，因校制宜，直面问题，在此过程中，逐渐逼近办学目标，实现学校特色发展。第四，以学校为主导，实现“三位一体”育人机制。促进学生全面、充分、健康而有个性的成长，仅靠学校是不够的，还需要有家庭、社会的协同配合。以学校为主导，主动打开校门，加强学校与社会、社区的融合，建设学校、家庭、社会“三位一体”的教育网络。学校制度体系已经超出了一般意义上的建章立制，更具系统性、立体性，目的是建立“依法办学、自主管理、民主监督、社会参与”的现代学校治理模式，解决增强教育活力与体制机制约束的矛盾，为教育事业持续健康发展提供强大动力，在治理的层面上实现学校治理体系和治理能力现代化。

四、精准发力

全面增强学校教育高质量发展的行动力，区域推进五大体系建设，特指教育行政部门牵头引领、教科研机构具体指导、中小学作为基本实验研究单位，在一定的范围内整体推进五大体系协调建设的工作思路、方式和策略，以此全面增强学校教育高质量发展的行动力。

(一)规划引领:解决干什么的问题

五大体系建设启动阶段,高新教育为了引导区域教育各层面进行顶层规划,印发了《推进市直属中小学五大体系建设的指导意见》以及《高新教育直属中小学五大体系建设主要事项及节点安排》《高新教育教科院关于高新教育直属中小学课程五大体系建设项目分工安排》,搭建了中小学五大体系建设的"四梁八柱",明确了五大体系建设的时间表和任务图。项目组制定了中小学五大体系建设的基本范式,编制了《中小学文化体系基本框架图(参考稿)》《高新教育某某学校文化战略纲要目录(参考稿)》《高新教育某某学校制度大典目录(参考稿)》《高新教育某某学校"××教育"课程体系基本框架图(参考稿)》《高新教育某某学校"××教育"高效教学模式(基本式参考稿)》《高新教育某某学校课程体系建设方案(参考性框架)》《高新教育某某学校德育体系基本框架表(参考稿)》《高新教育某某学校德育体系基本框架图(总图)》等建设范本。这一系列的文件出台,旨在使各主体明确五大体系建设的方向、重点、路径和要求,解决行政、教研、学校要干什么的问题。

(二)力量统整:解决谁来干的问题

五大体系建设是复杂的系统工程,要求有强大的推动力量和执行力量。我们建立了四支力量:行政领导力量、教科研支撑力量、学校自主力量、集群协同力量。坚持四维力量统整,不仅要做加法,一加一大于二,而且要做乘法,争取实现倍数效应。行政领导力量负责把五大体系建设作为行政"一把手"工程,纳入党组重要议事日程,纳入优先保障事项,纳入督导考核评价事项等,为项目推进提供全方位保障。教科研支撑力量负责学校五大体系建设的顶层谋划、方案制定、过程指导、队伍建设、学术攻关、专业考核等,建立教科院全体人员参与机制,蹲点学校指导机制,为项目推进提供专业支持。学校自主力量负责将学校五大体系建设作为区域推进"五大体系"建设校长"一把手"工程,纳入学校重点改革事项,建立专人专班研究,确保全员参与实践,建立五大体系建设与常态化工作结合机制,建立周、月、学期、年度工作计划和工作清单等制度,确保五大体系建设人人有事干,事事有人干。集群协同力量指建立 11 所直属中小学常态化学习研究机制,建立资源共享平台机制,建立重点难点问题协同攻关机制,建立成果互动交流展示机制,充分发挥 11 所学校集群协同的力量,确保五大体系建设高水平、高效率、高质量整体推进。

(三)效能优化:解决怎么干的问题

效能优化,才能保证建设水准。在推进五大体系建设过程中,重常规,抓过程;重结果,更重效果、效益。以结构优化的专家指导团队,先进强大的指导力量,促进五大体系建设的重大问题解决。一是成立了由高校、科研机构的教授、学者组成的专家指导委员会。二是建立了专家定期到区域、学校指导制度。三是建立专家定期专题培训制度,组织针对校长、副校长、教研员及骨干教师的各类培训、论坛和项目研修项目。四是建立过程性评价机制,常规性开展五大体系建设的过程和阶段性成果评估,确保五大体系建设科学、有序推进。

过程视导,着眼于过程性问题的解决。一是建立定期常规视导制度,加强建设过程的指导。二是建立重点问题专项视导制度,及时解决建设难点堵点问题。三是建立年度视导制度,准确把握进度,及时总结建设成效,交流推广。

在五大体系建设过程中,高度重视及时发现、培育、展示、共享典型,让典型的经验、智慧在区域内交流共享,推动效能优化。一是建立定期总结、汇报、交流机制。二是开展市级阶段成果展示、推广及研讨会活动。三是借助教育媒体推介五大体系建设成效,《高新教育》杂志开设五大体系建设专栏,刊发各学校建设成果,《中国教育报》《教育家》《教育科学论坛》杂志等教育媒体深入高新教育实地采访报道。四是各学校汇编出版成果专著或校本课程教材。

结果评价。一是高新区人民政府教育督导委员会办公室将五大体系建设推进情况纳入直属中小学年度督导评估体系,作为学校年度质量考核的重要依据。二是定期开展专项督导评估,聘请专家担任评委,通过听、查、看、问等多种形式进行督导评估。

(四)科研攻坚:解决学术引领的问题

加强实践问题研究,强化重点问题学术引领。区域构建起“信息化支持 项目群驱动”的区域与高校协同创新机制,探索高校(科研机构)—地方教育局—中小学(U-G-S)深度合作的有效模式,嵌入双方核心需求,促进基础教育发展新旧动能转换。组建教师专业发展共同体,开展精准培训,利用山东师范大学、齐鲁师范学院等高校,山东省教育科学研究院、济南高新区教育智库等机构的专家资源和人才资源优势,为区域教育教学改革和教师专业发展提供支持,合作开展区域基础教育与教师教育热点问题研究，培育基础教育教学成果，使五大体系建设全面、全员、全程开展和高质量推进。

(五)诊断提质:解决深入干的问题

组织、培育精干的诊断力量，建立和形成了五大体系建设的诊断机制，强化诊断的意识和能力。高新教育和教科院通过组织项目研讨活动，通过即时诊断，及时解决工作推进中出现的理论与实践问题，为学校推进五大体系建设提供智力支持和制度保障。各中小学将五大体系建设与日常工作相结合，行政会、年级组、教研组、备课组把五大体系建设工作纳入工作例会重点研究事项，及时解决体系建设研究和实践中存在的问题，及时总结推广好的经验做法。

多层面提升五大体系建设效能通过三年的研究与实践，高新教育直属11所中小学校已经初步建立起了立足当下发展、面向未来的学校文化体系、现代学校制度体系、课程体系、高效教学体系和德育体系，并整体性、多层面地追求和彰显其实践效能。

第三章　育人育心与教育现代化治理新机制

坚持立德树人，提升教育质量，促进教育公平，更好地满足人民群众享有更高质量更加公平教育的需求，提升服务经济社会发展的能力和水平，这是全区教育创新体制机制进行“内涵提升”的宗旨。结合教育事业和教师职业特点，坚持党建统领，在教育系统深入落实“不忘初心、牢记使命”主题教育，确保党员干部和教职员工知敬畏、存戒惧、守底线，通过重新理顺并界定了政府与学校的关系，以现代治理理念激发学校与教师的内在潜力，将内涵提升立足于教育育人育心与动力之上，是我们教育治理创新的主旋律。

第一节　变“善政”理念为“善治”措施

发挥主体的系统组织能力，要求深化领导体制改革。新时期，坚持党的全面领导和增强党的领导力建设，深层次的原因还在于完善中国特色社会主义制度、推进国家治理体系和治理能力现代化。在济南高新区党工委、管委会区域治理体系和治理能力现代化改革浪潮中，高新区教育也加大体制和机制创新，努力实现了从政府粗放管理向高效精细管理、从单纯依靠政府管理向政府主导下的协同治理、从强制约束型管理向内生动力型治理的转变，形成了系统完备、衔接配套、科学规范、运行有效的“善政—善治”区县域教育，体现科学治理的“高新模式”。济南高新区在提供区县域教育科学发展示范模式的同时，也提供了区县域教育治理现代化的示范模式，为全国树立了从“善政”走向“善治”的科学治理实践样本。

一、“善政”与“善治”的概念界定

《尚书·大禹谟》记有：“德惟善政，政在养民。”《左传·宣公十二年》也说：

“见可而进,知难而退,军之善政也。”善政,在中国古代是指妥善的法则,也就是清明的政治、妥善的法则、良好的政令、良好的政绩等,泛指良好的管理。我国古代儒家学说中已有对“善政”的阐释和演绎,如“民为邦本,本固邦宁”(《尚书・五子之歌》)和“善政得民财,善教得民心”(《孟子・尽心上》)等。一言以蔽之,善政的主体是政府,是政府如何管理社会的问题。

“善治”(Good Governance),可以说是一个中西合璧的词汇,即良好的治理。20 世纪 90 年代以来,在英语和法语的政治学文献中,“善治”概念的使用率直线上升,成为出现频率最高的术语之一。概括地说,善治就是使公共利益最大化的社会管理过程,其本质特征是政府与公民对公共事务的合作管理,是政府与市场、社会的一种新颖关系。善治是民主化进程的必要后果,包含着多元主体,治者与被治者是互动的,甚至某种程度上是可以互换位置的,被管理者可以参与到管理过程中来。在经济全球化、政治民主化和文化多样化的今天,善治已经成为人类政治发展的理想目标。“从善政向善治”“从管理到治理”的转向具有非常强烈的“去行政化”色彩,放权于民、合作共治已成为社会治理的未来趋势。

我们赞同这样的观点,从政治性、系统性和社会性三个层面而言,善政之下的治理和善治之下的统治耦合的可能性,为新时期党的领导力建设提供了方向:第一,制度优势是核心竞争力,要求坚持党的领导;第二,由相同的认同感形成的治理合力是治理成效的关键,要求发挥党的政治领导力;第三,发挥主体的系统组织能力,要求深化领导体制改革。[①] 总之,新时期,坚持党的全面领导和增强党的领导力建设,深层次的原因还在于完善中国特色社会主义制度、推进国家治理体系和治理能力现代化。

二、“善政”管理体系下高新教育的发展

千百年来,善政一直是公民对政府的期望和理想,民主、责任、服务、质量、效益、专业、透明、廉洁是当代政府应具备的 8 个要素。随着政府管理水平的不断提升,社会各行业也取得了长足的发展,教育在善政理念的管理之下,也有一定的发展和提升,但是善政始终是以“自上而下的管理、自下而上的服从”为主,特别是作为被管理者的学校,存在工作的被动性和责权的不确定性等问题,也给教育发展带来一定的困扰。具体表现在以下几个方面。

---

① 参见罗智芸:《透视党的领导力建设的路径选择——基于善政与善治的逻辑辨析》,《领导科学》2021 年第 4 期。

(一)机构设置和人员编制存在问题

学校上至校长、下至普通老师,人事任免皆由上级教育行政部门决定,学校没有用人自主权,这就给学校人事安排带来一定困扰。此外,不管是教育行政管理部门还是学校都存在“精简—膨胀—再精简—再膨胀”的怪圈。“人多力量大、人多好办事”的思想根深蒂固。特别是有些学校,为了增加人员编制,有意避开机构编制部门,直接找有关领导做工作,拿着领导的批示找机构编制部门办理。学校教师的数量膨胀与学校教育质量的提升不成正比,互相攀比、慵懒散漫的工作作风制约了教育的发展。

(二)地方教育行政部门和中小学校的关系存在问题

在教育行政机构与学校的关系上,地方教育行政的主要对象是各级各类学校。但学校作为从事实际教育教学活动的实体,也是由国家审核、批准成立的一种组织,是具有法人地位、相对独立的教育事业单位。《中华人民共和国教育法》规定学校可以“按照章程自主管理”,“组织实施教育教学活动”。

长期以来,地方教育行政部门直接干预学校教育教学过程、学校内部管理过程的现象时有发生,致使地方教育行政部门工作复杂、任务繁重,以至内部机构日益庞大,机构精简困难。地方教育行政部门与学校的关系应该是宏观调控与微观实施的关系,一般指导与具体执行的关系。教育行政部门主要是制定方针、政策、法规、计划,对学校进行规划、指导、评估以及提供教材、教学计划、信息等。学校在坚持教育方针、政策、法规和执行教学计划的情况下,组织具体的教育教学活动以及对学校进行常规性管理。

(三)学校积极主动发展意识不强的问题

学校领导干部缺乏创新的主动性,不想创新;满足现状,小进则满、小富则安,不愿创新;思想僵化、因循守旧、墨守成规,不能跳出圈子看问题;面对新情况、新问题,不能以开拓的精神面对、分析和寻找解决问题的最佳方案,思想不够解放,创新意识不强。

受多种因素制约,学校领导干部患得患失有顾虑,工作中,惯用老办法、老眼光看待和解决问题,怕出问题,怕担责任;困难面前,显得束手无策,有畏难情绪;在解决复杂问题和局面时,守成有余,创新不足,不求有功,但求无过;盲从权威,沉溺于听招呼、守规矩,凡事找依据,等上面、看外边,文件没说的不敢说,工作不够大胆，缺乏创新魄力，被动接受管理、主动寻求突破意识不强。

三、“善治”管理体系下高新教育的成长

党的十八大以来，习近平总书记着眼于党和国家事业发展全局，创造性地提出一系列选人用人的新理念新思想新要求，其中强调要建立科学有效的选人用人机制。我们要深入学习领会习近平总书记科学选人用人思想的丰富内涵和精神实质，在实践中积极探索，不断完善落实相关制度机制和政策措施，为新时代高新区教师队伍建设注入新的动力。

自济南高新区成立至 2016 年，高新区教育虽然有一定的发展，但进程缓慢，与高新区的区域定位和社会发展需求极度不匹配，教育改革势在必行。

自 2016 年起，高新区开始酝酿教育体制机制改革，经过三轮论证，教育改革在区域内全面推开。改革以“完善学校治理体系、赋予学校办学自主权”为目标，坚持综合施策，在五项重点改革上实现了新突破：推行校长职级改革，实现专家办教育；实施全员聘任制，打破事业单位铁饭碗；破解教师职称评审困扰，实行职级晋升积分制；实施改革双轨制，建立干部与教师相对独立的绩效体系；建立基于学生核心素养的一体化考核评价体系，引入第三方开展教育质量综合评价。系列改革“组合拳”，极大地释放和激发了学校的办学活力，使高新区区域教育发展进入了“快车道”，改革探索经验也在教育界引起较大反响。

（一）用人机制方面

完善落实有为有位、能上能下的用人机制，是培养选拔新时代党和人民需要的好教师好干部的现实需要。要深入贯彻习近平新时代中国特色社会主义思想，深刻领会其中的科学选人用人理念，打牢落实有为有位、能上能下用人机制的理论根基和思想基础。

济南高新区教育系统深刻学习领会习近平总书记选人用人的新理念、新思想、新要求，在全国打响教育体制机制改革“第一枪”。深刻把握有为与有位的辨证关系，让干部担当与组织担当相得益彰。干部的自身努力，在于干部为事业担当作为。通过转变体制，打破事业单位铁交椅，实施全员聘任制，实现从身份管理到岗位管理，形成能上能下、能进能出的灵活用人机制。通过去行政化，推进校长职级改革。实行校长竞争上岗，从而提高校长综合素质和整体管理水平。

根据《济南高新区教育系统岗位聘任管理办法（试行）》（济高办发〔2017〕

20号)，高新区教育系统自2017年实施教育体制机制改革开始，教育系统校长、副校长、中层领导要通过竞聘汇报答辩后才能走上管理岗位。一是校长、副校长由高新区发展保障部负责组织竞聘，中层领导干部由学校具体负责组织竞聘。二是确立了能上能下，分层竞聘的原则。竞聘上岗自上而下进行，先教体办公室教育系统工作人员竞聘上岗，然后中小学领导干部(校长、副校长，中层正副职)竞聘上岗。校长、副校长由发展保障部组织竞聘。中层正副职由学校班子组织竞聘。明确了岗位计划和聘期。岗位计划根据高新区教体局和学校实际工作需要合理设置，一般聘期为3年。三是规定了竞聘岗位任职条件和程序，通过汇报答辩和专家评审，使能者上、优者奖、庸者下、劣者汰导向鲜明。组织选人用人，一定要体现讲担当、重担当的鲜明导向，查清谁优谁劣、谁能谁庸，分清谁在担当谁在干，谁在敷衍谁在看，真正把愿干事、真干事、干成事作为识别干部、评判优劣、奖惩升降的重要标准，选拔出“想干事、能干事、干成事”的高新教育干部队伍，实现干部“能者上，劣者汰”。

以济南高新区凤凰路学校为例，在用人机制改革上，学校积极学习落实习近平总书记选人用人重要思想和高新区教体局工作部署，在2021年暑期组织了面向全体教师的学校管理干部和教师岗位竞聘。在学校中层领导干部竞聘中，共有7名教师报名，经过竞聘者汇报和答辩，外聘专家团队打分，最终4人成功竞聘到学校学生发展部、教学管理部、后勤保障部等不同岗位(详见本书附录一:济南高新区凤凰路学校中层领导干部竞聘上岗工作方案)。

(二)考核评价方面

以习近平新时代中国特色社会主义思想为指导，全面贯彻国家教育方针政策，以全面实施素质教育、深化课程改革为契机，在“以质量求生存，以科研求发展，以管理出效益，全面提高教育教学质量”的工作理念引导下，立足实际，围绕全面实施素质教育、扎实提高教育质量这一中心目标，以高度的责任心与使命感努力提高教学水平。以终为始，逆向设计，通过改革和优化学校和教师评价，促进教师的“内涵发展”，进一步提升教师队伍的素质，从而实现师生的全面发展、和谐发展，让学校成为师生的学习乐园和精神家园。

“评价”是推动教育改革真正的“牛鼻子”，不触及“评价”的改革不是真正的改革。根据教育发展动态调整，高新教育建立了一套基于学生核心素养的一体化考核评价体系。教育评价机制，是影响教育发展质量的重要方面。长期形成的传统评价模式，已明显不适应当下的教学环境。比如，有的地方行政部门重管理轻服务，制约了学校自主发展和特色提升；有的教师职称评审受名额限制，参评难度很大，影响工作积极性；有的学校为回避矛盾，绩效分配存在“平均主义”“大锅饭”现象；有的学校行政化色彩过浓，专业素养要求被边缘化。2017 年以来，济南高新区以机构改革推动机制变革，制定了事关岗位聘任、KPI 考核、绩效薪酬管理等三份核心文件，以“办学自主、用人自紧、指标自定、成果共享”为立足点，为学校教师“自我驱动、主动成长”提供机遇，实现教育公平、优质、持续发展。

为此，自高新区教育体制机制改革开始，积极探索实行学校 KPI（关键绩效指标）目标考核。KPI 绩效考核，又称“关键业绩指标”考核法，是企业绩效考核的方法之一。这种方法的优点是标准比较鲜明，易于做出评估。

每学年初，学校按照学校“最近发展区”自主填报高新区教育系统中小学 KPI 发展性评价指标的内容，主要包括四部分。一是关键指标：党的建设、学业发展水平、队伍建设、各类测评、社会满意度；二是特色指标：学校特色、品德发展水平、综合素养、课程建设、日常管理等；三是获奖加分指标；四是一票否决办法。学校制定出学年目标后经教代会研讨通过，上报高新区教体局。同时，学校目标明确后，分解为学校各年级组学年度具体目标，由于是自下而上，自定考核目标，不仅更加适合校情，同时能有效激发教师积极性和创造性，激活学校发展的内在动力。实施学校考核一体化评价，学校、校长、老师成为价值共同体，学校的考核结果为校长的考核结果，学校的考核结果影响教职工的评优比例（详见本书附录二：济南高新区凤凰路学校 2020～2021 学年度 KPI 考核指标）。

（三）薪酬体系方面

高效的薪酬体系关系到教育激励制度的推行与落实，从根源上影响着学校教育质量及人员激励效果。因此，设计一套高效且合理的薪酬体系，自然而然成为教育改革的核心工作。

在高新区教育体制机制改革背景下，关于教职员工的薪酬体系，我们转变思维，重新界定了政府与学校的关系，不再是上下级的从属关系，而是一种类似买卖双方的市场关系，政府出资购买学校的教育服务，出资额的多少取决于学校提供的教育品质。具体说就按照学校培养学生的数量、质量及社会满意度，以不同标准按生均的方式向学校拨付薪酬包，学校再进行二次分配。仍以济南高新区凤凰路学校为例：每学年初，学校会根据新学年招生人数，按照高新区教育体制机制改革中的标准，核算学校基本工资、绩效包、专项支出等经费。学校对于当学年财政可支配收入提前谋划，做到支出合理、高效。

此外，针对学校中管理岗，教学岗，工人、会计等辅助岗位等的不同人员，依据工作性质，高新区分别制定了管理岗工作体系、教学岗工资体系、教辅岗工资三套体系，实现依岗定薪、多劳多得、优质优酬。在释放了学校办学自主权的同时，最大限度地调动起全体教师干事创业的积极性和主动性。

第二节　变“政府推车”为“学校开车”

习近平总书记指出，“改革开放是决定当代中国命运的关键一招，也是决定实现‘两个一百年’奋斗目标、实现中华民族伟大复兴的关键一招”。经济、科技发展了，要有与两个中心相匹配的环境，教育环境是重要的环境之一，2017 年，高新区制定出台了《济南高新区教育体制机制改革总体方案》：转变政府职能，将原来教育行政部门与学校的利益共同体转变为教育服务购买方和供给方的关系，实行管办评分离，实现了变“政府推车”为“学校开车”。

一、大势与人心，教育要马上改

2017 年，有一张“我们是谁”的图刷爆朋友圈，编者把它改编成了高新区版的“我们是谁”：

我们是谁？国家高新区！我们家有多少人？156 个小伙伴！我们的任务是什么？创新！创新！创新！

我们是谁？济南高新区！还记得大明湖畔的夏雨荷吗？我们只认齐鲁软件园的创业者！首个商业量子通信专网怎么样了？咱们 8 月底见！

通过这段话，说明济南高新区发展迅速，在全国高新区的地位大大提升。只有一流的教育才能吸引人才，想聘请优秀的人才，如果他们的子女不能受到优质的教育，他们能来吗？近几年高新教育发展迅速，大家有目共睹，但是离高标准、一流教育还有差距，按照常规要想实现一流的目标还有很长一段时间，但是经济不能等、科技不能等，政府等不起、引进的人才等不起，怎么办？改革，唯有改革才能实现大的跨越。

怎么改？因历史原因，高新教育发展存在起点低、底子薄、优质资源少等问题，与高新区经济发展强、涌入人口多、教育增长快的经济社会发展需求不相适应，不相匹配。因此，我们要以“坐不住、等不起”的危机感、责任感和使命感加快教育改革，提升人民群众幸福感、获得感，所以要马上改。惟改革者进，惟创新者强，惟改革创新者胜。《种树郭橐驼传》的故事，会给我们这方面的直接启发。

唐朝大家柳宗元有一篇传记散文《种树郭橐驼传》。郭橐驼，不知道起初叫什么名字，因为脊背突出，弯腰走路，乡里人送他个外号叫橐驼，他觉得确实恰当，就不叫原来的名字了，就叫橐驼。橐驼住在长安城的西边，他有个特长，种树种得好，和现在的职称对应就是正高级农艺师。他种的树好在哪里呢？一是成活率高，无论是新种还是移栽，凡经过他的手定能成活；二是长得茂盛，果实结得早而且多。所以长安城的大户人家都争着聘请他去种树。

有人问，你怎么把树种得这么好啊！橐驼说，我本身不能使树长得快、长得旺，只不过是顺应树木的生长规律，充分发展它的本性罢了。他说种树的方法是树根要舒展，培土要均匀，根下的土要用原来培育树苗的土（俗称"老娘土"），捣土要结实，浇水要适量。如果这样做了就不要再动它，不要再担忧，不要再回顾，种的时候要像对待子女一样细心，栽好后就丢在一边，树木的天性得以保全，它的本性就能够得到充分发展。并不是我使它长得茂盛高大的。别人种树却不是这样，种的时候树根弯曲着，又换了新土，培土的时候不是过紧就是过松，浇水不是过多就是过少。种上了早晨去看看，晚上去摸摸，已经离开了，回头再望望，疼爱至极，更严重的是掐掐树皮看看是死是活，再摇晃摇晃看看是否种结实了，看着没发芽每天都浇水。虽说是担心它，其实是害了它，所以他们种树不如我种得好啊！

又有人问："你种树的方法用在做官治民上能行吗？"老郭说："我只知道种树，做官治民不是我的职业，但是我只知道在我们乡里，那些官吏经常发号施令，看似很关心老百姓，但是百姓深受其害。他们早上跑来说，你们要种好地啊，一定要及时收获啊，一定要织布啊！晚上跑来说，要养育好你们的孩子啊！要喂大你们的鸡鸭鹅和猪牛羊啊。老百姓不吃饭、不睡觉也要听他们训话，老百姓怎么繁衍生息啊！这与我种树应该相似吧！"①

这个故事说明两点：种树要顺应树木的天性，它就长得高长得旺。强加外力，搞不好就适得其反。我们的教育也是如此，要顺性而为，顺着教育的规律去做，这个顺性就是改革体制机制。多年来，教育一直遵循着论资排辈的默认规

① 郭英德：《"顺木之天，以致其性"——读柳宗元〈种树郭橐驼传〉随感》，《文史知识》2020 年第 5 期。引文有改动。

则，年轻人干得多，拿得少，年龄大的职称高，由于身心的原因，工作赶不上节奏，年轻人只能慢慢熬啊，等到熬得老了，拿钱多了，也不能干了，大家都是这样循环往复。改革打破这个规律，重奖有突出成绩者，年轻人赶上了好时候，高新教育的春天来了。老同志同样是受益者，你如果老当益壮，焕发青春，同样会拿得更多。所以年轻的，年长的都在期盼改革啊！

二、学校明确了目标，校正了前进的方向

为建立客观的评价机制和考核体系，政府制定了《济南高新区教育系统KPI考核管理办法》，校长制定学校的考核目标，由政府委托第三方考核。校长是教职工考核的第一责任人，制定学校考核办法，根据目标完成情况，实行绩效考核。

大家看《西游记》这部名著，之所以西天取经修成正果，是因为团队有明确的目标方向：《西游记》写的是唐僧师徒五人跋山涉水，经历了九九八十一难，最后取得真经修成了正果。主角唐三藏，30 多岁从大唐长安出发，走了 14 年，45 岁到达灵山。取了三藏佛经，一法藏，谈天。二论藏，说地。三经藏，度鬼。共三十五部，有五千零四十八卷。走了 5048 天，相当于走一天给一卷经。故事大家都熟，我们主要是看西游记团队取经成功的经验，最重要的一点就是团队有明确的目标。唐僧师徒五人，一是有远大目标——取到真经普度众生，二是有团队目标——完成挑战任务走到灵山，三是有个人目标——每个人都要脱离苦海修成正果。最后他们都封了职务，说明都修成了正果。

学校对教职工考核分为月考核、学期考核、学年度考核。月考核是按承担的工作量、出勤等情况进行的考核。学期考核是以完成学期工作计划为目标进行的阶段性考核。学年度考核是学年工作结束后，对学年工作目标完成情况进行的终结性考核。从校长到教师，自上而下，人人有目标，人人有考核。目标对学校的发展有着重要的作用。

1.学校都定了明确的目标

每个学校根据自己实际自主定目标。为实现学校总目标，各校又层层分解目标，使人人有目标。科航路学校的关键指标目标制定，就能很好地说明总体目标与个人目标的关系（见表 3-1 至表 3-3）。

表 3-1 科航路学校 KPI 目标(基于核心素养下的学校发展目标)

	学段	级部	目标	总目标	达标	说明	责任人	总责任人
学业发展水平	小学	四	前八名	第一名	前三名	四级部刚进入全区质量检测,基本目标前三分之一。四年级五年级全区第八,进两个名次。六年级在五年级级部第一,保持第一。	宋雪莲	张玲
		五	前六名					
		六	第一名					
	中学	七	前五名	第三名	前四名	七年级刚进入初中,鉴于生源变化目标前五。八年级在七年级第四,至少进步一个名次。	卢英春	
		八	前三名					

表 3-2 科航路学校 KPI 目标(基于核心素养下的学校发展目标)

	学段	目标	总目标	达标	责任人	总责任人
家长满意度	小学	97%以上	97%以上	95%以上	贾亚楠	张玲
	中学	97%以上				

表 3-3 科航路学校 KPI 目标(基于核心素养下的学校发展目标)

	科目	目标	总目标	学科责任人	学校责任人	总负责人
活动加分	音乐	区前三名	区前三名,总分15分以上。	徐萍	贾亚楠	张玲
	体育	区前三名		许秀平		
	美术	区前三名		王薇		

2.分解目标,层层制定目标

制定四级目标体系:

第一级,学校目标。学校在上学年各项工作的基础上,根据教育集团要求制定学校整体工作的目标。

第二级，分管主任目标。各分管领导根据自己分管的工作，参照学校工作的目标，制定自己分管工作的目标，略高于学校目标。

第三级，学科中心主任目标。各学科中心主任根据分管工作的目标和上学年质量基础定自己学科中心的目标，略高于分管工作和上学年质量目标。

第四级，教师个人目标。根据学科中心的目标和自己承担的教学任务以及上学年学期末的成绩制定自己本学期的教学目标(质量目标要略高于上学年)。

3.团队联动，共享共赢的“命运共同体”

每个教师完成目标，学科团队才能完成目标，学科团队完成目标，级部团队才能完成目标，级部团队完成目标，分管主任才能完成目标，分管主任完成目标，学校才能完成目标。学校完成目标，大家才能得到最基本的目标绩效。每位教师在原来基础上，进步一点点，各自实现目标，才能实现学校总目标。

每一学科都很重要(语、数、英、音、体、美、科学、微机等)，不是只有语数英重要，也不是音体美才重要，更不是科学(科学小制作)和微机(电脑操作)不重要，每一学科都重要；每一位老师都很重要，哪一位老师完不成目标，都会受到影响，大家是利益共同体，这个成绩已经不是个人的问题，有的可能一分就牵扯到学校是否优秀；每一个活动都很重要，也可能一个活动、一个学生就决定我们是否优秀。

三、改革是“同忧相亲”不是“同欲相憎”

“同欲者相憎，同忧者相亲。”这句话出自《战国策·中山·犀首立五王》。这句话的背景是：

> 韩、赵、魏、燕和中山这五国的国君都要称王。强大的齐国对中山称王这件事就非常地反对，中山国就派了策士张登来游说齐相田婴，希望他能干涉此事，能支持中山国。田婴身边的谋士叫张丑，他就提出了自己的观点。他告诉田婴，欲望相同的人会互相排斥，互相憎恨，而忧患相同的人容易互相亲近，互相支持。①

这五个国家共同的欲望就是称王称霸。共同的欲望导致了他们互相排斥，互相算计。这五个国家的共同忧患是什么？就是担心东方大国齐国来干涉，如果齐国真的插手的话，会促成他们形成联盟，而他们的团结对齐国是不利的。

---

① 李吉春:《纷纭故事，历史相续——〈国语〉与〈战国策〉》,《中华活页文选》(高二、高三年级)2013年第9期。

所以他的建议就是不要干涉,等待五国内部出现矛盾以后,他们互相算计,甚至互相残杀,这样齐国就可以坐收渔翁之利了。我们认为,以此形容当前的教育教学的竞争形式,应该是比较合适的:我们共同的忧患是什么?是提高教育教学质量,这个共同的忧患使学校和学校团结起来,学校内部团结起来,全区为了一个共同的目标大家走到一起来,形成合作双赢的局面。

四、改革使大家更讲合作

改革使大家都合作起来,如教研组的集体备课合作、家校的合作等,合作使大家完成了一个又一个的目标。再讲一个《弥勒佛与韦陀菩萨》的故事,共同感悟其中的智慧。

> 去过庙的人都知道,一进庙门,首先是弥勒佛,笑脸迎客,而在他的背面,则是威严肃穆的韦陀。但相传在很久以前,他们并不在同一个庙里,而是分别掌管不同的庙。弥勒佛热情快乐,所以来的人非常多,但他什么都不在乎,丢三落四,没有好好地管理账务,所以依然入不敷出。而韦陀虽然管账是一把好手,但法相威容,很是严肃,搞得人越来越少,最后香火断绝。
>
> 佛祖在查香火的时候发现了这个问题,就将他们俩放在同一个庙里,由弥勒佛负责公关,笑迎八方客,于是香火大旺。而韦陀铁面无私,锱铢必较,则让他负责财务,严格把关。在两人的分工合作中,庙里一派欣欣向荣景象。①

讲这个故事主要有两点启示。一是合作的重要性,合作好了就是双赢,学校和学校的合作,例如,伯乐学校、东城逸家中学、奥体中路学校、科航路学校四校联合课堂教学改革,共同研究合作学习。再如东区四个学校,黄金谷学校、雅文中学、高新一中、科航路学校联合教研,形成教研联盟。学校内部合作,比如前勤和后勤的合作;班主任要和科任教师合作好,教师要和学生合作好;师生就是一种合作关系,老师要和每位家长合作好。二是有胸怀有肚量,你看弥勒佛的大肚子,是胸怀,笑口常开、容八方来客。作为教师就要容同事、容学生、容家长,容个性教师、问题学生、问题家长,教育好,才叫智慧,才是教育,教育不仅仅是质量成绩,更多的是和谐。

---

① 赵勇、曹永威:《从弥勒佛和韦陀的故事说起》,《求是》2004 年第 10 期。

五、改革提升了管理团队的战斗力

改革调动了校长办学的积极性。校长采取公开竞聘的方式产生，实行岗位绩效，干得好绩效就高。在用人上有了更大的自主权。按照核定的学校内设机构和职数，副校长由校长提名报教育行政部门或教育行政部门委托的管理机构核准。中层正副职可由校长直接聘任，报教育行政部门或教育行政部门委托的管理机构备案；教学岗、教辅工勤岗的相关人员，可由学校通过直接聘任、选聘、竞聘、公开招聘等方式进行选配。

改革调动了管理团队的积极性。管理团队绩效设了单独的奖励办法。学年度考核在合格及以上的学校，按照所在学校教职工绩效工资总额的7%核拨管理团队绩效工资，主要用于管理团队绩效发放。以前管理人员没有岗位补助，一般情况下是教学优秀的教师才能有机会提拔到管理岗位上，但是到了管理岗位后，工作量大了，奉献多了，工资拿得却并不多，甚至不如在一线时拿得多，虽然也是干教育工作，但是其价值得不到体现。管理团队有了相应的绩效，他们干了工作能得到认可，价值能得到体现，积极性更高了。以科航路学校为例：

一是管理团队的服务意识更强了。比如服务保障中心，办公用品是教师到服务中心领取，有时去几次找不到人，影响工作，心生怨气。现在是服务中心管理人员开学初把办公用品送到教师手中，教师零跑腿，公物维修接到通知零时差到位解决问题。

二是管理团队工作更高效了。科航路学校通过对管理人员的培养，个个聚“三气”：有大气、有灵气、有才气。做到“四有”：有目标追求，积极进取；有学习意识，读书学习，不断完善，超越自我；有责任，责任到位，负重奋进，开拓进取，誓争一流；有胸怀，能吃苦、能忍让、能容人。

三是服务机制更优化了。科航路学校实行了“大部制”扁平化管理：学校成立教学中心、教育中心、课程研发中心、阳光服务中心等八个中心。每个中心各设一名主任全方位管理、协调、统筹安排。各部门之间既分工，又相互合作，保证学校各项工作有序高效进行。

由于管理团队的高效，带动了学校的发展，学校每年都能完美地实现自定目标。

六、改革调动了每一个人的积极性

发挥团队育人的作用，实施 KPI 考核捆绑评价，解决干好干坏、干多干少都一样的顽疾，真正实现了多劳多得，优质优酬，调动了每一位教职工的积极性。

以前，学校安排工作非常困难，按工作量每人应该担任两个班的教学工作，但都找理由教一个班，老教师更是理所当然地教一个班，没人愿意做班主任工作，没人愿意进行课程研发。改革后，大家都积极要求增加工作量，积极要求担任班主任，积极要求参与课程研发。更有的老师主动负责额外工作。例如，科航路学校一位语文教师酷爱计算机，业余时间经常拆装计算机，而且是个热心肠的人，经常帮别人做些维修工作。改革后他向学校请缨要负责学校的计算机维修保养工作，学校同意了。他负责这项工作后积极性很高，用业余时间自学，自己学习解决疑难问题，学校也多次派他外出培训，现在的他业务熟练，工作热情高涨。现在他又负责管理学校的网络平台，还开设了计算机绘画校本课程，每年辅导的学生都能在市里获奖，就维修一项一年为学校节约资金 2 万多元。

还有一位接近退休的老教师，多年不做班主任工作了，但改革后他积极申请担任班主任，又找回了年轻时的状态。教师小李从小爱好文学，改革后他拿着要成立“文学社”的方案找校长，说他就这点爱好，喜欢辅导孩子写作，能否成全他。有人说，他上课一般，成绩平平，还搞什么“文学社”？这不更影响教学吗？教学主任说难得他喜欢，给他一片天地让他发挥，教学质量不会降下来。他也不负众望，“文学社”硕果累累，在他的辅导下，有很多孩子写的作文在全国性刊物上发表，他还准备整理出版学生的作品集。

总之，改革后，人人焕发了青春活力，工作状态由“让他干”变成了“我要干”。

七、改革要考虑到每一个人的利益

一所学校的校长不是谁想当谁就能当的，必须有真本事，能力强，具有现代化的教育理念，只有不断提升教育教学水平，敢于担当、为群体着想，具有创新精神与超前意识，才能带领学校朝着更好的方向发展。

一是校长要知人善任。在学校里，教师的能力高下不一，这是客观存在的事实。所以，要给不同类型的教师分配不同的任务，让其发挥特长。同时，也要考虑到那些在教学上能力稍差点的教师，要挖掘他们身上的优秀品质，充分发挥他们的专长，让他们干他们干得了、干得快乐的事。

二是校长要以善待人。学校校长要关心善待那些能力不太出众的教师，他们之所以没有出类拔萃，有多方面的原因。校长除了想方设法为他们提供发展的平台之外，就是要认可这个现实，要包容能力平平者，当他们有一点进步或者一点成绩的时候，要用放大镜般的眼光来看他们，鼓励、表扬他们。这正如教师对待学困生一样，要厚待他们。这会让他们感到在这样一个团队里，自己是被尊重，是有价值的。只有人人工作起来都快乐的时候，整个团队才能形成一种巨大的生命能量，才能更好更快的发展。

三是校长要一视同仁。“鱼不能全吃”之类的故事，告诉我们尊重属下需求的重要性。

20世纪80年代，高文光在天津开了一家经营五金机电的小公司，凭着“一盒螺丝钉也要送货上门”的精神，慢慢越做越大。公司的客户基本都是批发商，他们慢慢被养懒了，高文光的员工送货上门时，还要帮他们把货摆上货架，甚至直接让员工把货送给用户。也就是说，这些批发商根本不用做什么，直接赚取差价。公司的员工对此很有意见，但高文光却说：“客户越懒，咱们越有饭吃。”

有一次，一个员工又被批发商指派直接给用户送货，他计上心来，拿出名片给客户说，要不以后你直接从我这儿进货吧，省去批发商的环节，价格肯定更便宜，对方一听很高兴，两人一拍即合。员工兴高采烈地把这件事报告了高文光，可万万没想到得到的不是表扬，却是一顿臭骂，还明确说以后谁也不许做这种事！大家非常不理解，高文光却说：“如果天下的钱都让你赚走了，别人都没钱了，你还赚谁的钱？”2012年，天津文光集团年营业额过5亿，有1000多名员工。[①]

这就是高文光的经营理念——不吃全鱼。不吃全鱼，不仅是经商之道，也是为人之道。在我们的生活中，有许多相反的例子，有些人想吃全鱼，结果连虾米也丢了。学校工作千差万别，学校每项工作都很重要。教学重要，后勤保障也重要；语文、数学、英语重要，音乐、体育、美术也重要，思想品德、科学、劳动等课程也同样重要。

“情商”最漂亮的定义就是善于谋求共赢的局面。要考虑到每个人的利益，只要大家都努力了、付出了就应得到相应的报酬，每个人都要学习“不吃全鱼”的理念。

---

① 姜致远：《不吃“全鱼”》，《共产党员》2007年第6期。

第三节 变终结性评价为过程性评价

KPI 改革的另一个重要区域，就是推动教育评价制度的改革，严格来说，是促使教育评价原始功能和本来价值的回归。一般意义讲，教育评价就是根据一定的教育价值观或教育目标，通过系统地搜集信息资料和分析整理，对教育活动、教育过程和教育结果进行价值判断，从而不断自我完善和为教育决策提供依据的过程。从这个定义来看，教育评价从来都是过程性评价，是一种有一定程序和系统活动的过程。目前教育评价出现终结性评价，就是因为教育的指挥棒只有一个指向，打乱了整个教育乐章的秩序，是教育生态自身出了问题。

一、在流程中督导过程，实现对学校的过程生成性评价

教育评价事关教育发展方向，有什么样的评价指挥棒，就有什么样的办学导向。高新区的教育评价改革，是整个教育体制改革的一部分，是以科学的评价方法、技术为手段，不断完善评价对象教育行为，提高教育质量。当然，从全区角度看，教育评价具体包括三类评价：对学校的评价、对教师的评价、对学生的评价。2020 年 10 月，中共中央、国务院印发了《深化新时代教育评价改革总体方案》，对三类对象评价的目的已经说得很明确，“各级各类学校立德树人落实机制更加完善，引导教师潜心育人的评价制度更加健全，促进学生全面发展的评价办法更加多元”，归根到底三类评价走了一条道路：变终结性评价为过程生成性评价。

我们有必要先简单了解一下终结性评价存在的弊端。很简单，教育的终结性评价目前已经异化为唯分数论，它是面向学校、教师、学生的“昨天”或者“过去”的评价，是检验全体和个人已经掌握知识和技能的单一性评价，是强调寻找差异、分等排序的鉴定评价。因此，它的评价标准单一而刻板，是难以科学、完整、全面地评价一个学校、一位教师、一名同学的整体发展水平的。

通过系列配套措施改革，我们就是要变终结性评价为过程生成性评价。按照新颁布的《深化新时代教育评价改革总体方案》说法，就是“坚持科学有效，改进结果评价，强化过程评价，探索增值评价，健全综合评价，充分利用信息技术，提高教育评价的科学性、专业性、客观性”。在全区具体改革过程中，针对不同主体和不同学段、不同类型的教育特点，分类设计、稳步推进，在教育评价关键步骤、关键领域取得了实质性突破。

高新区全区现有40多所中小学，其中除一所高中外，全部是义务教育学校。原有的评价体系，以终结性评价为主，工作做得好不好年底先听述职报告，就算述职报告说得不好，只要最硬的指标——成绩好，就一定会得到很高的评价。机制体制改革后，根据KPI考核方案，如何设置一套评价体系，能考核学校在促进学生全面发展、引领教师专业发展、提升教育教学水平、营造和谐育人环境、建设现代学校制度等方面的工作，就变得迫切且必要。

那我们审视一下KPI考核方案的关键指标：

1.关键指标赋分办法

(1)学业发展水平(20分)

(2)中小学体质健康抽测KPI考核(5分)

(3)社会满意度(10分)

(4)各类测评(5分)

(5)队伍建设(10分)

(6)党建工作(10分)

2.特色指标赋分办法

(1)学校办学特色(5分)

(2)其他特色(25分)

仔细解读上述指标，从项目设置到分数权重，均是一体化设计，是为了破解区域教育重学业质量轻素质教育、重终结结果轻过程行为的评价难题。为了使上述评价指标可检测、可调控、可量化，实施改革的四年间，不断探索和优化监测评估方法与实施方案，构建监测、督导、问责“三位一体”的区域基础教育质量监测体系。

我们先举一例，了解区教育主管部门是如何变终结性评价为过程生成性评价的。目前社会对学生身心健康的关注度空前高涨，中小学体质健康抽测KPI考核虽然只占五分，但是按照原有评价方法，我们只要是选定一个时期，测试全区所有学校指定年级学生的体育成绩即可，这是典型的终结性评价，一般讲东区的学校原为农村学校，身体素质普遍好，抽测成绩就好，没有抽测之前结果就已经定了，所以导致的结果是，大部分中心城区学校觉得不公平，甚至对此并不重视。

当此类抽测变为六个流程：基础数据上报—提升方案上交—初期督导监测—中期数据上报—后段跟踪督导—终期数据抽测，结果就完全不一样。

入学时进行学生体质健康基础数据申报，对学生体质健康状况详细摸底。

学校据此制定提升学生体质健康的方案，做到目标明确，措施精准，路径明晰，责任到人，然后方案上交教体局业务主管部门。实施过程中的监测和督导，根据上交方案，在某个时间节点，会进行有目的的督导，跟踪方案实施情况，对特定人群、特定项目进行抽样监测。中期数据再次上报，主管部门与初期数据对比，结合督导和监测情况，出具对学校的中期评估报告。跟踪督导，根据报告提出的问题，一段时间后再进行督导，查看指出问题的整改情况。最终根据时限安排，组织对学生的体质健康抽测。把抽测数据通过对比原始数据和中期数据，能得到学生体质的提升情况，就会发现抽测成绩低的学校提升幅度可能最大，抽测成绩第一名相比以前可能还出现了成绩下滑。根据两次督导以及发现问题的整改情况，能知道每个学校的重视程度、人财投入、工作付出等。这就实现了立足问题并讨论问题、关注过程并干预过程、导向改进并促进改进的过程生成性评价。

再如对党建工作的评价，学校党建工作非常重要，加强学校党的建设对于全面贯彻党的教育方针、保证社会主义办学方向、落实立德树人根本任务、办好人民满意的教育都具有重要意义。长期以来我们检查学校党建工作的形式就是每年年底的专项汇报。改革后，对学校党建工作的评价转化为两部分，一是对学校党建常规工作的过程性跟踪评价，对评价主体的“三会一课”活动相关部门要不定时参加，主题活动必须到场，全过程监督党建活动的开展。二是通过特色党建品牌创建，引领学校党建工作计划工作的扎实开展。品牌创建仍然是按照制定方案、实施路径、重要节点、重点工作等流程开展，全过程都在评价范围内，时时处处在评价过程中，通过评价制度改革，推动各学校建立起完善的中小学党建工作长效机制，把全区教育系统的党建工作落到实处。

如果我们以对一个学校的 KPI 考核为例，怎么能实现上述关键指标和特色指标的过程生成性评价？根本来讲，就是这个学校必须依据 KPI 考核方案，制定学校发展的学期计划、年度计划、三年计划发展纲要，甚至更长时间的发展规划。一般来讲学校工作计划就包含学业发展水平、中小学体质健康计划、社会满意度、各类测评、队伍建设、党建工作、学校办学特色、其他特色八个方面，每个方面都如前文提到的，有基础摸底，有实施计划，有重要节点，有重点工作，有终期目标。总而言之，必须把最终追求的结果分解到实施过程中，做到过程可检测、进度可调控、工作可量化，这样的评价直接导向就是站在起点能看到重点，促进被评价学校主动作为，聚焦于促进学生全面发展、保障学生平等权益、引领教师专业发展、提升教育教学水平、营造和谐育人环境等教育的核心任务，从而促进学校发展、区域教育的均衡而优质的发展。

在2021年颁发的济南高新教育“十四五”规划中，提到要继续优化KPI考核改革。坚持教育评价从教育本质出发，持续优化KPI考核指标设置，引进第三方评估，让教育评价更加客观、科学，委托第三方教育评价机构组织针对学校德育工作、课程建设、自我教育、课堂教学、学校文化建设、安全工作等专项督导评价活动。组织年度中小学办学水平综合督导评估。加强过程性评价、发展性评价、增值评价和捆绑评价，做到及时评价激励，持续调动全体师生员工的积极性、主动性和创造性，最大限度地提高工作效率、教学效率和学习效率。

不难发现，未来高新教育的评价维度更加丰富，除了目前已经相对完善的过程性评价、发展性评价外，增值评价、捆绑评价作为两个很重要的方面，被引入到过程生成性评价体系。还有很重要的一点，评价实施主体引入第三方，这样就克服原来人手短缺、落实不到位、人为因素较大带来的一些顽疾，这是一个好的教育评价体系能够真正贯彻落实的保障。

二、创新过程生成性评价形式，推进教师践行教书育人使命

高新教育体制机制改革，最大程度上激发了老师们干事创业的激情，这是高新教育发展的最重要因素，是高新教育前行的不竭动力。正因为如此，对教师评价的改革变得非常重要、迫切，其中的重点仍然是变终结性评价为过程生成性评价。

放眼当前，教师评价还处于“一校一案”的状态，评价方案数不胜数，没有固定模式，存在工具化却不好操作，合理却不科学，论资排辈，同时，存在重结果、轻过程，重教学成绩、轻教师本身专业化和学生全面发展，评价主体主观性强，结果运用单一化，因评价闭环缺失而不能起到激发教师积极性的作用等问题。教师评价是教育评价的重要组成部分，它影响学校管理效能和教学质量、影响教师专业化发展和职业幸福感，间接作用于学生的学业水平和健康全面发展。随着“双减”政策的出台，教师评价也越来越受到关注，而职称评审是我们谈起学校教师评价时绕不过去的一个部分。2017年，人社部办公厅和教育部办公厅联合发布《关于做好2017年度中小学教师职称评审工作的通知》，特别重视对教师师德方面的评价，降低论文在教师评价中的要求，更加关注教师的教学实践及教学方面的研究。这些都表明我国中小学教师评价由终结性评价方式逐渐向过程生成性评价方式转变，逐步注重教师在评价中的主体性，并加大监管力度以保证教师评价的有效性。伴随政策性文件的出台，我国中小学教师评价

的方法及模式不断创新。

在《深化新时代教育评价改革总体方案》中，评价的终极目的是推进教师践行教书育人使命。在文件中，对过程生成性考核描述地极为详尽。要求考核必须突出教育教学实绩。把认真履行教育教学职责作为评价教师的基本要求，引导教师上好每一节课、关爱每一个学生。任课教师每学期须对每个学生进行学业述评，完善中小学教师绩效考核办法，绩效工资分配向班主任倾斜，向教学一线和教育教学效果突出的教师倾斜。所有上述描述，在高新教育改革中，均已经完全或者不同程度的实现。在对教师评价过程中，过程生成性评价呈现多种形式。

传统意义上的过程性评价。高新区对教师的评价，主要分为师德考核、常规管理、教学绩效三大项，而其中尤其重视对教师教学行为的过程管理。以东城逸家中学为例，对教师的过程性评价有非常规范的文件:《教学管理规程》和《五学课堂教学流程》，每个环节都有评价细则，集体备课、上课、复习、作业、讲评等，都有一套完整的评级标准，这全是基于过程的评价。学校各方面业绩突出，主要是在过程中的适切评价，才能最终取得优异的教育教学成绩。

其一，基于过程的模糊评价。2021 年暑假，高新区大刀阔斧地进行了教师双向选聘制度改革，这是人事制度构架中的以双向选择为特点的聘任制度。班级聘不聘这个老师，班主任说了算；级部聘不聘这个老师，级部说了算；学校聘不聘这个老师，学校说了算。一个老师，层层落聘的话，就要进入全区的人才库，属于待岗状态，区里统一调配。只要到了新学年，各部门都争相聘你，那就说明大家对你的评价很高；相反，如果没人聘你，你就已经得到了最差的评价。追求“精确”，可能结果恰恰失真；相反，有时候“模糊”一些，可能更接近真实。从实践层面来讲，聘任制度已经成为评价制度。无独有偶，这样的事情，在北京十一学校年年发生，而且有着很科学、很成熟，也很有操作性的一个系统，该校校长李希贵直截了当地说:“让聘任制度成为评价制度。”这是高新教师评价制度的一个侧面。

其二，基于教学能力提升的增值性评价尝试。在区内很多中学，如海川中学、遥墙中学都实施基于教学能力提升的增值性评价。归纳起来，一般的做法包括以下几点。首先，实施课堂教学多元激励机制。按照“人人参与，个个奖励”的原则，运用教师差异性评价策略，分别设定名称不同的教学能手、优质课和教学单项奖，举办“经验推介会”，让每一位教师能明确得失，反思成长。其次，帮助教师实现可视化的能力表达。对各项评比项目从评定结果和参评过程实施定性和定量分析，形成概述性评级，促进每一位教师全面认知自我教学能力和在参评项目中的能力表现。其三，召开评比后协作研讨会。分别召开评委会、学科协作共同体和专业指导委员会等会议，让参赛教师进一步明确秉持的教育思想和表现的教育行为，制定并实施基于课堂教学观察记录表基础上的教学改进计划，进而激发每一位教师专业成长的内驱力。教师评价要紧紧围绕国家、省级出台的教师队伍建设、教育评价改革等文件，以教师专业标准、师德师风建设要求等为教师评价的内容，实现从以学科教学实绩为主的单维度评价转向以学科教育为主的多维度评价。

当然，这种做法最值得我们借鉴的是无锡的一所学校。无锡市梁溪区东林小学基于“互联网＋”教师评价服务平台，创新开展教学、教研、科研和评价“四位一体”的教师增值评价工作。其一，研发教师评价信息服务平台。该平台共包括基础信息系统（包括教师的基本信息、工作经历及学术荣誉称号等）、教学管理系统（包括教学评先、业务讲座及教学实绩等）、科研服务系统（包括课题研究、论文发表及课程资源等）、综合服务系统（包括培养指导、示范教学及成果分享等）。参评教师随时随地将评估材料录入系统，为评价管理者开展横向和纵向、定性和定量的教师评价奠定基础。其二，组建评价技术团队。选择统计理论功底好、信息技术应用能力强、践行增值评价兴致高的教师组成评价技术团队，为全面开展教师评价奠定技术基础。其三，组建由专家学者、教研员、学校管理者、教师同伴及教师本人组成的专家团队，并开展教师评价实践。评审专家登录评价服务平台，参照教师评价标准，审阅教师上传的实证材料，综合评定教师发展情况。同时，学校既可以纵向分析教师群体和个人在师德、教学能力、教育科研、示范辐射等维度的发展变化，又可以横向比较教师群体和个人的发展状况，为制定学校教师队伍建设行动计划提供依据，为精准实施教师教育教学能力提升行动策略奠定基础。

其三，可量化的过程性评价。我们看高新实验中学改革后对教师的评价，设计一套可执行可量化的教师评价系统，一份好的教师评价是激励人心的，它首先要解决的是教师的价值问题。在“三自教育”引领下，要求教师守师德、爱学生、负责任、正能量、专业精、师能强。目标明确，但是如何将隐性评价向显性指标“转化”，要不要或者能不能用分数来衡量，有些东西就是看不到、摸不着的。但是，要实现过程性生成性评价，就必须要解决上述问题。拿“负责任”举例，它包含了两个行为动词：一是工作积极性，二是职业认同感。相应的，工作积极性的行为要点是“全勤”“工作量超标”“乐于承担学校竞赛、加班等临时工作”等。其实这就将模糊的描述具体化了，基本能用数据来衡量了，那我们对老师的评价也就更具体，更易操作。

北京清华附中的教师评价系统很值得我们借鉴：教师的专业发展记录平台包括四大模块：个人成长记录、专业发展引领、特色成长助力、评价与规划。平台的意义主要是，满足个性化需求，尊重人才成长的客观规律，满足不同阶段教师发展的个性化、多元化需求；为教师减负，与市级、区级、校级的各项工作做好对接，不给教师增加额外负担和压力；体现系统实用性，突出信息系统的动态、量化、使用便捷等特点。系统应用成效体现在以下三个方面。第一，能够为每一位教师生成年度工作记录，了解自身数据情况，明确与他人差距和自身的优劣势，提高自我认知；帮助人力资源部门、校领导了解教师群体数据情况，制定教师发展培养计划，根据数据开展相应的教师培训活动等。第二，能够快速高效地开展全体教师评价、绩效考核评价，自动算分，快速导出，工作效率大幅度提升。第三，能够评价成绩，可以在同类教师中进行横向比较，也可以纵向了解同一教师阶段发展情况。

另外，定量评价与定性评价相结合的方式兼顾绩效管理功能和专业发展功能。其中，定量评价着重教师工作量核算，具体包括学生成绩与增值，以及教师的带课节数、进修次数、科研成果数量和课后服务等日常工作量；定性评价侧重教师的职业道德、专业知识能力及课堂教学展示，具体涵盖课堂观察、教师访谈、教师档案袋、教师批改学生作业情况、专家反馈、教师反思、教师创新教学经验总结等。

教师评价要转变传统评价理念，变“扣分制”为“加分制”，激活教师潜能，激励“一直在进步”的教师，并通过制定人性化的管理规范引导教师逐步将其内化为自觉行为。同时，要创新评价工具和流程，利用人工智能等现代技术探索开展教师教育教学过程纵向评价以及师德和知识技能业绩等要素横向评价。

教师评价要坚持以下原则。一是评价目标的导向性原则。教师评价既要立足于教师现实的工作表现，又要着眼于教师的未来发展。二是评价主体的多元性原则。评价主体的多元性让评价体系更为完整、客观、公正。三是评价内容的多维性原则。对于不同阶段的教师，我校提出了具有个性化的分类分层的评价要求，比如：面向初职教师的“启航工程”评价，重在教育教学合乎规范；面向骨干教师的“领航工程”评价，重在形成自身的教育教学特色；面向专家教师的“自航工程”评价，重在形成自身的教育教学思想，发挥示范辐射作用。多角度、多维度、全方位的评价，可以进一步指导教师的教学行为，帮助其提高教学能力、实现专业发展。

在信任的氛围里，评价者能提供客观、有效的评价结果，而被评价者——教师面对评价结果更愿意敞开胸怀知无不言、言无不尽，如此，评价者也才能更方便地获取真实有效的评价数据。这就说明在管理实践中，要建立平等、相互信任的关系，评价者以欣赏的、发展的眼光看待教师、鼓励教师，教师以积极的心态去接纳评价，实现自身更加快速的成长。

他山之石，可以攻玉。高新教育对教师的评价，即将迈开更加坚实的一步。在四个高地建设的文件中，明确提出深化教师评价制度改革。评价制度改革发挥定性评价与定量评价相结合、确定性评价与不确定性评价相结合、精准评价与模糊评价相结合的开放性评价思维，让现代物理学、数学、哲学、统计学、人工智能等思维进入评价领域，形成以赋能为主要形态的教师评价新范式。

三、构建多维全过程评价，促进学生全面发展

改革学生评价体系，促进德智体美劳全面发展，是我们教育评价的一个重要维度，也是根本目的，因为不论是评价学校、评价老师，归根到底是为了每一位学生的健康成长。学生评价体系，在《深化新时代教育评价改革总体方案》中是这样说明的：必须树立科学成才观念。坚持以德为先、能力为重、全面发展，坚持面向人人、因材施教、知行合一，坚决改变用分数给学生贴标签的做法，创新德智体美劳过程性评价办法，完善综合素质评价体系，切实引导学生坚定理想信念、厚植爱国主义情怀、加强品德修养、增长知识见识、培养奋斗精神、增强综合素质。

我们一般称原来的评价老师的顽瘴痼疾是“五唯”，即唯分数、唯升学、唯文凭、唯论文、唯帽子。而我们对学生的评价往往更可怕，“一唯”——唯分数。历经数次教改、课改，似乎目前绝大部分地区和学校仍然初“唯”不改，而衡水模式的崛起从另一个侧面印证了这一事实。高新教育在这方面的探索是什么呢？我们来看一所新建学校的评价体系——从一“唯”到五“维”的高新区正丰初级中学的“大丰车评价体系”。我们先看学校的荣誉体系里面，最高荣誉是正丰五星少年，很简单、很朴实，就是德、智、体、美、劳五方面都很优秀，成绩在全校前40%的学生，取交集最终评选出正丰五星少年。而在这5个维度中，各有5个二级指标，共计25项全面发展的实践做法和具体行动要求，而这些行动要贯穿于在校、在家生活学习的全过程(详见本书附录三济南高新区正丰初级中学大丰车评价体系)。

实际上，大丰车评价体系就是学校的课程体系。从课程内容到评价标准，二者的统一是过程生成性评价的前提和基础。在德育评价中，内容全面，包括核心价值观、中学生守则、学校规定、规定哪些行为不能做的十六条禁律；目标明确，即引导学生养成良好思想道德、心理素质和行为习惯；过程明晰，学生、家长、教师都参与进来，通过评价体系记录学生日常品行表现和突出表现，加强过程管理，促进学生综合素质全面提升。在体育评价方面，学校建立日常参与、体质监测和专项运动技能测试相结合的考查机制，引导学生养成良好锻炼习惯和健康生活方式，锤炼坚强意志，培养合作精神。学校客观记录学生日常体育参与情况和体质健康监测结果，定期向家长反馈，对于对体育不重视的学生，家长到学校一起陪同练习，学习技巧。所有这些，是基于过程的增值性评价，而非终结性评价。

遥墙中学是高新区的一所农村学校，以前一直在全市处于末位，长期以来中考成绩落后，随着体制机制改革，这所学校出现了惊人的变化。走进校园，仔细观察，你会破译遥墙中学近期各个方面飞速发展的密码：进行教学模式改革，实行 3＋2 课堂模式，全员全域推行合作学习模式。合作学习最大的一个突破，就是最大程度上实现了对学生学习过程生成性的评价。每节课每个人得到的评价是即时的，每节课每个环节的表现汇集成每天的表现，每天的表现汇集成一周的表现，然后是月、学期、年度，关键是这种过程性评价贯穿于学生在校的方方面面。我们能看到在课堂上每一个人都能动起来，保证课堂学习的效果，在生活环节的管理中，每个人都能有事做，是评价给了他们力量，这是他们三年来取得成绩的根本保证。

变终结性评价为过程生成性评价，是时代的召唤，是评价方式的发展趋势，高新区乘着体制机制改革的春风，走在了全市的前列，是值得我们骄傲的事情，但是更应该不断探索，更加深入，让教育评价跟上时代发展的脚步。

我们也注意到，随着新高考制度的完善，《山东省普通高中学生综合素质评价系统学生平台》已经投入使用，过程生成性评价必须依托智慧校园建设。在实际操作过程中，因为过程生成性评价需要记录大量学生学习成长过程中的文字和数据，所以现代网络支持尤为重要。我们注意到，在这个平台上，学生需要填报的内容有基本情况、思想品德、学业水平、身心健康、艺术素养、社会实践等材料，每个方面都要求有日常过程性的佐证材料，也就是说你必须亲自参与才能有材料可填写，这是过程性评价的最好的体现。这也给高新教育启示，我们在改革评价方法的时候，硬件支持和软件开发都很重要。

放眼国际，教育评价研究主题呈现出两种发展趋势，其中第一种趋势就是，以促进学生学习为目标，增强学生的合作学习与深度学习方法，探索教育评价在数字化和信息化环境中的多元评价方式。基于此，我区教育评价在未来发展中需要更加关注信息化教育环境下评价方法的多元化、过程的可视化。

现在有一种评价叫“嵌入”式评价：“在整个单元中，评价被‘编进’或‘嵌入’内容中，这些过程评价不但自然出现在每一课内容里的活动中，而且自然出现在作为整体的单元内容活动中，它们常与教学活动密不可分。”这是对过程生成性评价最形象的描述。而高新教育对教育评价的改革，正在嵌入学校的每一个办学行为、教育活动，正在嵌入教师的每一个教学行为、育人过程，正在嵌入学生的每一个学习行为、成长过程，推动我们提高教育治理能力和水平，加快推进教育现代化、建设教育强区、办好人民满意的教育，实现高新教育的跨越式发展。

第四节 教师从“学校人”变为“系统人”

2017 年 11 月，山东省济南市高新区启动中国教师编制改革，33 所学校自愿加入改革行列，1700 多名教师自愿放弃“身份”，纳入“岗位”管理，从“学校人”成为“系统人”。按照岗位聘任管理办法，所有申报的学校，全体教职工全部纳入济南高新区基础教育集团（以下简称“高新教育集团”）管理，“学校人”不存在了，只有“集团人”，教师由集团统一调配、统一安排。推行“区管校聘”，使教师由“学校人”变为“系统人”，打破教师交流轮岗的管理体制障碍。建立“人才超市”，实现学校与教职工“双向选择”。搭建人才模型，畅通人才成长路径，大力招才引智，探索出一条分类管理、分层培养、人岗适配、内驱成长的教育人才选拔和培养的新路径。

一、区管校聘政策的提出

社会各界对高新区的教育改革高度关注，《济南日报》以《济南高新区打响中国教师编制改革“第一枪”》为题报道了高新区的教育改革，并开辟“高新教育体制改革‘样本’观察系列学校报道”专栏，对高新区各学校实行改革后发生的变化进行了系列报道，引起社会的广泛关注。郑州、西安、天津、南通等多地市教育部门纷纷慕名前来学习。高新区是如何实现由“学校人”到“系统人”的转变呢？这就要从“县（区）管校聘”政策开始说起了。

(一)教师流动的现实背景

2012 年国务院印发的《关于推进义务教育均衡发展的意见》中明确提出“积极推进义务教育学校标准化建设,均衡合理配置教师、设备、图书、校舍等资源,努力提高办学水平和教育质量。”概括来说,就是要均衡配置办学资源和合理配置教师资源。据国务院教育督导委员会统计,截至 2014 年底,全国实现义务教育发展基本均衡的县(市、区)累计达到 757 个。在实现硬件设施设备均衡的基本目标之后,将大力向软件教师资源均衡推进,努力实现义务教育资源的全面均衡。教师流动政策的目的就是实现教师资源的均衡配置。

教师流动是指教师与学校两者相互选择而实现的教师工作单位的变动。从工作性质不变、服务对象改变的角度来看,可将教师流动划分为组织内流动和组织间流动。组织内流动是指教师在学校的人事部门管理下工作岗位发生调动;组织间流动是指教师在不同学校之间的流动。根据流动中社会地位发生的改变,组织间流动又可以分为“向上流动”和“向下流动”。从社会学角度来讲,社会地位的改变将导致社会成员所拥有和支配的权力、财富及社会声望等社会资源发生变化。由于较高地位所享有的社会资源具有较大吸引力,目前我国教师流动趋势归属于组织间流动中的“向上流动”。流动方向主要是从农村到城市、从贫困地区到发达地区、从薄弱学校到重点学校、从民办学校到公办学校。具备优秀教学能力的教师在“向上流动”中较为容易,因此,自主参与流动的教师大多为学校的精英或骨干教师。精英或骨干教师的这种“向上流动”,导致了强校教育质量越来越强,弱校教育质量越来越差,最终加剧教师资源的不均衡。要实现教师资源配置均衡化,就必须要遏制这种单向流动,并且还要引导师资“流回去”。

目前,教师流动政策在国外教师管理改革中广为使用。其中以日本、韩国为代表的政府参与管理的教师流动管理体制,在实现义务教育资源均衡化上取得了显著成效。以日本为例,教师定期流动制度呈现出强制性、程序性和公平性的特点。首先,由区县级教育委员会制定教师流动的实施细则,其中包括对地域的划分、对学校的划分以及任教年限的划分等标准。第二,向县内全体教师发放调查表,其中涉及教师的家庭情况、住宅、流动意向等信息。第三,根据教师填写的流动意向表,校长结合学校和教师的实际状况,在民主协商的原则下确定流动教师人选。第四,校长将流动教师名单上交至县级教育委员会,审核通过后由教育长批准。在法律和政策的明文规定下,县教育委员会、校长和教师三者之间协调平衡，确保教师流动操作上有章可循，教师流动工作的开展公平有效。

(二)“县管校聘”政策的提出

综观我国教师流动政策的发展可知，政府对教师流动的管理办法逐渐由“鼓励”“引导”“积极推动”向“强制”转变。1996年《关于“九五”期间加强中小学教师队伍建设的意见》中首次提出“教师定期交流”的概念，指出要打破在教师使用方面的单位所有制和地区所有制，鼓励教师从城市到农村、从强校到薄弱学校任教。但由于学校物质条件、教师收入等方面的差异，使得教育行政部门工作的重心转向缩小城乡、校际的硬件差距。《国家中长期教育改革和发展规划纲要(2010～2020年)》中着重提出建立教师流动机制的总体要求和方向，促进义务教育教师资源均衡发展。在此背景的推动下，很多地方教育行政部门开始制定相关政策进行教师流动的初步尝试，如何有效开展教师流动成为亟待解决的问题。据统计，截至2013年8月底，已有22个省(区、市)地方政府出台了关于教师流动的相关政策。但由于一些地方实施的教师交流属于“人走关系不走”，流动期满后，教师返回原校工作，这导致一些责任心不强的教师在交流学校并没有全身心地投入到教学工作中。一些已经评到高级和特级职称的教师，也不愿意参与教师流动。2014年，教育部出台了“教师交流轮岗”的专项性政策。《关于推进县(区)域内义务教育学校校长教师交流轮岗意见》(以下简称《意见》)中指出，要全面推进义务教育教师队伍“县管校聘”管理改革以实现教师交流轮岗。教师流动中“县管校聘”管理改革是指，“县级教育行政部门会同有关部门制定本县(区)域内教师岗位结构比例标准、公开招聘和聘用管理办法、培养培训计划、业绩考核和工资待遇方案，规范人事档案管理和退休管理服务。学校依法与教师签订聘用合同，负责教师的使用和日常管理”。

从2015年开始，山东以省为单位整体推进中小学教师“县管校聘”管理改革，让教师由“学校人”转变为“系统人”。在这一政策指引下，济南市加大引导优秀校长和骨干教师向农村学校、薄弱学校流动的力度，缩小城乡、区域、校际师资差距。截至目前，济南市共有18523名校长、教师参加教师轮岗，“单位不固定、岗位常流动”的校长教师交流轮岗管理机制已成常态。

山东中小学教师“县管校聘”管理改革推行以来，建立了县级机构编制部门核定编制总量，打破了困扰多年的教师流动体制机制障碍。在“县管校聘”管理体制下，逐步推动义务教育教师在区域内有序流动，近5年，山东交流轮岗校长教师 18 万人，其中城镇学校向农村学校交流教师 4.3 万人，县域内师资均衡配置不断优化。

(三)济南高新区"区管校聘"的提出

为促进区域内义务教育的均衡发展，深入实施素质教育，2021 暑期开始，济南高新区开展了辖区内教育系统"区管校聘"的道路探索。高新区教育系统通过一系列行政手段与工作方式，打破以往限制人才交流、教育事业发展的层层壁垒，为教育系统内管好人才、用好人才，探索出了一条行之有效的"高新方案"。

根据济高管办字 2019〔34〕号《济南高新区管委会办公室关于印发〈济南高新区中小学教师"区管校聘"管理工作方案(试行)〉的通知》，高新区人事部门按照"总量控制、统筹城乡、结构调整、有增有减"的原则，核定高新区中小学教职工员额总量，教育系统可在员额总量内根据学校实际需要自行调配教师，不再受教师编制、专业技术岗位等级等条件限制，教职工个人不再是某个学校的"学校人"，而是高新区教育系统的"系统人"，为落实"区管校聘"交流工作奠定了基础。

尽管高新区也同其他县区一样印发了"区管校聘"文件，但要落实"区管校聘"需要县区教育部门一把手的勇气和担当。为此，高新区相关部门负责同志运筹帷幄、高瞻远瞩、精心谋划，围绕着 2021 年暑期落实"区管校聘"开展了一系列的工作。一是下定决心，排除一切困难和阻力推行"区管校聘"，做好了工作一旦失败将会被解职的心理准备，立下了"宁可不干一把手也要将'区管校聘'进行到底"的誓言。二是提前做了大量的宣传工作，让教师正确认识"区管校聘"的意义。三是详细咨询了常年法律顾问，依法依规具体落实相关工作。四是精心拟定了详细的《教育系统领导干部竞聘上岗工作方案》和《济南高新区中小学"双向选择"管理工作实施方案》。领导干部竞聘上岗自上而下进行，首先是教体办公室教育系统工作人员竞聘上岗，其次是中小学校长、副校长、中层正职、中层副职依次竞聘上岗，最后是教师与学校之间进行双向选择。五是预想到实施过程中教师会发生的多种极端事件，并做出了相应的应急预案。为顺利实施奠定了坚实的基础。

在具体工作开展时，既要考虑到"区管校聘"的顺利进行，落到实处，又要确保教师队伍稳定。教师与学校之间的双向选择，是落实"区管校聘"的重中之重，也是最难落实的环节。一是首先确定"双向选择"的导向原则，是坚持"态度第一，专业第二”。即将中小学教师在日常工作中表现出的兢兢业业、任劳任怨、无私奉献、为人师表、忠于职守、态度端正、热爱教育事业、服从安排等优秀职业品质，作为双向选择的首选条件。二是各学校组建“区管校聘”竞聘工作领导小组和“区管校聘”人事争议仲裁小组，具体负责审查竞聘人的竞聘资格、收集和反映本单位教职工的意见，依法监督程序的公开公正，对竞聘工作中出现的矛盾和纠纷进行调解等。三是学校按照新学年开学规模，设置岗位数、岗位类别、岗位名称、岗位条件及岗位职责。岗位类别包括管理岗位、教学岗位和教辅后勤岗位三类。管理岗位名称包括副校长、教导主任、总务主任等；教学岗位名称包括数学教师、语文教师、英语教师、体育教师等；教辅后勤岗位名称包括实验室管理员、校医、试卷印刷、食堂管理等。岗位条件是指竞聘该岗位人员应具备的要求；岗位职责是指该岗位具体的职责范围、应履行的义务等。方案经学校拟定后向教职工宣布、公示，并报区主管部门批准实施。四是做好宣传发动。暑期开始，学校召开教职工大会，广泛宣传各级“区管校聘”政策及学校“双向选择”工作方案操作流程，使广大教职工充分认识“区管校聘”的政策、意义和方法步骤，引导广大教职工爱岗敬业、无私奉献，严格按相关政策落实“双选”工作。五是公布岗位总数。各学校宣传发动结束后，公布新学年所需教职工岗位总数、岗位名称、岗位职责等。设置岗位时要确保开齐课程、开足课时。六是教职工选择岗位提出申请书。七是学校根据上学年对教职工的考核评价结果，依据教职工填报的志愿，对班主任、教研组长、财务人员、备课组长进行直聘。八是根据学校公布的岗位总数，依据教职工填报的志愿，由中层、班主任、教研组长、备课组长等共同对学科教师进行选聘。九是直聘、选聘结束后，已经被学校直聘和选聘的教师需要交流工作经历的，向所在学校提出交流申请和拟交流学校进行交流。十是直聘、选聘、交流结束后，各学校公布特需岗位数(简称特聘岗位)，未被聘用的教师第二次提出选择申请参加特聘岗位竞聘(简称特聘)。十一是直聘、选聘、交流、特聘结束后，各学校将未被聘用的教师名单及其个人详细信息报送教育主管部门向各学校推荐安置。如推荐安置仍不能被聘用的，则进行待岗培训后再进行新一轮区管校聘双向选择工作。

二、“县管校聘”政策的优势

学校作为教育行政部门和教师之间的信息传递者，担负着上下沟通协调的重要职责。加强学校的管理功能、发挥学校的枢纽作用对于教师流动工作的开展意义重大。

(一)加强了学校枢纽功能

首先,县管校聘加强了学校与教育行政部门之间的及时沟通。确保流动政策的制定标准与县(区)域内学校实际情况相符,提高政策的可操作性。如成都市采取的成立县(区)域内教师管理服务中心,专门负责县(区)域内的教师流动工作也是可行的,但组成人员除了行政部门人员之外,还包含义务教育阶段各个学校管理人员。其次,学校在开展教师流动工作中,实施过程规范有序、公开透明。对符合流动条件的教师做到一视同仁,统一发放调查表,由教师个人填写具有流动意向的学校。学校管理人员结合教师的家庭情况、住址和个人意向,与教师充分沟通协商后,确定教师流动的最终人选。最后,流出学校和流入学校之间做好教师对接工作,为教师融入新单位提供帮助。学校管理人员为流动教师营造了一种互尊互助的工作氛围,对流动教师投入更多的尊重、接纳和关注,了解和研究流动教师的心理特点和各种需要,并在一定程度上给予帮助和支持。同时,还让流动教师参与学校目标的制定、讨论决策、改革规划,使他们意识到自己是学校的主人,这有利于教师形成共同的价值观,激发其自身的学习动力。

(二)调动了广大教师的积极性

教育部和省教育厅提出加强义务教育校长教师交流轮岗工作,要建立“县管校聘”的管理机制,这是一项有利于校际交流,推动义务教育均衡发展和实现教育优秀资源共享的好举措,同时也是一项依靠体制机制调动教师积极性、改变教师精神面貌的好举措。这一机制坚持按需设岗、竞聘上岗,坚持任人唯贤、德才兼备,坚持公开公正、双向选择,在均衡教师资源的基础上,给教师提供了更多的机会,更广阔的前景,调动了广大教师的积极性。

三、高新区“区管校聘”主要措施

为促进区域内义务教育的均衡发展,深入实施素质教育,2021 年暑期开始,济南高新区以打造全国教育体制机制改革高地为目标,深化了人事制度改革,搞活了用人机制,重点推行了“区管校聘”工作,通过一系列行政手段与工作方式,打破了以往限制人才交流、教育事业发展的层层壁垒,为教育系统内管好人才、用好人才探索出了一条行之有效的“高新方案”。

(一)建立人才超市

按照济高管办字2019〔34〕号《济南高新区管委会办公室关于印发济南高新区中小学教师“区管校聘”管理工作方案(试行)的通知》,管委会按照“总量控制、统筹城乡、结构调整、有增有减”的原则,核定高新区中小学教职工员额总量。高新区教育系统共有37所中小学,核定教职工员额总量2432名,教职工个人不再是某个学校的“学校人”,而是高新区教育系统的“系统人”,为落实“区管校聘”交流工作奠定了基础。

(二)实施“双向选择”

在落实“区管校聘”工作时,为充分尊重教师意愿,同时调动学校办学积极性,实施了教师与学校“双向选择”,即教师可以选择学校,学校可以聘任教师。

(三)“双向选择”原则

“双向选择”坚持的导向原则是坚持“态度第一,专业第二”。即将中小学教师在日常工作中表现出的兢兢业业、任劳任怨、无私奉献、为人师表、忠于职守、态度端正、热爱教育事业、服从安排等优秀职业品质,作为了双向选择的首选条件。

(四)“双向选择”操作流程

1.组建机构

一是成立了学校“区管校聘”竞聘工作领导小组。竞聘工作领导小组负责审查竞聘人的竞聘资格。

二是成立了学校“区管校聘”人事争议仲裁小组。负责本单位教职工意见的收集和反映,依法监督程序的公开公正,对竞聘工作中出现的矛盾和纠纷进行调解。

2.制定方案

学校按照新学年开学规模,设置岗位数、岗位类别、岗位名称、岗位条件及岗位职责。岗位类别包括管理岗位、教学岗位和教辅后勤岗位三类。管理岗位名称包括副校长、教导主任、总务主任等;教学岗位名称包括数学教师、语文教师、英语教师、体育教师等;教辅后勤岗位名称包括实验室管理员、校医、试卷印刷、食堂管理等。岗位条件是指竞聘该岗位人员应具备的要求;岗位职责是指该岗位具体的职责范围、应履行的义务等。方案经学校拟定后向教职工宣布、公示。

3.宣传发动

各学校召开教职工大会，广泛宣传各级“区管校聘”政策以及学校“双向选择”工作方案操作流程，使广大教职工充分认识“区管校聘”的政策、意义和方法步骤，引导广大教职工爱岗敬业、无私奉献，严格按相关政策落实“双选”工作。

4.公布岗位总数

各学校宣传发动结束后，公布新学年所需教职工岗位总数、岗位名称、岗位职责等。设置岗位时要确保开齐课程、开足课时。

5.教职工选择岗位

教职工根据学校公布的岗位总数提出择校申请。每位教师择校申请可申报两个志愿学校。

6.直聘岗位

各学校根据上学年对教职工的考核评价结果，依据教职工填报的志愿，按照副校长、中层干部、班主任(教研组长、财务人员)、备课组长等顺序逐级进行直聘。直聘适合于中层干部、班主任、教研组长、备课组长、财务人员等，且以原学校教职工为主。学校公示直聘人员名单。

7.选聘岗位

直聘结束后，根据学校公布的岗位总数，依据教职工填报的志愿，由中层干部、班主任、教研组长、备课组长等共同进行选聘。

8.交流岗位

直聘、选聘结束后，已经被学校直聘和选聘的教师因评审职称需要交流工作经历的，向所在学校提出交流申请和拟交流学校进行交流。

9.特聘岗位

直聘、选聘、交流结束后，各学校公布特需岗位数(简称特聘岗位)，未被聘用的教师第二次提出选择申请参加特聘岗位竞聘(简称特聘)。特聘申请仍保留两个志愿，可在全区范围内申请。学校对提出申请参加特聘的教师进行聘用。

10.安置岗位

直聘、选聘、交流、特聘结束后，各学校将未被聘用的教师名单及其个人详细信息报送教育主管部门，由教育部门根据全区各学校实际，对这部分人员进行安置。

“区管校聘”管理体制让教师由“学校人”转变为“系统人”，不仅为教育行政部门优化教师资源配置创造了条件，通过支教、交流轮岗等多种方式给教师提供了更多、更广阔的发展道路，进一步完善教师交流管理体制，促进了城乡师资均衡，切实推动了农村教育事业的发展。

通过“区管校聘”教师管理改革，学校结合实际大胆探索与实践，实现了学校师资的均衡配置和有序流动，学校教师队伍活力得到增强、教师个人潜能得到充分挖掘、教育教学效益得到全力保证，为学校的发展提供了新的活力和驱动力。

四、改革成效

教育改革施行以来成效凸显，有力地推动了区域教育的跨越式发展。

一是学校办学自主权得到极大的发挥。通过改革将学校的办学自主权还给学校，赋予校长在干部使用、评优评先、课程实施等方面的权利，有效地调动了学校自主发展的内驱力，各学校追求科学发展前提下的特色提升，学校治理能力不断向现代化迈进。

二是教师的工作内驱力得到极大的调动。加强义务教育教师的统筹管理，打破教师交流轮岗管理体制障碍，实施学校与教职工“双向选择”管理。通过“双向选择”，让教师由过去被动接受工作单位，变为自愿主动选择喜欢的工作单位，以满足教师内需，增强教师主人翁意识，培养教师团结协作精神，加强教师自我约束能力，减少干群矛盾，激发广大教师工作积极性。同时真正落实学校用人自主权，由学校按需选择聘用教师，做到人尽其才，打造高效师资团队，激发学校办学活力。

三是优化了区域文化、经济、社会发展生态。改革中实行的多劳多得、优绩优酬、与教育质量挂钩的动态薪酬机制等内容，对广大教育工作者产生极大的吸引力，众多优秀人才纷纷加入高新教育团队，师资力量进一步增强。同时，随着高新教育质量的稳步提升，居民幸福感、获得感不断攀升，招商引资软环境更加优越，众多优秀人才更乐意扎根高新、服务高新，教育改革也为高新区的经济社会发展贡献了力量。

改革破解了教师动力不足、学校超标配人、自主权受限等现象，真正实现了学校“办学自主、用人自紧、指标自定、成果共享”，促进了教师“自我驱动、主动成长”，以及区域教育公平、优质、持续发展。改革以来，高新教育发展走上了“快车道”，发生了新变化，逐步形成了教育行政部门、学校、社会等多元主体共同参与的教育治理格局，高新教育在全市逐步从“后进生”迈入“学优生”序列。

初中学业水平由改革前的全市末位晋升为全市前三名。家长满意度达标率由改革前的46%提升至100%,并连续4年保持,居民教育获得感、幸福感明显增强。同时,高新区《从“教育管理”走向“教育治理”》的改革案例入选山东省基础教育改革典型案例。《中国教育报》头版头条刊登改革经验,向全国展示介绍。

五、“区管校聘”推广之后的二三事

其一,身份变了,由“学校人”向“系统人”转变。2021年9月1日,济南高新区遥墙中心小学的教师赵连波在高新区遥墙中学开启了他在这里的“第一课”。他所教授的初一年级学生再也不用担心因缺少历史老师而影响学业。其实,早在暑假之前,遥墙中学就向高新区提出了自己的困难。“我们学校缺初一年级的历史老师,现在的老师数量满足不了教学实际,这样下去可能会影响学生们的成绩。”在该校校长石希同上交申请之后,区教育体育办公室组织人事科迅速“打开”人才超市,发现区遥墙中心小学历史老师人数较为富裕,就向石希同校长推荐了赵连波老师。石希同校长通过了解,确定赵连波就是他们“要找的人”。而赵连波老师的表现,也确实“不负众望”,石希同校长评价他以校为家,“能看得见学生的地方就能看见他”。现在,短短的一个月,赵连波老师就用实际行动让他的学生“爱”上了他。

人才超市是什么?为什么赵连波老师能够顺利地从一所学校走入另一所学校?为什么遥墙中学的实际困难能够轻而易举解决?以前,老师的“编制”在学校,是“学校人”,现在,区管校聘打破这个固有的体制,老师就变成了“系统人”。“区管校聘”就是以“全区教育系统一盘棋”为根基,老师的“编制”由学校转变为区教育系统编制,人才交流没有了限制,跳出了“编制圈”。每年暑假学期结束,教师们的编制都会自动回到全区建立的人才超市,学校、老师通过“双向选择”,实现“去留”。双向选择的范围则是包括加入教育改革聘任体系的档案封存人员、未加入教育改革的事业编制人员,以及管委会招聘的同工同酬教师、合同制教师四类人员。不仅仅是学校教师,教育系统领导干部也在“区管校聘”范畴之内。2021年7月,高新区中小学校长、副校长、中层干部全体起立,竞聘上岗。通过竞聘,新提拔了校长、书记7人,交流轮岗了校长、书记7人,从区外引进了名校长5名,合计轮岗19人,占全区33所中小学46名校长、书记中的41%,优化了中小学管理队伍。

其二,打破“编制壁垒”,学校、教职工的双赢选择。小丽老师(化名)是高新区丰奥嘉园小学的一名普通教师,去年,她的工作情绪被一些家事所困扰。“我家住在大汉峪村附近的小区，而工作单位却在丰奥嘉园小学，孩子刚上幼儿园，接送很不方便，牵扯了很多精力。”今年，通过高新区的“区管校聘”政策助力，她前往高新区金谷德艺小学任教，家庭、工作终于能够“两不耽误”。而缺少了小丽老师的丰奥嘉园小学也没有在“编制人数”上吃亏，一位金谷德艺的老师顺利转到了丰奥嘉园小学。丰奥嘉园小学校长王希锋表示，“区管校聘”政策的推广，照顾到了各方利益，调动了老师的积极性。他说：“如果小丽老师孩子入园接送的问题得不到解决，势必会影响她工作的积极性，也会让她分心。这样一来，学校、两位老师都得到了实际关照，老师们的工作积极性也就更高了。”

众所周知，“交流”是教师评选职称的一个重要组成部分。以往，教师的交流受限于编制问题，许多“交流”流于形式，成为评职称和教育教学工作的“拦路虎”。“区管校聘”政策推动后，这个“拦路虎”也乖乖走开了。遥墙中学的数学老师陈峰无论在工作积极性还是教育教学方法等方面均是该校的翘楚，作为一名积极上进的骨干教师，评定职称也是他梦寐以求的事情。当得知他的实际需求之后，校长石希同建议他通过“区管校聘”试一试。“今年，陈峰顺利进入小杜家小学执教，说真心话，我挺舍不得这个人才，但是为了他的前途考虑，我还是忍痛割爱了。”石希同认为，以陈峰的工作能力和教育情怀来看，来到这所小学后，会很快成为中坚力量，并且可以顺利评上职称，带动提升小杜家小学的教育教学工作。该政策不但可以助力个人实现工作价值，还能提升高新区学校整体素养。王希锋、石希同等校长们认为，“区管校聘”政策既能让积极的一面更加积极，也能让消极的一面变得积极。小华老师（化名）是一所名校的研究生，家庭条件也相对优越，在参加教师考试之后，顺利入职丰奥嘉园小学。然而，由于抱有“捧起铁饭碗”的想法，在工作与教学方面不尽如人意。在多次思想工作沟通无果之后，学校领导层选择将小华老师“落袋”到人才超市。后来，小华老师勉强在一所学校找到了岗位。从此，她再也不能轻视这个“摔不坏的铁饭碗”，在工作态度和成效上得到了极大的改观。春晖小学教导处主任对于“区管校聘”双向选择，有很深的感触：“原来在安排岗位时，教导处总是绞尽脑汁去安排任课，每次的岗位安排都要修改十几次，会提前与某些老师进行沟通，确认给他安排的岗位行不行，就怕岗位安排不下去，更怕公布岗位后老师们要求调整。‘区管校聘’后，不再头疼岗位安排，改革唤醒了教师的竞争意识、发展意识，工作热情空前高涨，积极性得以充分调动，老师们通过竞争获得了岗位，倍加珍惜，激励广大教师提升自我，教好书、育好人，争待遇的人减少了、争上课的人增多了，师生有了朝气、学校有了正气。”

其三，拒绝“佛系”，每位教职工都成了动力。为了能把好事办好，高新区在充分调研的基础上，采取了一系列人性化措施。《济南高新区管委会办公室关于印发〈济南高新区中小学教师“区管校聘”管理工作方案（试行）〉的通知》上，对于直聘岗位、选聘岗位、交流岗位、特聘岗位以及安置岗位等聘任方式均有明确的说明，确立责任，避免纠纷。高新区的“区管校聘”政策落实力度之大，是高新区近些年来教育教学成绩得以飞速提升的关键。“作为校长来说，‘区管校聘’无疑是为校长‘撑起了腰’。”济南高新区科航路学校校长刘宗泉认为，打破壁垒之后，“学校人”变成“系统人”，双向选择也让学校和教职工之间多了更多的选择性，彼此都能达到满意。“以那些工作态度不积极、‘佛系’的教职工来说，校长不可能占用大量时间去解决这些问题，‘区管校聘’政策实行后，这种问题就不再存在了。有问题，找区里，校长就节省了时间去抓教育教学工作，这样也避免了纠纷。”刘宗泉说。在“区管校聘”的制度下，高新教育不再是原来的“大锅饭”状态，更不是“干多干少一个样”“干好干坏一个样”，而是人人争先的“比学赶超”。“之前，我们是‘蒸汽机火车’时代，讲究‘火车跑得快，全靠车头带’；现在，我们是‘高铁’时代，每节车厢都有动力，快速而又动力十足，教育事业能干不好吗？”刘宗泉笑着说。

其四，从人才超市分流到别的学校的老师会不会不适应新学校？从老师们的口中，我们就能够找到答案。

从高中分流到小学的张老师：

> 2021年8月1日上午，我接到上级通知，要到春晖小学报到上班。在此之前，我有过初中任教8年、高中任教18年的经历。在这个小学工作虽然只有短短的三个月，却是我职业生涯中印象最深刻的三个月。这种深刻的、美好的印象，我想用文字记录下来，一时间都不知道用什么样的美好语言来描述。只感觉有这样一句话不得不说：大美春晖，人文之美，不胜枚举。春晖之美，主要是人文之美。入校第一天上午，赵校长简单介绍了学校概况、工作制度，谈到春晖成绩的时候，哪些老师工作如何如何出色、专业技能如何如何出众、成绩多么辉煌，一一列举，信手拈来。直接让我感受到：春晖干群关系这么好！入校第一天就感受到大美春晖的人文之美：一把手尽职尽责，敢于担当，吃苦在前，不计个人得失，功劳都是大家的，领导团队的模范带头作用做得太好了！老师们兢兢业业、任劳任怨、服从安排、群策群力、上下一心、团结协作、相互补台，事事有人干，人人有事干，追求卓越，干就干到最好。我很快被这种工作氛围感染，想尽快融入春晖团队。

我克服一些困难，想早到校，却从来没有到过最早；我也想尽可能地晚下班晚走一会儿，却从来不是最晚的那一位。今年元旦前后下了两三次雪，春晖的干部、老师们，不管住得离单位远近，都能克服困难，赶在学生到校之前清扫积雪，为学生保驾护航，保护学生在校安全。那些"爱生如子，一切为了学生，为了学生一切"的口号，在春晖真正落到了实处。其实，春晖之美，美不胜数！春晖大家庭，我加入得晚了点儿，今后我会继续用心感悟，努力工作，天天悟美，天天向上。

从初中分流到小学的卢老师：

说实话，刚刚踏进小学时，我的第一印象是学校有点小。但是，通过一段时间的了解，我感受到了它的温馨、它的美，还有领导的关心和同事的热情。慢慢地我的心也不忐忑了。令我非常感动和佩服的是校长。她对全校所有老师都非常了解，时时刻刻关心老师们的工作和生活，同时对教师家属也给予关爱。我非常喜欢校园里的秋实园！尤其是柿子成熟时，金黄金黄的，预示着成熟和收获！我还喜欢"甜美农场"。不仅让学生体验到了劳动的辛苦，也锻炼了学生的基本技能。每次看到绿绿的小菜苗，都感受到了勃勃的生机和满满的希望！

从一所小学到另一所小学的孙老师：

我很庆幸来到春晖，得以快速成长。作为英语教师，感谢春晖让我凑齐了从三年级到十年级的英语教学经历。但是我缺乏小学英语教学经验，越小的孩子越不知道怎么教。在组长蔡立芹老师悉心指导下，手把手教上课，传授经验。英语组的其他老师纷纷将自己的好方法告诉我，让我的教学成绩一次次突破。进入四年级，在年级组长刘晓雯老师的带领下，我们和睦相处，共同成长。三个班主任老师纷纷给予我这个"新人"最大的帮助。在我代理临时班主任的一个月里，我没有任何班主任工作经验，作为搭班老师，李主任吃完早饭的第一件事就是来班里站站，指导孩子打扫卫生。在教科研方面，每周都有新活动。"中小学英语整本书阅读""济南市小学英语优秀作业评选与展示""分级阅读子课题申报"……参加各种听评课活动，忙得不亦乐乎。在这样的团队里，我仿佛获得了重生。

可以说，高新区大力推动"区管校聘"以来，高新区教育事业得到了大发展、驶入了快车道，教育教学成绩甩掉过去薄弱的底子，跃居全市前列，"济南教育看高新"已经成为共识，高新区也早已成为了一片教育热土。

第五节　从改革设计到“乘积效应”反思

济南高新区教育体制机制改革转变了教育行政职能，构建起新型的政府与学校关系模式；以校长竞聘和捆绑式考核创新校长从“身份”到“岗位”的角色转换，实现学校办学放权；扭转了管理人员能上不能下的局面，摆脱“管理人员只上不下，教师只进不出”的惯性，建构起完善、科学、系统的评价考核体系；打破事业单位铁交椅，形成以全员聘任、区管校用等途径的改革策略系统。从根本上消除了传统教育体制的难题和痛点，激发了教育整体发展的活力与创造力。

高新区教育制度和机制改革施行以来成效凸显，产生了一连串的正向连锁反应。这种“乘积效应”有力地推动了区域教育的跨越式发展。可以说，这一切已经基本上兑现了对高新区党工委、管委会的“军令”承诺，完成了改革的初心与使命。从改革整体设计回顾总结与反思，这次以“县管校聘”为核心的改革，是我们教育体制机制改革走出“深水区”的重要标志，是为区域性教育教学高质量发展注入更加强劲的动力。

一、完成设计方案，达成超预期成果

高质量完成“转”“放”“评”“聘”四项重点工作，实现了“能上能下、能进能出、多劳多得、优劳优酬”的改革任务目标。

（一）“转”：变换教育行政职能，实现管办评分离

作为改革的理念和实践基础，改革转变了教育行政的职能，重新理顺了政府与学校的关系，以购买服务的思路，按照学校培养学生的数量、质量及社会满意度等指标，以生均经费的方式拨付绩效工资，既激励学校主动致力于提高育人质量，又能督促学校减少过度用人的冲动，进一步提高了教育工作实效和人均工作效益。

（二）“放”：还校长自主办学的权利，创新学校特色发展

校长是学校发展的关键，改革以校长竞争上岗、面向社会公开招聘名校长为突破口，校长根据个人情况和岗位等级对应的待遇，列出学校 3 年发展指标，进行竞争上岗，既便于今后的考核，更利于校长系统梳理学校发展的思路。结合校长职级制改革，对校长个人职级评定转变为对学校岗位管理难度的评定，

实现从对校长的身份管理到岗位管理的转变。同时，将学校的办学自主权还给学校，赋予校长在干部使用、评优评先、课程实施等方面的权利，有效地调动了学校自主发展的内驱力，各学校追求科学发展前提下的特色提升，学校治理能力不断向现代化迈进。

(三)“评”：多元评价激励发展，多措并举助增值

1.完整性评价引领学校内涵建设

改革中探索形成的学校教育评价指标主要分为关键指标、特色指标、其他指标、加分指标和“一票否决”指标等，通过对各学校自主设定各类指标目标达成情况的评定，确定对学校全面考核和各类绩效工资的分配和审定。这套评价体系既包含有党和国家赋予的教育要求，也体现社会对教育的期许。在评价过程中，更加侧重对其实施发展性评价，引导和鼓励学校自我分析、自我研究、自我改进。全面指标的设定与执行，切实助力了各学校内涵的全面建设与有效提升。

2.积分带动助推教师专业提升

高新区教育体制机制改革建立教师薪级晋升积分制，教师薪资增长不再受职称名额限制，只要达到相应的积分即可晋升一个薪级，打破了教师专业化发展和薪酬体系的“天花板”，创造了教师职级晋升新赛道。

3.“两翼多层”促进全员发展、全面发展

“两翼多层”是基于义务教育阶段全学科进行的梳理和建构，所谓“两翼”是指针对音乐、体育、美术、科学、综合实践、劳动等课程组成的“左翼评价”和针对传统考试学科组成的“右翼评价”，均衡并重、两翼齐飞。其中“左翼评价”由学科知识、学科实践、学科发展、学科特色四层阶梯评价组成；“右翼评价”由新型考试和主题实践两层阶梯评价组成，在此基础上形成了学校、教师、学生的“发展性教育评价”体系。“两翼多层”评价倡导全区形成消解学业水平评价和考试评价的单向性、功利性，注重过程性和真实性的系统评价理念或评价观促进学生全面发展。评价针对“左翼”课程围绕学科知识、学科实践、学科发展、学科特色四个层次实施不同角度的评价，注重全面发展同时鼓励差异化教学。同时将综合素质评价与特色学校建设进行“硬挂钩”，指向学生有特长、教师有专长、团队有特点、学校有品牌的科学评价。

4.结果联动落实一体化考核评价

在区域整体评价思路统领下，学年末组织第三方评价机构依据学校制定的指标进行考核，学校考核成绩即为校长的考核结果。考核结果关联教职工的评优比例，如学校考核为优秀的，教职工优秀比例为20%；学校考核为合格的，教职工优秀比例则为15%；学校基本合格及不合格的，教职工优秀比例降为5%。彻底解决了中小学长期以来无法治愈的“干好干坏、干多干少都一样”的考评顽疾。

（四）“聘”：岗位双向自主，优化生态促内驱

1.打破事业单位铁交椅，实现全员聘任

改革对自愿加入岗位聘任管理体系的学校全体人员封存事业身份，实施全员聘任制。校长通过竞聘、公开招聘方式产生，副校长由校长提名报上级主管部门审批，学校中层、教职工由校长直接聘任。被聘人员均与教育集团签订聘任合同，明确岗位职责。全员聘任打破了事业单位铁交椅，实现从身份管理到岗位管理，形成能上能下、能进能出的灵活用人机制。

2.打造“人才超市”平台，保障区管校聘落实

在落实全员聘任的基础上，全区教育系统按照“总量控制、统筹城乡、结构调整、有增有减”的原则，核定全区中小学教职工员额总量，设定“人才超市”平台，进一步活化用人机制。打破了以往限制人才交流的层层壁垒，为教育系统内管好人才、用好人才，切实落实“区管校聘”政策提供“高新方案”。

3.多渠道实现学校教师双向选择，优化教师资源配置

在落实区管校聘工作时，在充分尊重教师意愿的同时调动学校办学积极性，实施教师与学校“双向选择”。并通过支教、交流轮岗等多种方式为教师和学校提供了更多选择，促进了城乡师资均衡，推动薄弱学校教育事业的发展，也有利于实现学校师资的均衡配置和有序流动，为教育行政部门优化教师资源配置提供了一条人文化捷径。

二、实践成效明显，呈现出乘积效应

改革创新的“管办评”分离的工作体制，将政府与学校的上下级从属关系转变为政府主管、政策主导和评价投入的监督与服务关系；创新身份管理向岗位管理的角色转变，以及依据科学、系统的发展性，多元化评价体系实施的机制岗位绩效和教师晋级的人性化评价机制，实行档案工资和绩效工资双轨运行，真

正落实管理人员能上能下，教师队伍能出能进，激发了高新教育人的工作动力与积极性，引导和鼓励学校自我分析、自我研究、自我改进，促进立德树人任务的落实。

（一）学校办学自主权得到极大的发挥

通过改革将学校的办学自主权还给学校，调动了学校自主发展的内驱力，各学校追求科学发展前提下的特色提升，学校治理能力不断向现代化迈进。学校立德树人教育系统各具特色，高新实验中学、东城逸家中学等德育品牌引发了积极的高新现象；以区域优质学校为核心建立的高级思维教学体系正在为高质量的教育公平做出贡献。

（二）教师的工作内驱力得到极大的调动

绩效工资的分配充分体现了教师的工作量和实际业绩，激发了教师的自主性和能力发挥，既能单枪匹马做好工作，又能主动团结协作协同育人。

（三）教育发展蓬勃向前

改革引领高新教育逐步形成了教育行政部门、学校、社会等多元主体共同参与的教育治理格局，全区教育在全市逐步从“后进生”迈入“学优生”序列。区域内各学校快速发展，内涵提升。优势特色，各美其美，美美与共；亮点品牌，各强其强，强强联合；品牌名校，辐射引领，群峰并起。强力推动区域教育公平、优质、持续发展。同时，随着高新教育质量的稳步提升，居民幸福感、获得感不断攀升。

（四）探索出引领人的发展、引领素质教育落实的切实路径

高新区关注学校的增值评价、教师的绩效评价和学生的发展评价，实施考核一体化评价。制定以学业发展水平、家长满意度、学生满意度等为“关键指标”的体系，以学生品德发展水平、综合素养、课程建设等为“特色指标”，以学校党建工作、教师队伍建设、日常管理等为辅助指标，以获奖加分为加分指标，以重大安全责任事故等为否决指标。科学、完善的评价体系和多元、综合的评价途径对学校进行精准诊断，考核学校的办学行为与产出，系统促进学校循证治理，落实以促进学生核心素养提升为根本的素质教育。

高新教育体制机制改革的成功推进与实施，得到社会各界的高度关注，《济

南日报》以《济南高新区打响中国教师编制改革"第一枪"》为题报道了高新区的教育改革，并开辟"高新教育体制改革'样本'观察系列学校报道"专栏，对高新区各学校实行改革后发生的变化进行了系列报道，引起社会的广泛关注；《中国教育报》《半月谈》《山东教育》等各级报纸杂志报道改革经验举措，其中《从"教育管理"走向"教育治理"》的区域教育改革案例入选山东省基础教育改革典型案例；近两年，多次与来自郑州、西安、天津、南通等地的教育考察团学习交流，进一步推动了高新区区域教育的跨越式发展。

三、反思工作差距，积累经验再出发

济南高新区教育体制机制改革没有前车之鉴，我们边探索、边总结、边完善，在推进实施过程中，既有对原定方案的逐步完善，也有对新发现问题的反思和总结。

(一)政府主导的政策保障

教育改革的推进实施过程中，必须有强有力的政府主导和支持作为坚强后盾，包括财政支持、人才引进支持、培训支持、积极的舆论引导支持等，通过提供各种便利和创造积极向上的良好氛围，助推改革发展和深入。

(二)成熟完善的模式构建

教育改革平稳推进必须有相对成熟的实施模式助推和运行。但因区域内各学校规模、校情等的不同，也容易出现各种个性化的需求。比如规模不一的学校难以实现绩效的均衡；此外领导干部和一线教师、后勤人员的绩效分配尚需进一步协调；还要找准不同年龄阶段教师收入的平衡点，化解因细节产生的矛盾冲突等。

(三)新旧体制的顺利过渡

改革需要重点规划并做好新旧体制过渡的一系列问题，如由旧体制下的教师职称评聘顺利过渡到新体制下的教师职级晋升积分制、如何完善教师退出机制、如何在目标考核下更好地体现人文关怀等，这些都是改革过程中需要面对和不断研究的课题。

第四章　激活新时代教师育人责任主体精神

教研是学校教学工作的灵魂，是提升教师专业水平的有效途径，也是区域改革的深水区之一。2016 年高新区的教育机制改革一系列措施落地后，无论是教研机构还是基层学校，被全面盘活。我们通过创新机制，促进全区教师从“要我研”走向“我要研”的转变，使高新教研真正成为教学的推进剂。济南高新区在 2021 年提出了建设四个教育高地，又恰逢“双减”政策落地，在这一形势下，各个学校的课堂改革不断走向深入，各个学校的教研也在发生着翻天覆地的变化。

第一节　从“要我研”走向“我要研”

中国基础教育有一个重要的优势，即有省、市、区完整教研机构引领区域教学工作的开展，学校非常重视教学研究，集体备课是凝聚集体智慧的重要载体，在教学管理、教师培养、规范教学等方面发挥了巨大作用。随着国家基础教育改革的不断深入，教研机制更加成为推进课程改革的一个重要的抓手，但在长期实践过程中，“中国式”教研也存在不少问题。高新教育基于一线教师“铁饭碗”被打破，及时扭转传统教研模式，充分调动教师教学教研热情，教育事业面貌焕然一新，教研工作也从“被动”走向“主动”，从“要我研”走向“我要研”，无论是教研模式、课堂改革、教师发展，还是学生成长，都见证着改革带来的丰硕成果。

一、寻找“要我研”与“我要研”的难点

问题分析法(problem analysis)是科学管理中的心理学方法之一，分析问题

是解决问题的思维过程,是理性地寻找出问题所在和确定问题发生原因的过程。[①] 我们根据济南高新区教育的实际情况,首先确立了教研现状与应有的要求标准之间的差异,再确定问题的症结所在,并区分出紧急性、严重性或可能性等问题,然后制订研究这些问题的先后程序。

(一)从学校层面找教研需求

首先,教研引领者的专业性需要提高。在很多学校中,教导主任、主管校长并非全才,所管理的学科也往往与自身所学或曾经所教专业不一致,所以对其他学科教研组的教学、教研指导往往注重课程理论,对于具体的学科教学往往还不及普通教师。并且有些包组领导主要从事后勤、团委、德育等相关领导工作,长期脱离教学实践,对教学尤其是新时期的课堂教学改革不熟悉,这样的教研管理和指导,教师们很不适应,很难说有什么指导作用,甚至还有添乱之嫌。另外,领导参与教研活动有时也仅限于检查一下教师们的活动情况,如是否全勤、大家在活动时的表现如何等。有的领导由于对学科知识及教学理念缺乏了解,为了避免在教师面前出现不必要的尴尬,对教师的教学诉求及开展的一些教研活动,采取回避的态度。

其次,多种观念令教师无所适从。比如组织的内容过于倾向于专家引领,而忽略教师的真实需求,或者在内容上过于单一,教师在参与时势必积极性不高。还有很多教研活动大多带有强制性,领导有绝对的权威来要求教师服从管理。正因如此,有些领导对教师的教研活动及教学的指导并不是以教师原有优势为基础,而是喜欢把自己认为正确、适用的理论强加到教师身上,让教师全盘接受。于是各种要求、指导都向教师袭来,弄得教师茫然不知所措。

第三,教师感受不到教研的力量。因为很多校本教研缺乏深度,基本上停留在听课评课的层面;缺乏问题意识,不能发现问题和提出问题,没有质疑,只有赞扬,对教学过程中存在的实质问题不是避而不谈,就是泛泛而谈,导致教研低效甚至无效。不能保证教研的效果,也就起不到对老师的指导作用。久而久之,教师感受不到教研的指导作用和力量,对教研失去了兴趣,最终演变成拉闲呱、扯闲篇,虽然教研制度要求定时间、定地点、定人员,但是却无法从根本上保证教研的真实发生。

---

① 参见车文博主编:《心理咨询大百科全书》,浙江科学技术出版社 2001 年版,第 12 页。

(二)综合分析找教研驱动力

无论是学校层面,还是区域层面,将教研活动作为推进教师专业发展的方式,已然是学校和区域的首要选择。但在实际的教研活动中,部分教师依然对此缺乏积极性,其中最主要的原因是教师缺少内驱力,主要表现为以下四点。

一是部分教师视教研为负担。参加教研活动一般多是一线教师,他们的教学任务很重,头上压着家庭与工作的多重负担,上课与批改作业本身就很累,又得不到教研力量的支持,所以他们觉得上公开课、评课、撰写教学论文或者听专家讲座等是一种额外的负担。

二是部分教师安于现状的工作状态。很多教师总是认为作为一名教师,只要备好课、上好课就可以了,认为多年的教育教学经验足以支撑起自己的教学实践,于是就产生了习惯性的惰性心理。因为长时间生活和工作在较为稳定的组织环境中,教师对于本身的工作感觉得心应手,不去更新自己的教育教学理念,也不去学习前沿的教育教学理论,使得创新的激情逐渐消失。

三是教研质量不能满足教师需求。如果教研组长本身素质不高,不懂得教研活动应该怎样开展,或者学校和上级部门请的专家水平不高或者不了解教师的真实需要,即使教师们参与了教研活动也不会有多大的收获。

四是教师缺乏相应的研究能力。很多教师认为教学研究是可望而不可即的空中楼阁,所以在参加教研活动时或畏难,或迷茫,参与热情也不高,慢慢就失去了兴趣。在实际的教育教学中,教研是一项有意义而复杂的创新活动,要求教师要投入其中,尤其是理念的转变、角色的定位、内容的选择、方式的创新等,单方面的行政指令和外驱力很难达到目的,必须通过教师自身的内驱力发挥作用才能起到良好的效果。一枚鸡蛋,如果一味等待外力打破,就会成为盘中餐;同样的力道若从内发力,破壳而出的则是生命,如凤凰涅槃,即从外打破是压力,从内打破是动力。在教学研究中,也需要教师有内生的动力。

二、以“外在”大赛激活“内在”动力

优质课评比等教学基本功赛事,能够引领教师站在课程与教学设计与实施的最前端,思考和吸收课堂教学改革新理念。2018 年以来,高新区聚焦教师教育思想和课堂认知的汇聚点,通过组织做题大赛、命题大赛、优质课评比、新苗赛等不同形式的活动,为传统的教学基本功比赛注入新的内涵,树立高新品牌式教育教学赛事活动,建构起学校教研和区域教研的展示平台。以比赛促提

高，有效地激活教师发展动力，极大地调动教师的内驱力。优质课线上线下相结合，采用网上传课和现场导说相结合的形式。采用专家评审和技术评审相结合的方式，充分照顾到教学新观念、教学新技术以及可行性，收到了良好的效果。各种活动不仅为高新区教育教学质量注入动力，同时也为青年教师在省市级赛事中取得优良成绩做好了基础性准备。

内驱力是指在需要的基础上产生的一种内部唤醒状态，表现为推动自身活动以达到满足需要的内部动力。内驱力是教师专业发展的根基。济南高新区教研室坚持将均衡发展作为目标、以教育科研作为攻坚手段，把握教师发展的核心着力点，以持续的动力和活力，以建设机制体制改革、绿色均衡质量、教育科研、教育信息化深度融合四个高地的建设为途径，致力于教育、教学高质量的发展，促进区域教师专业水平全面持续提升。国内研究教师发展的重要团队——顾泠沅团队研究表明，我国众多优秀教师、教改先行者的成长历程无一例外地显示，在“课堂拼搏”中“学会教学”，是教师获得发展的规律性进程。

教师的发展在课堂，为提高教师素质，高新区创立了自己的做题大赛和命题大赛。每年的做题大赛和命题大赛基本上是全员参与，命题大赛将课标、教材、课堂和评价有机结合，提高了教师学科素养和专业水平，开创了从会做题到会命题的新局面。做题大赛打破了毕业班、非毕业班，考试科目、非考试科目的界限，人人都要会做题。随着赛事的不断深入，逐步提高新的要求，小学教师要会做初中的题，初中教师要会做高中的题，一张试卷中既要有题目又要有教学设计和重难点的解决方案。既能看到文化课老师在考场上答卷又能看到体育老师六项技能比拼，还能看到音乐老师声乐器乐并举，美术老师国画油画齐美。高新区从素质比赛中，看到了教师的发展，尝到了比赛的甜头，找到了教育发展的起点。有了这种内驱力，教师才能锲而不舍、矢志不渝，在教学的天地里摸爬滚打；有了这种内驱力，教师才会义无反顾、视苦为乐，在教育与教学研究的道路上伴歌前行；有了这种内驱力，我们才有可能登上成功的巅峰，俯瞰、欣赏世界的美妙风景。

“以赛促学”作为职业技能竞赛的功能性价值已在教育界形成普遍共识，高新区教师素质大赛的三种形式为“以赛促学”“以赛提质”活动提供了思路与方向，较大程度上避免了“以赛促学”成为一种口号式的抽象表达，让“以赛促学”真正成为提升人才培养质量的“助推器”。科航路学校近三年有 36 名教师在优课中获省、市、区奖励。尤其是新人王老师，自 2019 年 9 月入职，工作第一年内依托“三助六环”教学模式获市级优质课一等奖、区级优质课一等奖、区级新苗课一等奖，并被评为“区优秀教师”。课堂教学改革同时撬动了教师培训、校本教研的真正落地。

第二节 从孤立化教研走向区域教研

传统的教研往往只重视学科，容易忽视课程与教学整体的研究，或者过度关注课程整体研究，忽视课堂教学实践。开展教研活动是提高教育教学质量的有效形式。教师个人、教师集体、专业研究人员是教学研究的三个核心要素，他们构成了教学研究的三位一体关系，教师个人的自我反思、教师集体的同伴互助、理论学习的专业引领，以实践为主体的课题带动是开展教学研究和促进教师专业成长的四种基本途径。

一、三位一体的新型区域教研

县区教研部门经常举办一些区域教研活动，这些区域教研活动，为一线教师搭建了良好的学习平台，有利于教师参与教学研讨，交流教学中的困惑，在交流碰撞中提升专业能力，提高教学质量，促进专业发展。教研作为基础教育工作的重要组成部分，已形成比较完善的体系，在课程实施以及教研工作的规范化管理，特别是在教师培训、提高教师专业素质、提高基础教育质量等方面发挥了重要作用。然而，由于有些教师缺乏主动学习的意识，加之有时在组织区域教研活动时目的不明确、制度不健全、措施不扎实，或多或少地存在着一些形式主义，致使这些教研活动大打折扣。

新冠肺炎疫情发生以来，新时期如何构建线上线下、多元混合的教育教学体系，推动教育高质量发展，是区域教育面对的现实与未来的巨大挑战。北京市提出，新时期落实教育教学高质量发展的关键在于落实五大举措：

> 第一，建立不同课程的多元混合供给体系。建立不同课程的多元混合供给体系，调整原有绝对的按学科供给模式，适度融合或拆分，提高供给效率和目标达成度。围绕学生发展核心素养的主线，突出基础、主干和核心课程内容，突出大概念、大单元、任务群等基本形式，突出知识、实践、育人之间的融合，加强学科内、学科间、学段内、学段间课程融合。
>
> 第二，统筹安排线上和线下教学。做好等级区分需要注意以下三个方面，一是综合考虑孩子的成长消费需求，二是综合考虑供给内容的形式、节奏以及内容之间的逻辑衔接关系，三是综合考虑供给内容与技术条件之间

的匹配关系以及技术支持下反馈评价的有效性和可靠性。

第三，建立全过程管控体系。优化和改造教与学、作业与考试等传统环节的线性逻辑，建立全过程管控体系，把合格性检测融合到阶段过程中，减少重复率，提高效率。积极尝试“大群体集体精讲、小群体个性辅导”以及自主学习、任务学习、先学后教、双课堂融合等教与学方式，促进深度学习发生，避免浅层次、低效率环节，让学生学习过程中的真实数据成为判断知识掌握程度的主要依据。

第四，突破界限提高资源利用效率。突破班级、年级、教研组、备课组甚至是不同学科教师岗位之间的界限，统筹安排讲新课、留作业、个别辅导、测验、针对性讲评、个性化指导等环节，发挥教师专长，提高教师人力资源使用效率。结合实际用好在线教育服务平台、中小学课程教材资源网等平台资源以及国家资源，鼓励区域或校际特色课程共享、线上课程修习、学习社区建设，探索区域、学区、集团等形式的课程资源共建共享机制，提高教学资源使用效率。

第五，加强教育命运共同体研究。进一步融合家庭教育和学校教育，促进教育理念转变，通过各种方式提供示范案例和专业咨询，体现教育命运共同体的包容互惠特色；基于学生成长需求，综合考虑学生个体、家庭环境、教师专长以及社会资源等各方面影响因素，共同开展和学生学习紧密结合的贯通性育人活动。①

济南高新区域的教研注重吸收北京等发达区域教育教学改革的经验，结合自身实际，创新区域教研的方法与路径。我们的主要思路是将课改、教研、师训三位一体，以课改带动教研，以教研促进师训，以师训提升课改。实施路径是以学科为单元，以教研员为核心，针对学科教育教学中的关键问题和重点、难点问题，带领不同的学科教师团队开展课程宏观与课堂微观相结合的研究，为学科教学改进、课程有效实施、教师专业成长提供全方位指导。

二、主题引领学校教研共同体

新时期，教研活动应以学生发展核心素养为聚焦点和着力点，进行基于解决核心素养落实疑难问题的研训和专题研究。如何彰显学科育人价值，如何进行核心素养的教学与评价，这些都将成为教研的重要主题。对此，高新区教研

① 参见李奕：《迈向教育高质量发展的新阶段》，《中国教育报》2020年4月26日。

室积极探索“三类教研”模式，侧重将研究领域从单纯以学科课堂教学为主的研究，转变为学科课程的整体研究；研究方法从基于经验的教学研究，转变为证据与经验相结合的教学研究；研究角色从“个人权威式”研究，转变为“合作共同体”式研究。

通过建立片区式教研管理模式，积极开展集体备课等多种方式，努力打造教师发展共同体。通过区域教研的实施，打通学校间的深度联合，交流思想、观念、教学模式和教学方法等，加强教师之间以及在课程实施等教学活动上的专业切磋、协调与合作，共同分享经验，互相学习，彼此支持，共同成长。例如，2018 年 4 月 17 日，区教研员针对学校数学教学改革问题，协同济南市教研院小学数学教研员和历城区小学数学教研员，带领数学名师研修团队，走进高新区科航路学校送教送研，会诊学校的“三助六环”课堂教学改革成果，使课堂改革方向更加明确具体。

在区教研团队的指导下，奥龙小学持续创新机制——N＋X 设计，实现团队个体共赢。该建设机制中的“持续创新”元素之一，就是每学期“N＋X”项目套餐的科学、创新性内容和形式设计。其中“N”项目主要是指面向全体教师进行的 N 个通识项目内容，“X”项目主要是指面向各学科(含班主任)共同体进行的各分项内容。通过每学期专门定制的“N＋X”套餐项目，推进教师各层面“学习共同体”持续构建与运行，持续提升全体教师的教育教学基本功、综合教研技能和团队协作水平，持续打造奥龙教师团体各级梯队，提升全校教师整体专业化水准。同时，结合学校教师队伍整体现状，经过充分的调研、商讨设计，确定的“种子教师—新秀教师—骨干教师—首席教师—领军教师”校本化教师梯队建设机制，也是学校进行教师团队建设、促进团队和个体共同提升的重要创新机制。我们认为，走进学校的每一位教师都是一粒粒充满新生希望的种子，通过不断成长、持续创新，逐渐成为团队中的新秀教师，进而发展为各学科团队业务骨干，再继续成长为专业研究引领性的首席教师，最终发展成为在各不同领域具有一定影响力的领军教师，甚至更高级别的各类名师。“种子教师—新秀教师—骨干教师—首席教师—领军教师”校本化教师梯队持续创新机制，重点设计了以“师德师风、教育教学、任务承担、特色引领、质量成效”五个培育指标为主的指标体系架构。每一梯队教师的认定标准又各有侧重和不同，比如新入职教师由于刚入职，其培育侧重于教育教学规范的掌握。因此，除师德师风指标相同外，其余指标分别为教育规范、专业技能、综合素养指标。每一个指标具体培育办法又明确为评价标准、培育内容、途径举措及评价激励四个方面。“种子教师—新秀教师—骨干教师—首席教师—领军教师”校本化教师梯队的设计实施，使得学校每位教师都明确了发展路径，产生逐级进阶、持续发展的动力，逐渐成长为最优秀的自己。这是学校教师专业发展共同体建设机制中重要的持续创新元素和内容。

三、突出个性特色的校本教研

校本教研层面，我们积极倡导学校基于本校实际，采用预判—行动—反思式的教研形式，搭建教师合作研究共同体，开展校本化、个性化的问题针对性教研。在高新区实验中学，每学期的学科教研组集体教研是一项隆重的活动，相关负责人提前制定主题，以比赛的形式全员参与，聚焦最前沿的教育话题。同样受益于集体备课的还有济南高新区遥墙中学，近年来，该校扎实开展“先导课式”集体备课，在正式讲授课程前，先上“先导课”，通过真实课堂寻找问题，使课堂的导向性、实用性不断提升……随着教研工作的推进，经验与实证的融合度不断提升，基于经验与实证结合的“扬长避短”的教研方式也同时成为教师自我素养提升的重要手段。科航路学校每学期两次集中示范和引领。每学期开学第一周，学校业务领导、骨干教师上示范课，根据课例对标模式进行解读和示范，让教师学有榜样。每学期期中前后，各学科选拔优秀教师上展示课。通过示范和引领，营造研究氛围，打造探究平台。

奥龙小学倡导自主结对、动态生成，使教师专业发展“共同体”的构成与构建不是固定单一模式生成的，而是持续动态、自主结对、随机生成的，是随着学校各专业、各共同体单元内不同成员的增减，不同成员的发展速度与程度，不同阶段教师的发展需求等，不断地调整、变化和动态组建的。比如，尽可能坚持学科相近、年级段相近原则，从学校每年一届认定的师傅团队中，每一位教师自主选择自己的师傅；为更合理地分化每位师傅工作量，要求每位师傅最多只能带5位徒弟，以破解共同体组建过于集中、不便于百花齐放和百家争鸣情况的出现，大家自主组合，形成多个不同风格的共同体团队，可以更好地实现共同体内成员间优势资源整合、多元互助，多维度、立体化、系统性增强专业水平。

追求教学最优化课堂教学改革的重头戏是加强集体备课、团队教研，共享集体智慧和资源。丰奥嘉园小学将学校团队教研视为课堂增效的保障。每学期初，教师要研读整册教材，学科教研组每周定时、定点进行单元集体备课，年级备课组每天都要进行小研讨，这是丰奥嘉园小学每一位教师的教研常态。在团队教研的过程中，既有教研组长、备课组长的引领，又有青年教师的广泛参与。校长、教导处主任、年级总管，每周按计划加入各教研组的大组教研中，老师们在讨论中拿不准的、不确定的问题，可以随时向他们请教。主管人员对老师们研讨出的教学方案及时进行指导，帮助其提升。在这样扎实高效的团队带领下，教研组的工作达到统一进度、统一教案、统一练习、统一检测“四个统一”。团队教研，聚集集体智慧，确保教学正确性，在一定层面上，保证了每一位教师教学的正确性，追求教学流程的最优化，为高效课堂打下了坚实基础。在四个统一的基础上，鼓励教师根据教学内容、学习目标、学情等，奔着拓展、探究的前瞻性目标，自主创设课堂情境，落实教案基本要求，自主开展学生学习活动。为避免重复机械地给学生布置作业，鼓励教师根据学生课堂学习情况，自主设计作业，增强了作业的针对性和个性化。

济南高新区第一实验学校基于深度教研进行大单元教学整合。教师利用假期时间，对下学期的教材进行一册三研，三研的内容为研课标、研教材、研实施。以学科组为单位进行成果展示，通过展示互相学习、共同交流、集体研讨，根据研讨的内容，对一册三研的内容进行再修改、再完善，最终形成定稿。通过一册三研，教师对教材编排的目的和意图有了更深的理解，对如何更好地实现课标要求也有了清晰的实现路径。通过对教材的横向整合也能让学生的学习素材更加丰富，通过对当前知识与未来知识的前后联系，也能使教师更好地把握单元教学的纵深度。一册三研为教师进行单元三研、课时学案的编制提供了明确的方向。在把握单元设计的要素构成及特征的基础上，教师们按照单元设计的框架对已有学案设计进行再修改，分析对比不同的教学理念与方法，深刻理解各要素的内涵和意义，讨论筛选适合学生的真实情境。为更好地推进单元教学工作，2020 年，学校组织本校优秀教师进行了案例分享，提供可借鉴参考的范例，组织全校教师学习、理解，并利用休息时间以备课组为单位进行一天的研磨实操。通过专家引领和典型引路，教师们逐渐转变了教学设计的思维方式，主动深入思考学科单元教学的内在逻辑，自觉实践由课时教学向单元教学的转变。

四、突出“五多”的教研指导

在各级教研中，教研室各科教研员的专业引领和协调组织发挥了积极有效的作用。在这个过程中，教研员的工作体现出五个“多”的特点，即下校多、听课多、命题多、会议多、讲座多。每位教研员把本学科教学牢牢地抓在手中，常年奔波在去学校的路上，观察学情和教情，跟领导和教师交流，沟通信息。听课是教研员的主要工作方式，课堂是观察学生、了解教师的重要阵地，每学期每个教研员几乎听遍了所有学科教师的课，从中获取第一手资料，作为分析问题、研究对应措施的直接经验。也使一线教师在和教研员的交流中，有更多的机会得到提高。同时，各科教研员不断学习教育教学理论，结合日常教研实践经验为学校和学科发展发现问题、想办法、定措施，他们也因此成为学校最受欢迎的教育人。

高新区实行三级教研，即在校级、片级、区级三个层面进行教研，教研员的主导地位弱化，更多的是发挥指导和协助作用，而教师的主体地位得到充分发挥，使教师从“要我参加教研活动”转变为“我要参加教研活动”。三级教研转变了组织方式，大大增加了教研频度，充分发挥教研和教学的关联，给老师们搭建了成长的阶梯。总之，“三级教研”模式的确立，立足于教育改革下提质增效的发展目标，在专业化的智慧网络中，必将实现教育资源的最优整合，促进教育教学质量的全面提升。

区域教研推进了中小学内部各要素的整合，带动了区域内学校的整体改革，加快了区域教育整体、全面、协调发展进程。

一是唤醒了学校高质量发展的意识和行为，增强了中小学办学活力，丰厚了办学内涵，提升了办学品质，学校的创新性、特色化构建，各美其美，美美与共，学校的文化个性彰显、治理更加优化、课程逐渐完善，教学效益不断增强，德育特色日益鲜明。解决了学校教育高质量发展的一系列热点难点问题：其一，解决了教育改革的顶层设计未转化为干部教师认知认同与自觉行为的问题；其二，解决了先进文化的建构与转化问题；其三，解决了学科教学育人的教学范式建构与实践的问题；其四，解决了学校文化、办学目标与课程、教学分离的问题；其五，解决了校本课程标准编制与实施的问题。

二是促进了师生全面充分成长，校长和教师专业化水平不断提高。直属各中小学领导和所有一线教师参与体系建设过程，接受指导教育，培养锻炼了一个个坚强的领导班子和一支支骨干教师队伍。校长队伍的专业化水平不断提升，学术型、专家型校长更多了，乐于研究、勤于研究、善于研究的教师更多了。教师队伍的专业水平不同程度地提高，老师们在教育教学实践中创造经验，体验成功，有效地克服了职业倦怠等问题。

三是促进了学校的校本课程开发，推动了课外、校外及社团活动开展，优化了课堂教与学，减轻了师生过重负担，推动了德育系统化、序列化、主体化及一体化开展，实现了学生核心素养发展、德智体美劳全面发展和个性发展。

近年来，中小学校已经初步建立起学校文化体系、现代学校制度体系、课程体系、高效教学体系和德育体系等教育体系，以学校办学水平提升、区域教育优质均衡发展为目标的高新基础改革实验取得了阶段性成果，为下一步在全市中小学推进激发创造力、全面促进区域教育的高质量发展打下了坚实的基础。

第三节 校长从管理者走向首席教研

新时代，中国特色学校领导体制对校长提出多维职责要求，现代学校体制和现代治理理念对校长提出多项能力要求，日益复杂的工作面向使校长角色功能日趋多元，单一的管理者角色已难以适应新时代教育发展的需求。

一、新时代校长角色的再定位

对于新时代学校校长的角色，福建教育学院校长研修部主任于文安的阐释是：召唤者、决策者、引领者、协调者和执行者五种角色共同构成校长“管理者”角色的整体，其中每种角色的工作面向都有所侧重。其一，召唤者是校长声誉和影响力等隐性实力的综合表现，其影响力几乎渗透到每一项工作中；其二，决策者主要体现在学校规划和育人文化建设等顶层设计方面；其三，引领者主要体现在课程教学和教师成长等方面，进而影响学生的成长；其四，协调者主要体现在优化内部管理和调适外部环境等方面，形成办学合力；其五，执行者角色体现在校长工作的各个方面，但侧重不同。同时，于文安指出，影响校长召唤者、决策者、引领者、协调者和执行者等角色发挥作用的关键能力分别为感召力、洞察力、前瞻力、沟通力和执行力。①

高新教研主要侧重从这一角度开展研究，设计活动，促进校长角色回归。高新区实验中学成立领导小组，由学校领导、年级主任、学科组长组成，校长亲自担任组长，做好教学信息化落地过程中的问题处理及协调解决，从学校的角度做好支撑与保障。一是学校通过集中培训、分学科研讨论坛，积极引导教师树立信息化意识，保障全体教师快速掌握并熟悉系统的应用，掌握新的教学模式。二是学校成立专项课题研究小组和项目组，积极研讨新型教学模式，优化各环节设计，针对“瓶颈”专题突破、专题研究，为新模式的落地提供保障。由各学科带头人及教师骨干组成，通过集体备课、集体教研、校际公开课等方式，快

---

① 参见于文安：《在自觉中办学：福建省“十三五”中学名校长培养人选办学思想录》，厦门大学出版社 2021 年版，第 30 页。

速推进项目实施。三是将信息化教学的落实纳入KPI考核量化体系，通过评价机制的完善，保证模式的推进和落地。高新区实验中学融合信息技术的“导学用大课堂”新型教学模式，采用“平台＋应用＋终端”的教育生态，构建了以“自主学习”为核心，基于翻转课堂理念的新模式，打通了从课前自主学习、教师备课、课堂教学、作业设计、课后辅导、考试诊断等应用场景，形成了教与学的“大闭环”。教学平台通过大数据的采集和建模分析，利用人工智能技术，形成过程性与终结性评价数据模型，通过数据挖掘分析，输出每个学生的知识结构报告，根据报告平台自动推送教学路线与学习路线，为分层教学推送教学策略，为个性化学习推送学习策略，促进教师智慧教学与学生高效学习的深度融合。丰奥嘉园小学为破解“课堂增效给教师增负”的难题，校长以“倒逼”的方式倡导教师加强团体教研，明确要求严禁教师加班加点，以开展减负增效课题研究引领教师专业发展：以高效课堂和有效作业为问题，研究以“轻负高质”扭转“重负低质”的科学有效的实践路径，探索出单元整合式“轻负高质”课堂实践模式，有效提高了教学专业能力水平。校长角色的回归，也使教师体验到由职业转向专业的成就感，丰奥嘉园小学的教师在团体活动中不断证明自己存在的价值与意义，在活动中产生归属感和获得感。他们在校长主导下开展的单元整合式“轻负高质”课堂实践模式研究，促进了教师专业发展共同体的构建，成为激活教师持续发展的主要因素。这项研究已经成功立项为山东省教育厅基础教育改革重点课题。

因此，新时代的校长要“分身”出召唤者、决策者、引领者、协调者和执行者等角色，这些角色作用于校长管理工作涵盖的规划学校发展、营造育人文化、领导课程教学、引领教师成长、优化内部管理、调适外部环境等方面，既各有侧重又相互关联，共同构成校长“管理者”角色的整体。

二、引领校长角色意识觉醒

结合新时代学校发展和学校领导者角色定位的转型，高新教研室积极挖掘专家智库资源，深入结合高新区学校发展的实际背景、条件和需求，针对学校管理者，从理论指导和实践交流两个层面，开展一系列专项培训活动，从“理念更新”“空间再造”“设备升级”“队伍重塑”“组织转型”“文化建设”“课程改革”“课堂翻转”“评价多元”“家校共育”等方面入手，围绕考试制度改革、课程改革、推进教育现代化等重点构筑新的学校形态的创新举措；结合学校具体和重点问题，开展教育科研探索，促进学校教育科研实务与提升；针对学校教学管理、机制建设、安全管理等诸多方面予以指导和建议;从不同层面,基于不同学校的发展路径和成果特色,选择典型学校的校长进行实践经验交流,从师德信仰、教育管理、教学关注、科研推进等方面广泛交流实践经验,激励学校管理者做“心中有爱,胸中有梦,脚下有根,目中有人,手中有书”的新时代创新型校长。如丰奥嘉园小学校长从尊重教师专业发展和提升教师职业幸福感出发,实行教师综合评价,彻底改变主要以教学成绩考评教师的方式。他们以《丰奥嘉园小学千分制考核》为抓手,引领教师端正办学思想、规范执教,落实“轻负高质”,以践行素质教育理念提升学校品质:一是教师工作综合评价分为1000分,其中师德师风、考勤、教学规范、工作量、教学成绩、团队教研、教师发展、学生安全管理等各占一定分值,每位教师只有在规范工作的基础上,才能在学校考评中评优和评先;二是将集体考核与个人考核并重,激励每位教师将自己置身于团队,心往一处想,劲往一处使,发挥优秀教师的带动作用,激励新入职教师专业成长。

三、厘清校长角色是落实关键

教育教学是学校工作的重点,教育教学的落实、推进与改革是学校工作的难点。这是一项协同实施的项目,同时更是校长领导力着力的关键。为督促和激励学校校长实际关注、参与教育教学实施与创新落实,区教研室在开学之前召开全体校长会,让每一个校长登台演讲,展示每一个学校的教学思路,使校长深深地认识到教学是学校的中心,更是校长工作的中心。成绩不是短期的突击,要有科学的规划,要有系统的思考。大会同时邀请济南市教研院相关教研员和学科专家,为全体初三老师们进行学科培训。会上各校正职校长对学校教育教学工作的思路、方案、实施、成效等,总结经验,梳理反思,为自己学校的教学改进建构思路,为其他学校教学发展提供参考。2016年12月,科航路全校的数学老师在校长的带领下远赴南京瑞金北村小学,观摩学习仲广群校长发起的助学课堂。返校后,他们数学组教师根据课堂实际,结合助学课堂理念,将“目标导向、问题驱动”教学模式完善为“三助六环”课堂教学模式,促进课堂教学改革真正由教育理念步入教学行为阶段。奥龙小学在校长的主导下,通过近四年的实践探索,学校梳理实践过程中的各类经验做法和成果,构建起以“建构(Construct)—运行(Operate)—评价(Assess)—创新(Innovate)”四环节为一体的“教师专业发展共同体建设机制”,即“COAI一体化机制”。该机制包括四大部分内容,即基于“教师专业发展共同体”的组织建构机制(C)、高效运行机制(O)、成长评价机制(A)和持续创新机制(I),既各自独立,又是有序联结的四大环节,相辅相成、相互促进、滚动循环、持续提升。同时,基于这种"共同体"建设机制的循环滚动过程中,凸显出显著的"动态性""持续性""发展性""创新性"四大特点。

2020年,中共中央、国务院印发《深化新时代教育评价改革总体方案》指出,教育评价要坚持科学有效,改进结果评价,强化过程评价,探索增值评价,健全综合评价,充分利用信息技术,提高教育评价的科学性、专业性、客观性。新时代校长要为教师成长提供阶梯,化行政管理为评价治理,是现代教育治理背景下,校长角色转换的重要环节。科学、合理、有效的教师评价,是激励教师团队和每一位团队成员持续发展与提升的重要动力和保障。

奥龙小学设计实施"1234梦想阶梯"教师发展性评价运行机制。具体来讲,学校"1234梦想阶梯"评价运行机制以1个"中心"、2个"层面"、3个"体系"、4个"结合"构建组成。其中,1个"中心",即以促进教师专业成长为中心,以评促长,始终坚持以激励、促进每一位教师"心存梦想,聚力成长"的原则目标进行设计和实施,始终能够促进所有教师的不断成长和前行。2个"层面"主要是指教师评价关注的两大重点内容,即业务学习和梯队建设层面。评价既要关注教师个人的业务发展需要;同时评价也关注教师团队的共建成长。3个"体系",主要是指教育评价实施过程中的三大核心运行体系,即"动态共同体、学习项目制、持续引领式"运行体系。基于三大体系的运行成效评价结果及结果的运用,是每学期教师成长性评价的重点关注指标。4个"结合",主要是在评价执行过程中必须遵循的四大基本原则,即过程性与结果性相结合、诊断性与激励性相结合、全面性与个性化相结合、个体性与集体性相结合四大基本原则。总之,该评价机制的运行实施,始终坚持评价一定是为了促进每一位教师的成长和发展,一定是为了服务学校"全面培育人、培育全面发展的人"的总目标;一定是为了让每一位奥龙教师一直"心中有梦想,人人有力量"!

四、促进校长角色认定与拓展

2017年以来,济南高新区全面推行和不断深化KPI改革,极大调动了全体教育工作者的积极性和创造性,激发了学校办学活力,促进了学校教育质量持续提升,迅速甩掉了基础教育落后的帽子,后来居上,跻身教育改革发展的领先行列,成为济南市义务教育质量发展的高地。之后,济南高新区实行校长竞聘和教师全员聘任,实施教师全员培训,组织校长和教师研修,提出实施教育强区战略、建设四个教育高地的实施意见,出台实施名师工程和名校长工程的管理办法，定期举办高新教育论坛，进一步调动了各学校深化体制机制改革和教育教学改革的积极性。高新教育论坛包括校长论坛、名师论坛、班主任论坛、主体开放论坛和现场会论坛等多种形式，为全体高新教育人提供经常研讨、交流教育教学改革创新的思想和行动经验的平台。这些重要举措，进一步调动了各学校深化体制机制改革和教育教学改革的积极性，鼓舞了全体教师建设四个教育高地的热情。奥龙小学校长作为总负责人，成立学校教师学习支持中心，在组织论证总体规划设计的基础上，成立专门的校本化、高效性的教师共同体建设组织机构："3个名师工作室""5个学科工作坊""8个师徒共同体"为基本运行单位，高效落实全校教师专业持续发展的校内引领组织机构建设；同时在组织构建推进过程中，特邀请相关领域的专家团队进行指导引领，提供专业的支持和指导，以保证教师专业发展共同体建设的科学性、高效性和可行性。组织建构机制的形成既推进了学校教师梯队快速建设，更带动了全校每一位教师专业成长的积极性。

针对学校管理者，定期举办教育高质量发展校长论坛，全区40所中小学校校长以"名校战略"或"强校战略"为主题发表主题演讲，阐述各学校"十四五"期间实施名校战略或强校战略的目标、路径和主要措施；以学校课程规划与实施为主题，开展学校课程建设头脑风暴；以家校共育为主题，共谋协同育人的有效途径……校长论坛以现场和在线直播相结合的途径，通过实况直播，各学校教师、学生和家长在线观看，加深了高新区学校及教师之间的了解；广大家长对学校更加了解和认同，促进了家校合作共育，为济南高新区教育的优质均衡发展增效助力。

第四节　课堂从大理念走向高效减负

现代教育的根本目的是要使所有学生都得到主动发展，全面发展，而如果没有学生的自我教育，这些目的肯定是不能真正达到的。杜威认为："教育的目的在于使人能够继续教育自己。"苏霍姆林斯基指出："没有自我教育就没有真正的教育。"所以，教育的制高点就是自我教育。老子说："不自见，故明；不自是，故彰；不自伐，故有功；不自矜，故长。"转化成"自我教育四步骤"：一是退回来，教师退居到学生之后，让学生表现；二是听进去，让学生去说、去论、去辩；三是放开来，肯定学生个体或学生群体的自我认知、自我评价、自我改进；四是担起来，学生遇到问题、发生过错忧心忡忡时，老师就要及时站出来，与学生共担失败的苦恼、成长的不安，开启新的成长过程。这样，学生才会有归属感、获得感。

一、由着眼于研究教法转向研究学法

高新区教育局提出了一校一模式的办校理念，不管哪一种教育模式，其核心永远是“让孩子站在课堂的中央”。各校的教研也在改变方向。传统教研围绕着“教”进行，目前高新区的教研围绕着“学”进行，研究侧重点应该是学生如何才能学好。“自主学习”“学为中心”主题教研成了高新区各个学校的教研重点。

济南高新区实验中学的“导学用大课堂”教学模式基于“导学用合一”的教学理念，是陶行知“教学做合一”教育思想在课堂教学中的应用，是同时融合了人本主义、建构主义、学习科学的重要原理而形成的教学策略和课堂范式。该模式基于宏观的教育、教学本质思想理论，落实在微观的技术性、细节性的实践探索中。科学的教育理念需要落地的实践落实，落地的实践需要广泛的应用发挥作用。高新区中小学大胆突破传统教学模式，充分尊重并激发学生的自主意识，培养学生学习能力，广泛实践先学后教的“导学用大课堂”教学模式。这一教学模式由课前自主学习、课堂教学、学业评价等环节组成，环环相扣，高效育人。在这样的研究和实践过程中，培养了学生的自主学习能力，提升了学习水平和质量，同时教师在立足课堂这一教学主阵地的探索和实践中，获得了最为扎实、切实的业务提升和专业成长。

济南高新区科航路学校在“三助六环”教学模式中首先教研的内容就是“课前自助”。老师提前教研，设计出“预习单”，学生依照“预习单”，通过讨论、求助、查阅资料等方式进行自主学习，完成“预习单”上的自主学习问题，同时整理生成新问题。自学中，学生能解决的问题自己解决，自己能归纳的规律自己归纳，鼓励学生通过圈点标记深入钻研，找出规律性的东西。通过自主学习，学生解决自己完全能解决的问题，培养自主学习习惯、能力，同时为课堂上的展示做充分准备；也为教师下一步的引导点拨提供载体。

济南高新区鸡山小学致力于创建“乐学善思活用”的三学课堂教学模式，课堂上以自主合作探究为主，学生互为学伴，共同解决学习问题。教师摒弃满堂漫灌、事无巨细的保姆式作风，更多地为课堂创设问题情境，做学生学习的组织者、引导者、合作者。充分利用每周半日教研时间，以教研组为单位，研讨设计基于“课前预学、课堂共学、课后延学”，教师教案和学生学案高度融合共生的

“三学案”。

济南高新区汉峪小学是一所年轻的城郊学校，2018年9月投入使用。学校70％的生源为城郊回迁户、进城务工、返乡置业人员子女，其余为省直机关宿舍、自购房业主子女。学生生活习惯和学习习惯参差不齐，家庭教育的背景支持差异非常大。学校在建构学校立体化课程中，主要以三个“关键动作”创生学校文化特色。一是开发以学习需求为中心的课程。基于所有孩子的共同学习需求、部分孩子的团体学习需求和孩子的个别化学习需求，设计“峪优”课程体系。学校的“AE”课程基于学生的团体需求和个别化学习需求，在保证国家课程规定课时的基础上扩容艺术、体育素养学习内容，以声乐、器乐、书法、绘画、舞蹈、表演、手工等课程培养学生健康向上的审美趣味、审美格调，每位学生可形成1至2项艺术专项特长；增加乒乓球、足球、篮球、羽毛球、武术、花样跳绳、围棋、国际象棋等课程，学生在增强体质、健全人格、锤炼意志同时，可形成1至2项体育技能。二是将自身学习作为课程学习的主要方式，让实践、沉浸、对话、互动、参与、体验成为课程实施中最活跃、最富灵性的身影，“峪优”劳动教育特色课程将“以劳树德、以劳增智、以劳强体、以劳育美、以劳创新“作为素养追求，以PBL项目式学习的方式组织教学与实践，逐步架构了学校、家庭、社区三场域联动的实施模式，《“峪优”少年社会角色体验课程》被评为山东省校本课程优秀设计案例。三是主题课程仪式化，以“校园节日”等形式让课程氛围变得更为浓烈，学生在三月数学节中感受数学与戏剧结合的魅力，让孩子们身临其境地感受到数学文化的博大精深；在四月读书节体验“乐读书、悦生活、阅世界”三个层面的“阅”课程；在五月心理健康节解读自我成长经历，寻找治愈的力量；等等。立体化特色校本课程体系的构建，有效带动了学生个体的发展、师资队伍的成长、管理水平的提升、和谐校园文化的形成与学校品牌的塑造。

二、由倡导课程理念转向课堂理念

高新区提出加强教育“四个高地建设”的战略目标，老师们在教育改革转型的过程中深刻感受到加快专业发展、更新教学理念、改变教学方式的迫切性，倡导建高地从填课堂效益低下和农村学校发展做起。在教育改革发展的新形势下，通过系统的课堂改革，提升课程育人效能，大力提升教育教学质量，把学校办成老百姓家门口的好学校，让农村孩子也能接受公平而有质量的教育。

（一）基于学生自主的高质量课堂

济南高新区遥墙中学是一所位置偏远师资薄弱的农村学校，由于地域生源等问题，长期以来在全市初中教育教学改革发展中处于落后状态。自2017年9月以来，学校聚焦课堂变革，对原有的课堂进行了根本性的改造和重构，形成了适合学校实际的基于学生自主的学习型课堂系统和“先导课式”集体备课系统。

高质量学习型课堂是基于学生自主学习的“3＋2”课堂，“3”是自主探究、自主共研、自主应用，是关于学生的“学”而言的，是学习型课堂的核心；“2”是指创设情境、引导过程，是关于教师的“教”而言的，是学习型课堂的保障。情境、自主、过程是学习型课堂三个要素。

“情境”，即教师“创设情境”，是指教师为学生的学习创设的学习情境、学习场域、学习氛围等。

“自主”，即学生自主的“探究”“共研”“应用”。“探究”特指在教师的组织指导下学生个体自主、独立地完成问题探究的过程；“共研”是以个体独立探究为基础的小组互动、合作、交流的学习过程；“应用”是在个体独立探究、小组合作共研的基础上，学生进行班级展示、交流，以表现性学习任务为载体进行学生的自我加工和转化，从而实现知识建构、能力达成。从探究、共研到应用是学生亲历独立学习、小组学习、班级共学的学习历程，是学生深度参与课堂学习活动的过程。

“过程”，即教师引导课堂学习过程，是指教师为学生的个体自主学习、小组共研和全班应用提供学习的工具、支架和路径，引导知识发生和认知规律，保证课堂上的自主探究、自主共研、自主应用落到实处，帮助学生实现深度参与、深度学习。让学生真正成为课堂的主人，聚焦学科核心素养的培养，使课堂承载起学生“德智体美劳”全面发展的育人功能。目前已构建起相对完善的基于学生自主的学习型课堂模式。

这一课堂模式，坚持“以生为本、以学为中心”的基本理念，全力构建和实践基于学生自主的高质量学习型课堂，教师和学生均以主体身份存在并发挥各自的主体性作用。学生发挥主体作用，能动地参与学习活动并独立完成学习过程，即“自主探究、自主共研、自主应用”。教师发挥主体作用，激发学生能动参与学习活动并促进学生有效完成学习过程，即“创设情境、引导过程”。教师是整个学习过程的组织者、引导者、参与者，教师“创设情境、引导过程”，对学生进行价值引领，激励鼓舞唤醒学生，保障学生的“自主探究、自主共研、自主应用”落到实处。学生是学习的主人，是课堂的主体，全程主动、自主自为地学习。教师的“创境”“引导”与学生“自主”交互作用、形成合力，聚焦学科核心素养的培养，使课堂承载起学生“德智体美劳”全面发展的育人功能。

(二)立足高效学习的教研机制

“先导课式”集体备课的校本教研机制，为转“重教”为“导学”提供保障。先导课式集体备课的基本流程为：主备人备课，集体研讨形成教案，主备教师先导课展示，然后再集体备课研讨形成通案。这一校本教研方式旨在以集体备课保证先导课的“高效”，以先导课验证、引领集体备课的“实效”，全面提升课堂育人功能。同时，通过案例研究和典型带动，创造良好的学科组教研氛围，形成全新的学科组教研机制。

基于校本研究，形成“基于学生自主的高质量学习型”课堂改革理论体系和操作模式，研究制定“基于学生自主的高质量学习型课堂”课改整体推进实施方案及相关配套制度，然后围绕“高质量学习型”教学模式的深化与完善，开展多层次、多种形式的课堂教学改革全员培训，在教师领悟“高质量学习型”课堂教学模式的核心内容和熟练掌握基本操作要领的基础上，按照“全员参与，区别要求，分步实施，典型带动”的工作策略，全面推进课堂教学改革。

基于学生自主的学习型的课堂，要求教师按照规定精心编制导学案。导学案的设计旨在为学生的探究、共研、展示提供支架和路径，通过活动建构、问题引领、任务驱动，实现以建构为目标的高水平学习。

1.导学案编写流程

基本流程：各备课组在集体备课时商议导学案统一的结构，形成最初的模式，后由主备人形成“个案”。然后在第二次集体备课时，每位老师提出建议，再由主备人做出修改，形成“共案”。每位老师再根据自己的实际情况进行教学。在设计导学案时，要求老师能够深入浅出，做到知识问题化、问题层次化，能够让学生“顺藤摸瓜”，直捣本节课的重难点。

2.导学案设计遵循的原则

一是问题化，以问题贯穿整个导学案，采用问题导向。问题的设计有维度、有梯度，引导学生积极思考、积极参与学习活动。二是方法化，每个环节都有明确的指导和要求。既有学习内容的指导，又有学习方法的指导。如自主学习课本第几自然段到第几自然段、时间几分钟、对方法的归纳总结等。三是层次化，导学案的设计有梯度，引导学生由浅入深，层层深入地进行学习。特别是针对每个小组的1、2号与3、4号同学，满足了不同层次的学生需求。使优秀生受到挑战，让中等生受到鼓舞，帮学困生体会到成功的喜悦。

3.导学案结构特征

学习目标：让学生明确本节课的重难点，明确目标和方向，有的放矢。

预习检测：让学生通过自己的预习检测发现存在的问题，从而带着问题进行本节课的学习，从学生的最近发展区切入，符合学生的认知规律。

活动设计：引导学生独立思考、合作探究，形成一个小的学习的闭环。小组每个人都能发表自己的观点，同时教会学生学会倾听、辩论。

展示应用：以小组为单位进行展示，给学生提供展现自我的舞台，既让学生学到了知识，又让学生增强了自信心。

课堂小结：从知识和方法上归纳本节课的收获，也可提出本节课的疑惑点。

课堂检测：分层设计，检测不同层次学生对本节课所学知识的掌握程度。

4.导学案使用流程

(1)学生在上课前一天的晚自习结合导学案进行课前预习，同时完成预习检测。要求学生独立完成，培养学生自主学习的能力。

(2)教师课前批阅预习检测或上课讲解预习检测答案，根据学生出现的问题进行本节课的学习。

(3)课上，学生对导学案的重点内容自主思考、小组交流、展示评价，个别重难点问题由老师点拨总结。

(4)课下，学生对导学案进行整理，对课堂知识进行总结归纳和自主反思。

(三)名师引领深化提升

开展个性化教学模式和特色化教学名师创建活动，推出一批创新模式和品牌教师，名师引领对课堂教学改革工作进行全面梳理，归纳整理研究材料，深化理性认识，提炼成果。提炼与推行成果过程，注重落实以下四项举措。

一是优化学习型课堂模式。“3＋2”课堂将学生切实作为自主学习的主体，以个体自主探究和小组合作共研为重点，由教师传授知识到学生发现问题，由教师开展教学到师生合作学习，是在实践活动或是问题解决过程中进行教学的课堂。构建(探究、共研、应用)＋(创设情境、引导过程)＝学生的学＋教师的教＝高效的学＋优质的教＝高效学习共同体课堂及好习惯养成综合体课堂。实践表明，老师们能熟练运用“3＋2”课堂模式，教学效果显著，教学成绩优异，老师的专业化水平提升很快。

二是各备课组每周拿出固定的半天时间，根据“3＋2”课堂的模式进行集体备课，精心设计教案和导学案，力争体现学生自主学习、自我发展的能力。备课组老师积极进行教学反思，实时进行讨论交流，分析每节课的成功与不足之处，及时进行整改，提高课堂教学的有效性。每周备课组有一位老师上一节先导课，本组老师在集体备课时进行评课，给上课老师提出合理化建议，使课堂改革的效果更加明显。

三是在自主学习型课堂中，要实现有效的小组共研学习，必须合理地构建学习小组。小组共研，既可以是固定的 4 人小组内的共研，也可以进行组间的共研。根据研究课题的不同，小组共研的策略可以灵活多样。各班依据“组内异质，组间同质”的原则组建小组。选择综合素质高、具有一定的服务意识和组织能力的同学为组长，组长按照蛇形排列的顺序依次挑选自己的组员。这样的小组关系比较融洽，组长乐于帮助组员，组员也乐于接受组长的管理，向心力比较强。

四是建立和完善小组运行的机制与评价体系，实行动态管理。小组管理与评价包含课堂管理，主要是学生的课堂表现、自主学习管理、动态学习管理、达标测试及作业管理。小组管理还从课上延伸至课下，课内延时到课外。行为习惯方面，主要适用于课后，也适用于各学科。班主任每周汇总小组成绩予以表扬，级部每学期评选优秀小组(学习进步小组、文明小组、助人为乐小组等)并予以表彰，学校每学年评选优秀小组(学习进步小组、文明小组、助人为乐小组等)并予以表彰。

(四)探索集体备课模式

为了增强集体备课过程的实用性和精准性，2018 年，遥墙中学提出了“先导课式”集体备课模式，在集体备课前先进行课堂展示，为集体备课的研讨提供一个“靶的”，大家通过对先导课的研究，为下周的备课提供具有导向性和可行性的方案。先导课展示的是上周集体备课的成果，课堂实施是老师们在课后反思研讨，解决先导课中的问题，形成新的教学设计后进行的。上课教师回答这几个问题：学习目标是否达成，小组活动的有效性如何，是否真正实现了学生的“学”，有无偏离上周集体备课的方向，等等。而听课教师回答这几个问题：询问听课中不明白的地方，课堂小组活动的设计如何，如何改进以及我从中学到了什么，等等。因此，先导课承载着教师研究课堂、改进教学设计、提高课堂效率、促进教师自身成长的功能。

高新区高质量发展的学习型课堂系统，突出学生的主体地位，培养学生的主动学习意识，成为学生和老师的高情感、高智慧成长共同体，成为学校课堂改革高质量发展有效路径。几年来，遥墙中学以高质量发展的学习型课堂系统为核心，开发提升学生核心素养课程体系，开齐开全三级课程，实现国家课程、地方课程、学校课程三位一体的育人功能。利用校园艺术节、合唱节、读书节、体育节、科技节、家长开放日等展示课程成果，促进学生发展。以教学工作为中心，增强设施设备保障，保证演示实验、分组实验开出率达到100%，物理、化学、生物实验操作考试合格率达到100%。开展各种综合实践活动，培养学生实践能力，学生个性特长得到充分发挥，综合素养不断提升，“德智体美劳”等方面均得到明显发展，在体育节、科技节等活动中均取得优异成绩。各学科教育教学质量由济南市倒数第一跃居全市前列，学生平均分三年提升了75.5分，高分人数实现了十几倍增长，堪称农村中学创新发展的奇迹。

三、基于全体学生关注分层施教

如何推进“双减”政策落地生根？如何让政策落地与“成长为最好的自己”的学校愿景同频共振？如何让政策落地与“为学生终身发展与幸福人生奠基”的终极目标高度契合？这些问题的落地都需要教研组的努力。如何给学生布置高质量、低负担的作业？学生的作业设计不再是老师个人的事，而是需要教研组的集体智慧，所以作业设计成为学校的教研重点之一。

济南高新区第一实验学校围绕学习目标设置小检测题、课时检测题、单元检测题时，尊重学生差异，突出作业分层。在设计作业时，注重从作业量和作业难度等方面考虑，关注学生差异，围绕学习目标设计不同难度、梯度的作业，为学生提供基础、拓展、挑战性作业，为学生寻找最近的发展区，让每一个同学在适合自己的作业中获得成功、愉悦的体验。如何让学有余力的孩子“吃得饱”，也是学校一直在解决的问题，比如，开发“培优作业”：在学习完课堂上的内容后，对基础好并且学有余力的孩子设置难度系数较大的作业，有针对性地进行相应的综合训练，拓展学生思维，以便灵活应对不同难度的试题。

丰奥嘉园小学“轻负高质”的预期目标是把学生从课堂、书本、作业中解放出来，使其有更多可以自由支配的时间并加以利用，养成良好学习习惯，乐学、善学并掌握学习内容的方法，以达到身心的全面发展。在减轻学生作业负担上，丰奥嘉园小学对学生作业的种类、数量、完成形式等进行严格的规定，一是在“质”上求精准：要求减少重复机械的作业，转而追求有针对性、小题量、分层级的作业。二是在“量”上控篇幅：每科的作业由过去的8开大卷，变成了现在的16开小卷，基本题和变式题等数量控制在5个题以内。三是在“管”上把好关:每次布置作业,教师都要根据学情和学习目标进行有针对性的练习题设计,然后过“三关”(年级备课组关、学科教研组关、学校教导处关),审核同意后,印制并发给学生。此外,老师们大都利用假期集体教研备课,针对课程理念、语文核心素养、教学目标等进行研究和解读,设计了学生每天的作业小卷,明确了课后作业设计的方向。学生在运用的基础上,老师进行二次修改,做到边用边改,边改边存,不断提高小卷质量,让其到达精益求精的效果,不断完善本校的校本作业设计资源库。

东城逸家中学针对基础教育公认的减负难题,实施了旨在提质增效的作业配套改革,落实作业“精心选择、分层布置、多种形式、有收必改、有改必评、有错必纠、纠必复批”的28字管理要求,建立了作业负担协调机制和每日作业公示制度,推行教师“下水作业”,注重错题管理,强化落实举措,家校联动,成效显著。学校通过积极推动基础教育“五项管理”工作,认真贯彻国家“双减”政策要求,持续深化落实《教学管理规程》,践行“以学定教、先学后教、以教促学”的教学理念,抓好备课管理、课堂管理、作业管理、辅导管理和测试管理,形成了环环相扣、螺旋上升的五步管理闭环,有序开展系列教学改革,助力减负、增效、提质。与此同时,学校始终高度重视学生手机管理、体质健康、课业负担、阅读素养等五项管理工作,通过建章立制、督促落实、特色活动等渠道,确保各项工作相关政策的落地,促进学生身心健康发展。

四、基于“双减”的课内外综合减负

为了解决低年级缺少课堂同步练习的问题,同时督促低年级教师进行学生作业设计与设置的专题研究,有些学校成立了学习手册项目组。项目组由教研组长和低年级骨干教师组成,按照学科课程标准、学生学情和学习目标,逐课进行课时练习设计。课时练习设计坚持分层设计、弹性布置、菜单式选择的原则,主要分为基础过关、重难点突破、拓展提升三大模块。项目组通过作业设计研讨,切实提高练习题的针对性和实效性,提高课堂教学效率,努力实现“减负提质”的目标。

(一)切实减轻学生作业负担

东城逸家中学理综组通过研究初中生学习的心理特征和学科知识特点,依据金字塔学习理论进行新型学习模式探索,渗透“以学生为主体的”教育理念,开展“听我讲”活动。一是让学生参与到教育教学过程中,讲给大家听;并通过课堂设计和作业安排，提高其利用所学知识解决问题的能力，继而提高解题能力、表达能力。二是数学和物理学科设立专门的讲题时间，为学生提供讲题稿，内容包括讲述审题过程、讲述解题过程以及听者感受，通过这种方式，学生在教会他人的过程中，自己也将各种知识融会贯通，形成相互关联的知识网络。三是学校坚持问题导向，定期开展阶段性总结与反馈，不断改进讲题稿使用效果。经过一段时间的尝试，学生独立思考和条理表达的能力得到明显提升，有效降低了学生的学习负担，家长对此种学习模式也给予了积极的支持与配合。此外，学校还以组织丰富多彩的活动为主线，高效利用课后延时服务时间，组织开展学科拓展、综合实践和学业辅导等三大类活动。学科拓展类延时服务注重凸显外语类、科创类和艺体类学习的延伸功能，进一步丰富学科之外的知识储备，为学生搭建助力学科学习的脚手架，构筑学生自我发展的学习时空。实践活动类延时服务，从学生的真实生活和发展需要出发，采用参与、探究、制作、体验等方式提升学生综合素质，着力发展核心素养。学业辅导类延时服务是学校为了更好地辅助学生自主学习、自主提升而增设的课后辅导。为了实现让学生在校完成大部分作业这一目标，学校将学生的时间管理意识与自主学习能力的提升放在了至关重要的位置，分阶段对学生进行相关指导，效果显著。

（二）以好习惯养成减轻心理压力

在减轻学生课外作业负担的基础上，还要注重降低学生的心理压力，为学生主动学习和有效学习创设良好的心理和环境条件。一是抓好习惯养成，通过良好的学习习惯助力学生提高学习质量，通过研究“影响学生学习的关键习惯”，力争从行为层面上解决学生学习主动性、责任感、诚信等问题，让“轻负高质”有根本支撑，让学习成为规律，使学生的学习有了从容的节奏，增强了学习的主动性，明确了学习的目标，激发了学生学习的潜力，让减负的意义不仅停留在减轻学生过重的课业负担上，还减轻了学生的心理负担。二是开展丰富的户外健身及娱乐活动，如丰奥嘉园小学等学校学生每天室外运动时间不少于两小时，夏练“三伏”，冬练“三九”，运动内容丰富、形式多样，大汗淋漓是学生运动后的常态。三是倡导大声诵读和喊操等方式，让学生在学习或运动的同时，提高兴奋度，提高注意力，排解心理压力。此外，丰奥嘉园小学针对“大书包”现象精准施策，将减轻学生的身体负担与培养良好的生活习惯相结合，破解大书包与书包乱装物品的难题，进行“书包革命”。一是要求学生每天能准确地知道书包里应该装哪些物品，哪些物品是分别放在家里和学校里的。二是按低、中和高学段规定书包的重量，分别减轻了 2 千克、3.5 千克、4.5 千克左右。实践证明，通过控制书包重量这一件“小事”，促使学生提前考虑当天的学习科目及任务，对培养学生学习的主动性起到了明显的积极作用。有的专家评论说，书包重量的减轻虽是外在方面，但其内涵是养成良好的习惯，提升学生学习的目的性与主动性。

东城逸家中学注重个别教育，对减负增效起着重要的作用。积极推行“为学生出具学业发展处方”制度，根据学生在学习习惯、学习方法、学习品质、知识储备等方面的现状和存在的问题，给学生制定切实可行的目标，并为目标提出可操作性强的建设性意见。这为学生更好地认识自身学习中存在的问题以及今后的发展方向提供了帮助，同时也为教师、家长更准确地了解孩子，帮助孩子改进问题提供了支持。“学业发展处方”已经成为学校师生互动、家校联动、促进学生全面发展的有力举措。通过一系列行之有效的教学改革举措，进一步凸显了学生学习中心者的地位，真正实现了减负提质，为培养学生自主学习能力、促进学生全面发展奠定了坚实的基础。

（三）保证学生有充足的休息时间

禁止教师占用学生的休息时间进行文化课辅导，教师要做到不提早上课，不拖堂。丰奥嘉园小学根据实际情况以及办学环境，先后制定《丰奥嘉园小学作业布置与批改规定》《丰奥嘉园小学课堂常规管理办法》《丰奥嘉园小学教学事故认定与处理办法》《丰奥嘉园小学课程设置实施方案》《丰奥嘉园小学团队教研制度》等一系列规章制度。学校要求学生在课间休息时进行适当的活动，做到劳逸结合，严禁教师让学生订购教辅资料，严禁集体补课，教师从容地教，学生从容地学，师生在课堂上高质量完成教学与学习任务，家长也不必为孩子的作业焦虑。

减负本身不是目的，目的在于促进教师高效地教学以引导学生自主学习，实现教育教学的高质量发展。丰奥嘉园小学通过加强教师专业化教科研理论学习与实践应用研究，探索出实现“轻负高质”的小学语文单元整合式教学模式：教师从不加班加点，注重提升核心素养的有效教学研究，精心设计引导学生自主化、个性化学习方案；每位学生的课内阅读量 6 年达到 600 万字左右，古诗词和文言小短文阅读量为 461 篇；学生课外单周每晚布置一页少于 5 道的书面作业，双周每晚只有阅读作业，在校每天运动时间最低保证在 2 个小时，放学后不必参加学业校外辅导班；学生书包重量不断减轻，学生肥胖率、近视率逐年降低，学生学业水平、身体状况和家长满意率都在本学区多年名列前茅。

第五节　从单一标准走向全学科评价

2020年10月，中共中央、国务院出台的《深化新时代教育评价改革总体方案》（以下简称《总体方案》）是新中国成立以来，第一个关于教育评价系统性改革的文件，是深化教育综合改革的重大举措，对新时代中国特色社会主义教育事业发展、实现中国教育现代化具有十分重要的指导作用。《总体方案》指出："有什么样的评价指挥棒，就有什么样的办学导向。"我国学校教育评价普遍存在"长于智、疏于德、弱于体、少于美、缺于劳"的现象，评价标准单一化，评价内容外在化，评价方式整齐化，评价过程"一俊遮百丑"，所以，如何落实新时代教育评价改革总体方案是全面深化教育改革、落实立德树人根本任务、实施教育强国战略的关键所在，是当前各级教育行政部门和各学校必须面对和解决的重点问题。近年来，济南高新区构建区域立德树人教育体系，以"全面发展"为目标，整体推进新时代教育评价改革，在充分借鉴现有多元性评价改革研究实践成果的基础上，积极探索解决教育评价均衡性、多元性、发展性问题，力图在操作层面上找到科学途径，最终形成了"两翼多层"的发展性教学评价体系，真正发挥了教学评价的促教、促学、促改的作用。

一、均衡性：破除"唯分数"论，强化综合评价

多年来，很多地方的教育评价，特别是教学的评价仍然在全面评价和片面评价之间摇摆，甚至全面评价的呼声更高，"唯分数"片面评价强劲的现实普遍存在。因此，为了实现习近平总书记关于"全过程育人、全方位育人"的目标，培养有全球胜任力的学子，建立一套既立足于现实，又能引导教育走向未来的评价体系，充分发挥学校、教师、家长、学生在评价中的积极性，找到一条既能鼓励学校全方位办学，又能促进学生健康发展、个性发展，动态的、发展性的评价路径，就显得十分重要和迫切。基础教育尤其是义务教育必须扭转应试教育倾向，扭转唯分数、唯升学等不科学的教育评价导向，在教育教学乃至升学考试中完善综合素质教育评价体系，遵循全面发展的原则，坚决纠正以分数给学生贴标签的错误做法。近年来，各种针对综合素质教育评价的研究层出不穷，但却呼声高，操作性和实践性差，使得综合素质评价浮于表面，无法真正落地。

济南高新区遵循全面发展的原则，针对以上出现的问题，倡导全区形成消

解学业水平评价和考试评价的单向性、功利性，注重过程性和真实性的系统评价理念或评价观。为了充分体现所有课程在育人中的价值，高新区将义务教育阶段所有课程按照不同的特点和传统社会的评价方式，分为左右两翼。其中，把语文、数学、物理、化学等常常以书面考试为评价方式的课程称为“右翼”课程；音乐、美术等难以评价或主观评价色彩较重的课程归为“左翼”课程。并将“两翼”课程全部纳入测评，并提到同样的分值和权重上来。原来难以评价或主观色彩较重的音体美等课程也有了观察、记录、分析的依据，实现对学生综合素质的评价。

“两翼多层”是基于义务教育阶段全学科进行的梳理和建构。其中，“左翼评价”由学科知识、学科实践、学科发展、学科特色四层阶梯评价组成；“右翼评价”由新型考试和主题实践两层阶梯评价组成，在此基础上形成了学校、教师、学生的“发展性教学评价”体系。

通过完善德育评价、强化体育评价、改进美育评价和加强劳动教育评价，切实引导学生坚定理想信念、厚植爱国主义情怀、加强品德修养、增长知识见识、培养奋斗精神、增强综合素质，实现全面发展，这是促进学生全面发展、促进学校、教师转变教育行为和方式，引导家长和社会逐步形成科学的学生成长发展观的重要举措。丰奥嘉园小学的学生综合评价，让学生认识到“高质”不只是学科考试成绩分数高，而应品学兼优，从而激励学生积极主动发展个性特长，促进学习能力、态度情感及行为表现诸方面和谐发展。《丰奥嘉园小学学生评优评先办法》中规定，学生评优评先学习成绩只是其中的一个参考依据，思想品德、体育水平等都是主要参考依据，目的是要引导学生成为全面发展的新时代好少年。

二、发展性：突破主观评价，形成可操作性的多层次动态评价

现有的综合素质评价往往是评价主体对评价对象在一些表现指标上的判断，包括通过评价主体赋分，或者写评语评价。在实施过程中，评价主体多样，不同的评价主体对同一个评价指标的理解和掌握尺度必然存在差异，评价结果的公信力难以保障。因此，如何突破主观评价的技术屏障，保证学生、家长、教师在评价过程中提供的资料真实可信，是综合素质评价面临的巨大挑战。同时，由于学生具有可塑性和变化性，有些很难通过一次客观的评价真正反映学生的综合素质发展水平，所以，教学评价更要注重过程性评价。

济南高新区立足于区域发展的实际，在教育评价的变革中不仅注重“两翼”

评价的均衡，更加注重对“左翼”课程评价的过程性监控，更加注重评价过程的创新，更加注重知识体系的多元和人才发展的多元。改变了以静态知识为重点的中小学教育评价内容，针对音乐、体育、美术、科学、综合实践、劳动等“左翼”课程，增加了绿色四层评价：学科知识、学科实践、学科发展、学科特色。“左翼”教学评价中的前两层评价注重课程基本要求，第三层评价注重人才的培养，第四层评价鼓励差异化的教学，形成多样性的选择，将综合素质评价与特色学校建设进行“硬挂钩”，引导学校将其追求的特色化和学生综合能力发展变为可考核的指标，从经验性、主观性教学走向实证性教学，从标准化教学走向了个性化学习，从传统式教学走向了现代化教学。这首次突破了传统主观性课程评价中的实践性和操作性的难题。

第一，学科知识考查指向学科基础性知识测评，采用书面考查形式，随传统考试学科同时进行，改变了以往只有传统科目参加纸质测试的传统，音体美等课程评价也有了客观的监测数据和信息，能够反映一段时间内学生的学业水平提升情况。

第二，学科实践考查指向普性技能测试，实行“四抽”抽签方式，每校随机抽取年级、学生、学科、内容，由评价教师现场打分，以相关学生的总分作为学校的评价。这样的考查方式将随机性和客观性相结合，具有较强的公信力，评价结果更有参考价值。

第三，学科发展为成长性评价，将在区域范围内举办的以学科内容为基础的集体比赛、展示作为评价方式，评委现场打分。近年来，通过参加高新区举办的“篮球赛”“足球赛”“啦啦操比赛”“健美操比赛”“跳绳比赛”“班级文化艺术节展演”等丰富多彩的专项竞赛活动，大大鼓励了学校社团的发展，鼓励了部分具有特殊能力的学生，使他们脱颖而出，丰富了校园文化，创建了班级特色。同时，也让很多学校在专项竞技中结出累累硕果，在跳绳、健美操、啦啦操等多个项目均多次获得市级一等奖。

第四，设立学科特色评价，鼓励学校根据校情发展特色，打造“一校一品”，发展校本文化，形成学生有特长、教师有专长、团队有特点、学校有品牌特征的特色指标。此类评价涉及特殊性专项评比，由学校申报、教育局批准、学校展示、评委打分的方式形成。

以前，很多课程建设是从理念切入，把握不到位容易陷入“空对空”的状态。现在，课程建设改为从评价切入后，测评标准是什么，每个标准怎么测，这些弄清楚了，课程建设的路径也就非常清楚了。春晖小学以“以美育人　育美的人”

为育人目标，结合高新区提出的“两翼多层”发展性教学评价，构建了“五育融合 美美与共”，注重学生过程性表现的综合评价体系。在实施过程中，尊重学生人格的完整性、表现的日常性、成长的动态性和发展的差异性，从学生全面发展所涉及的思想品德、学业水平、身心健康、艺术修养和社会实践等方面开展评价活动，这一体系体现对学生德智体美劳方面的发展评价，考虑了全面的育人目标。传统考试学科融进了现代评价体系，评价的创新不仅在于笔试内容的革新，而且独创了各个学科主题实践性的考查，推动了学科教师在教学实践中对知识的运用以及与现实生活的充分结合，渗透着思想性、人文性和家国情怀。像“乐评嘉年华”与项目式学习的对接，就是经由评价反观带来的变化。这种更强调能力取向的评价模式也促使教师自发地改变教学行为和思维。在春晖小学，评价作为工具，在更多方面“倒逼”着学校进步。首先是“倒逼全员对学生的关注”，把目光从“分数”转向“人”，不断强化教育的价值回归。学校用多元评价的方式，达到“多一把尺子，多一个好孩子”的评价目的。以前往往被忽略的家长评价、同伴评价，现在都被纳入进来，以形成教育合力。其次是“倒逼管理方式转变”。以前是模糊化管理，更多的是靠层级指示的方式来推进工作，现在则变成了基于目标的量化管理，效率大大提高。“五育融合”下的综合素质评价是一种实质性评价，贯穿整个教学过程，学科教师要树立“五育融合”评价生态观，不以分数作为学生评价的唯一标准，不以学科壁垒禁锢自己的评价观念。教师在做好传统考试学科“分内评价”时，更多地关注学生在思想品德、身心健康、艺术修养和社会实践等方面的表现，努力发现每一位学生所展现的闪光点，实现全面的个性化评价。教师及时地给予学生欣赏性、激励性反馈，让学生能够发现自己的优点和不同，不仅可以激发学生的学习兴趣，也可以帮助学生去发现他人的美，进而营造一种各美其美、美美与共的积极向上的学习氛围。

三、多元性：改进考试评价，为学生纾解压力

2021 年 8 月，教育部印发了《关于加强义务教育学校考试管理的通知》(以下简称《通知》)，这是国家层面落实“双减”政策制度设计的一部分，也是教育部继“五项管理”政策后的续篇。《通知》强调了加强义务教育学校考试管理的目的在于准确把握考试的功能，要从以往偏重甄别与选拔功能转到重在发挥其诊断与改进功能上，并特别画了“红线”——除初中毕业升高中考试外，其他考试均不具有甄别与选拔功能。回归考试的诊断与改进功能，是对数十年来考试逐渐被异化后的一次重要的“拨乱反正”。高新区根据《通知》提出的难点问题，创

建了“新型考试评价”，此项评价是建立在对命题形式、命题方法探索基础上的书面评价。针对中小学考试试卷质量不高、“拿来主义”盛行、教师命题能力不足等问题，高新区从命题导向、难度控制、题型创新、进度配合等方面重申了考试命题的要求，规范了考试命题的管理。自 2019 年 4 月起，高新区连续三年举行了各学科的“教师命题大赛”和“教师做题大赛”，比赛旨在以赛促教、以赛促研、以赛促训、以赛促改，推动了教师能力的快速提升，并实现了通过探索考试命题改革，吸收最新学科发展成果，引导课堂教学向科学准确方向发展的预期效果。“新型考试评价”下的纸质测试注重考查基础知识、基本技能和教学目标达成情况，不出偏题怪题，减少了机械记忆性试题，试题难度适宜，真正降低了学生重复刷题和过度培训的压力。

教育改革走向“深水区”的目的是实现人的个性发展。美国教育心理学家霍华德·加德纳(Howard Gardner)的“多元智能理论”中，“智能”的定义是人在特定情境中解决问题并有所创造的能力，认为每个人都拥有八种主要智能——语言智能、数理逻辑智能、空间智能、运动智能、音乐智能、人际交往智能、内省智能、自然观察智能。因此，传统学科评价只局限于纸笔测试是一种单一智力测验的评价观，不利于学生“智能”的发展。高新区在加德纳“多元智能理论”支撑下开发的“主题实践性评价”是基于学科特点设计的具有实践性、体验性、创新性、应用性的活动。它将打破单一智力测验的评价观，在真实的情境中评估学生解决不同问题时表现出来的多种不同能力，全面地反映个体智能发展情况的同时发展优势智能，实施人本智能评价，促进学生个性、全面地发展。“多元智能理论”强调“情境化”，即将学生置身于真实的情境中，观察学生解决问题的全过程。近年来，高新区积极探索创设各学科的情景化活动，连续多次针对语文、数学、英语、化学等传统学科，分别开展了“口头作文大赛”“汉字听写大赛”“数学讲题大赛”“英语配音”“创新实验”等活动。学生们在真实情境中运用所学知识、所得技能解决问题，推动了学科教师在教学实践中对知识的运用以及知识与现实生活的充分结合。

随着实践的深入，“主题实践性评价”不仅依托于本学科展开，而且实现了全学科贯通融合的趋势。区内各所学校纷纷开展起“低年级乐考嘉年华”的活动。“乐考嘉年华”是基于小学阶段学生的学习特点，在保护学生好奇心与求知欲的前提下开展的综合评价活动，乐考实践是学科评价与时俱进的表现。区内学校、教师在实践中着重关注了乐考的内容与形式，及时优化乐考环节；同步关注了顶层与基层，着力推进乐考实践，从而让乐考在评价学生学业水平的同时，激发了学生对科学学习的兴趣。“虎虎生威过大年”“‘鼠’你最行”“金牛闹春”“森林联欢会”“小小红军走长征”等主题式乐考实践让学生在情境中解决问题，充满思想性、人文性和家国情怀。

重视语文、数学、外语等考试学科，忽视音乐、体育、美术等非考试学科，一切向“分数”看齐，这种情况在济南高新区是不存在的。“两翼多层”的评价改革将继续发挥以评促学、以评促教、以评促改的作用，让教育走出“唯分数”的怪圈，通过科学、可操作性的评价路径，保障基础教育课程均衡实施，促进学生全面、个性化发展。

第六节　课题成果走向教育空间提升

“课题研究”是以突出或重点的教育教学问题为研究对象，以教师为主要研究主体，在教育教学一线进行的，以提高教育教学质量、增强教师的科研能力为目的的教育研究活动，探究的是实际教育教学问题。课题研究是各种教学研究中较高级的形式，教师不仅能够面向教育现象解决问题，还能总结成果把握规律，形成自己的教育研究模式，为更多的实践者提供可操作的经验。有助于解决教育理论与教育实践相分离的痼疾，有利于教育理论和教育教学实践的共同发展，特别是有利于促进教育教学实践的改进。

一、基于“三自”成果建构新型教学模式

“三自教育”模式获得省教学成果二等奖后，我们以此为契机，以深化成果应用作为教师专业自主发展和教师成长的新途径，促进教师广泛参与学校的教育教学改革。

(一)融合信息技术的“导学用大课堂”教学模式

高新区实验中学以“三自教育”办学理念为引领，以自主学习为核心，以学生的困惑为教学起点，利用平板电脑进行教与学，构建了个性化、互动化、智能化的新型教学与学习模式。首先，该模式实现了信息技术对教学流程的全覆盖，形成了新的教学生态，从课前微课助学，课中即时推送、实时批阅、及时反馈评价，到课后个性化辅导、错题整理、教学复盘，通过全过程信息化、智能化场景应用，为学生的高效学习提供了新的路径。其次，信息化支撑，实现了教学的精准化和个性化，教师利用平板电脑和基于教与学的应用场景，采集学生学习全

过程数据，诊断学生的知识体系，及时了解学情，结合精细课程资源，实现精准化教学，使教学更加高效与便捷，从而更好地实现了个性化因材施教。再次，利用互联网的交互性真正实现学生的自主学习，让学生变被动学习为主动学习，拓展学生的知识视野，通过实时的数据分享实现师生互动和生生互动的新生态。最后，形成了融合信息技术的“导学用大课堂”教学模式：

“导”是指教师通过“问题引领与任务驱动”和“微课助学”引导学习。

“学”是指学生利用信息化手段，通过“自主学习与合作学习”完成学习任务，通过任务实时推送，教师及时获取学生的学情及掌握情况，实现个性化学习。

“用”是指学生运用学习（复习）的知识和方法“学以致用，灵活运用”，解决实际问题，教师借助教师终端，实时了解学生知识掌握情况，及时推送个性化作业，巩固所学成果。

“大课堂”是指借助信息技术统筹课前、课中、课后教与学的全过程。

高新区实验中学自 2017 年开始进行“教学信息化”的改革尝试，2019 年全面开展平板电脑课堂教学，并且以此打造了信息技术支持下的“导学用大课堂”新型教学模式。目前该校 40 余个班级已经全部实现了平板电脑高效课堂的应用，成为教学与信息化融合后“高效课堂”的典范。通过新教学模式的实施，实现了以智能技术促进学习方式和教学方式转变，推动了“课堂改革”，教学的有效性、针对性明显增强，学生自主、合作、探究学习进一步深化。在教学过程中通过对学生发展的过程性、多元化评价，方便对各种教学数据采集整理、分析反馈，能有效支持教师进行差异化、个性化教学。通过学校“教学信息化”的实施，学生自主学习效率和学业成绩大幅提升。

（二）以学生为中心打造新型“空中课堂”

利用信息化手段，打造学生课后学习的延伸课堂——“空中课堂”，构建延时服务信息化体系，帮助学生充分利用课外时间，为学生做好指导与答疑以及日常学习的查缺补漏，实现学生课外时间的高效利用。教师根据学情设计高质量的交互式教学活动，在课堂中通过精准的学习活动设计，实现“以学生为中心”的在线学习，实现课后辅导、答疑、讨论等异步交互式学习。积极探索基于过程控制的在线课堂教学，利用后台数据，对课外在线课堂学习听课情况、学习效果等进行定量分析，实现学生的个性化学习，有效保证延时服务的学习效率。

“空中课堂”提高了老师及家长把握学生学情的准确性，让信息技术下的课外在线教育有了更坚实的成功基础。学校将以学习服务为核心，打通学校和家庭，以学生为中心，围绕学生成长不同阶段的学习需求，构建完善的学习体系，打造“互联网＋”环境中的“空中课堂”新模式。一方面，利用数据分析对学生的在校表现实时记录，汇聚学生不同阶段的学习、发展、表现等成长轨迹，形成个人成长档案。另一方面，依托人工智能、大数据分析和图像识别等技术，开展以大数据为基础的发展性评价、学习分析和个性化学习资源推荐，通过教学大数据的智能分析和预测，针对学生在校知识掌握程度和自身综合素质发展情况定制个性化“空中课堂”教学方案。同时，通过平台交互性功能的开发，激发学生在线学习热情，实现立体化的课外延伸课堂教学新方式。

(三)以自我评价为导向建构综合评价体系

利用互联网大数据分析和云计算应用，构建了指向学生核心素养的综合评价体系。一方面，利用信息技术，实现对学生课前、课中、课后全过程学习的即时性评价。通过课堂量化应用系统构建，教师实时分析上传数据，利用平板电脑系统对学生作业、课堂检测等实时反馈，利用“云阅卷”系统实现对考试数据的采集、转化、筛选，实现题库组卷、作业分层设计与错题定制性推送，提高教师作业和试题批改效率的同时，实现学校考试和课堂场景的数据化、可视化。另一方面，利用信息化手段，可以实现学校、年级、班级层面的个性化数据分析，通过不同维度的数据比较对学生进行综合诊断性评价，实现教师的分层教学和学生的自主学习。学校通过数据分析整体把握教学情况、诊断学科教学问题、了解兄弟学校教学情况，对教学进行实时评价。通过推送专属的学情诊断报告，让家长获得图形化、可视化、综合化的成绩分析报告。最后，学生可以根据综合数据分析，对自己进行综合评价，为学生的个性化学习提供精准化的学情报告。

在“三自教育”成果的引领下，高新区实验中学等基于原有“导学用大课堂”教学模式，通过大数据的教学诊断、网络协同备课、区域数字阅读、平板电脑教学应用等将信息技术深度融入教学，形成向每一个学生提供优质、灵活、个性化学习的精准教学，并以教学改革为主线，以信息技术为支撑，抓点促面，积极探索融合信息技术、提升教学质量的有效路径。

二、推动研究问题形成研究课题

科航路学校管理团队在日常听课过程中，发现老师们的课程内容五花八门，满堂讲、满堂问等现象严重，既不利于学生思维的培养、又不能提高学生学习的兴趣，导致教师教得辛苦、学生学得被动，学习效果不尽如人意。如何破解这一难题？科航路学校聘请课程专家为全体教师进行了课堂改革培训，2015年底，确立了“目标导向、问题驱动”教学模式的研究和“四段六环”的操作模式，试图通过精准设置教学目标、精心设置教学问题来规范教师的教学行为，提升教育教学水平。2016年9月，济南市教育科学“十三五”规划课题申报期间，《“目标导向、问题驱动”教学模式的研究》和《创建新优学校，实现学校内涵发展的研究》成功立项，有力推进了学校课程建设、课堂改革、教师培养等方面工作，促进了学校特色发展与内涵发展的进程。自此，学校的课堂教学改革进入一个新的发展阶段。

东城逸家中学围绕学校科技特色，重点打造了STEM创新课程，构建了包括“科学学习我做主”“智能生活我定义”“和谐关系我塑造”“美好环境我先行”“未来校园我创造”等5个版块12个项目的STEM课程体系，以社团课程为依托，分步实施推进。贯通各学科知识，利用新型技术手段，如3D打印机、激光切割机、编程软件、智能机器人、无人机等，实现以问题为导向、学科知识为基础、技术为支持的项目式学习，引导学生感受“知识来源于生活并应用于生活”的理念，提升学生解决生活实际问题的能力。学校还在对学科组建设状况进行全面分析的基础上，分批制定学科发展计划。充分发挥学科教研组在教学活动开展、教师专业发展、教学质量提高和教研水平提升等方面的重要功能，强化教研组长专业引领作用。以3年为周期，明确基础性、发展性和质量性要求，在常规落实、专业提升、教研推进等方面制定了有针对性的举措，并加大校内外支持力度，为学科发展找到支撑点，为教学质量找到增长点，积极开展课程建设类、科技创新类、家庭教育类等课题的研究，已立项的国家级课题《数字化背景下开展“家庭会议”指导与应用的研究》《基于德育渗透的STEM校本课程开发与建设研究》，市级课题《青年教师成长校本培训课程的开发与研究》，区级课题《一班一品，以班级视角构建学校德育体系的研究》等，为老师们的教科研工作提供了基础性平台。

三、以课题推动区域教育国际化行动研究

2019年，高新教育精心规划，改革创新，提出“以打造优质教育高地为出发点，以办人民满意的教育为落脚点，努力将高新区建成义务教育示范区、特色教育引领区、国际教育先行区”的教育发展目标。围绕这一目标，高新区依托与英国剑桥大学教育学院合作的基础，积极构建教育国际化发展的支持系统，着力

在教育国际化发展制度与机制建设、国际学校建设、中小学校国际化课程建设、国际化师资队伍建设、教育国际化交流与合作机制建设、教育国际化资源建设等六个方面加以推进，申报并立项《以中英合作培训推动区域教育国际化的行动研究》省级课题。教研室以此为引导，深入研究、充分挖掘课题项目的潜力，围绕课程、教学、评价、教师发展等教育的关键要素展开研究，通过各种组织形式培训教师及教育、教研管理者，以项目为支撑，围绕理念、策略、方法、技术等层面，突出教师的主导作用，在各种活动中提高教师的能力，以逐步实现培养具有国际视野、能够参与国际交流与合作、有一定影响力的教育管理者和教学专家队伍，提升区域内教师的职业精神与专业发展能力，促进新时代背景下教学方式的变革、教师专业的成长。

多年来，高新区教研室紧密依据区域教育整体要求，结合地域教育特点，以提高区域教育质量为目的，抓住教育教学研究的核心与要点，直击教育教学研究的问题与痛点，围绕课堂教学改革、教学评价实施、信息化教育推进、教育科研实践、教师专业发展等关键领域，开展了一系列广泛、深入的切实探索与创新实践。一是基于针对教学实效性的追问与反思，不断实践与创新课堂教学模式。二是借助现代化教学手段，深入研究信息化教育的实践路径。三是通过激发教师自主发展的内驱力，持续助力教师自主专业成长。四是坚持以科研带教研，系统推进教研、科研走向科学与深入。五是完善教学质量评估体系和教学管理机制，创新实践五育并举的全方位育人评价。经过多年的创新与研究实践，高新教育逐步实现了教师队伍不断优化，科研、教研水平不断提高，教学管理不断规范，教学方法不断创新，教学评价体系日趋合理，教育品质与成效显著提升的目标。

第五章　新时代家校社立体化育人生态系统

2018年，习近平总书记在全国教育大会上的讲话中指出："办好教育事业，家庭、学校、政府、社会都有责任。家庭是人生的第一所学校，家长是孩子的第一任老师，要给孩子讲好'人生第一课'，帮助扣好人生第一粒扣子。教育、妇联等部门要统筹协调社会资源支持服务家庭教育。"习近平总书记的讲话，不仅明确了家庭教育的责任关系，也指明了新时代家校社共育的基本特点：为达到共同的教育目的，政府部门或社会要提供满足家庭教育学习需求的资源供应，从而对家长的道德素质、家长的知识素养、家长的教育观念、家庭的教育方法、家庭的教育内容产生积极影响。

近年来，济南高新区基于现代生态学理念，以促进学生的发展为核心，充分发挥学校教育的文化辐射作用，将立德树人根本任务延伸至家庭教育和社区教育中，整合与优化三个子系统的育人资源，专门成立家校社共育与学生良好习惯养成课题组，划拨300多万元专项经费，组织有关专家与学校集中研究新时代家校社共同促进学生发展问题，基础教育各学段的学校在家校社共育和学生习惯养成探索与实践上初步呈现出了各自的特色，全区形成了以学生自主学习、自我教育与自觉发展为核心的家校社良好育人生态。

第一节　以家长学校引导家庭教育微观系统

在100多年的社会变革过程中，中国的家庭结构与观念已经发生了重大改变，但是人们重视家庭和重视家庭教育的优秀传统并没有实质性改变。在社会变化节奏加快和人才竞争压力加大的当前形势下，家长对孩子的成长期望和为孩子成才付出的心血也空前高涨，家庭教育的观念与方法也呈现多元化，家庭教育功利化的趋势日益扩大，家长主动干预学校教育的现象也在加剧。济南高新区基于新时代家庭教育特点，以学生的发展为核心，不仅调动家长真正参与学校教育的决策和实施，还不断改革和创新家长学校课程和实施方式，引导家庭教育观念与方式的转变，为建构新时代家校社立体化育人生态系统打下坚实的基石。

一、以促进学生发展为核心，引导家长学校运行机制创新

济南高新区东城逸家中学家长学校运转两个学期后，每当学生谈到与家长发生冲突时，就会有一句话出现——"让你爸妈去家长学校上上课就好了"。

家庭教育是现代国民教育的重要组成部分，是学校教育和社会教育的基础，在未成年人思想道德建设中具有重要的作用。家长学校是宣传普及家庭教育知识、提升家长素质的重要场所，是指导推进家庭教育的主阵地和主渠道。然而，在家长学校的运行过程中往往存在"有名无实，空有其表，师资短缺，课程空洞，形式匮乏，参与率低"等一系列问题。这些问题，不能简单地归结为家庭不重视家长学校活动。经过调查分析，家长面对孩子青春期叛逆提前、学业压力的增强、电子产品的影响，对家庭教育的疑问与困惑也与日俱增，对家庭教育的专业指导及学习也有了需求和渴望。无论是家长还是学生其实已经对家庭教育的需求提升到了一个高度，和谐有序的家庭教育成为每个家庭追求美好生活的必经之路。这对家长学校的科学、良好运转，学校教师、专家的专业指导提出了新的要求。

济南高新区要求家长学校努力发掘家校合作的发力点，寻找家校合作的有效路径，优化组合家长学校组织架构，形成运转高效的家长学校机制，打造有信仰、有情怀、有担当的专业化家庭教育指导队伍，创建基于需求、群体适用的家庭教育课程范式，有效引导家庭教育育人观念与方式的转变。

"让你爸妈去家长学校上上课就好了。"这充分说明有些孩子已经是家长用心学习之后的受益者，已经感受到家长的变化，家长对学生的理解、接纳、允许、认可越来越多，家庭氛围越来越好，亲子关系亲密不只是建立在学习成绩上，而是在彼此生命中。

济南高新区东城逸家中学的"逸家"家长学校坚持问题导向，不断破壁突围，真正让家长学校"活"起来，成为助推家长成长、学生受益、家庭和睦、社会和谐的永动引擎，努力发掘家校合作发力点，寻找家校合作有效路径，建立了

“12345”工作体系——一个目标:“协同育人 赋能成长”,两大平台:济南市“泉家共成长”项目和全国“家校共育”数字化项目,三个阵地:父母智慧学堂、家校共育时空、校外教育基地,四项依托:机制保障、团队建设、课程建构、科研引领,五类品牌:双师课堂、家庭会议、互助沙龙、成长家书、典范创建。因时、因地、因人制宜,提高家、校教育及合作水平,创新现代化家校社合作机制,促进学生发展、家庭幸福、社会和谐。山东省教育厅等四部门公布2022年“我的家教好故事”征集暨“智慧家长”评选结果,济南高新区有两名家长入选。东城逸家中学2021级2班于欣冉家长是东城逸家中学建校五年来的第三位山东省“智慧家长”。他表示,这不仅是个人的努力,还有整个家庭乃至学校的协助,尤其是在东城逸家中学的家长学校,“学校以父母智慧课堂、家长沙龙、共学小组等各种形式搭建的广阔平台,不仅让我们学习到初二初三家长一些过往的经验,看到初中学生这三年的发展线索,安定内心,也是对孩子的一份相助”。

奥龙小学通过开展一系列相关主题教育和家庭教育问题支招等方式,指导智慧家庭科学建设,进而促进奥龙学子健康幸福成长。例如,学校根据劳动教育和校园绿化、美化种植整体规划,构建家校协作共育体系,为学校学生和家长创造搭建亲子共处美好周末和假期美好时光的阵地与平台,本着“自愿报名、安全第一、开放合作、共建共育”的原则,在校园适合位置开辟出种植小区域,以“家庭责任田”的形式提供给本校学生,学生自愿报名进行认领。各责任家庭可以根据学校总体安排,利用周末、假期等时间到校对各自认领的“家庭责任田”进行种植和养护,和谐亲子、同学关系,共度美好时光;同时,逐渐将该举措设计成全面育人的特色课程,引领家庭教育,最终实现家校共育的最佳效果。通过“技术性”支持,充分发挥信息技术优势助力家庭教育指导。例如,学校通过微信公众号、视频号每周至少推送2~3篇家庭教育方面的优秀文章、优质资源等供家长学习阅读和分享。再比如,通过问卷星的形式征集家长在假期期间可能遇到的家庭教育问题和困惑,联手各级专家、骨干教师、优秀家长进行“妙招分享”“支招答疑”,充分发挥学校微信“视频号”功能,推出“养教有方”家庭教育指导系列小微课,有针对性地进行答疑解惑和支招解决,提升假期家庭教育育人实践水平、促进和指导智慧型家庭建设。另外,由家长组建各类志愿者群体,参与支持学校各项管理和日常运行。例如,上放学路队志愿岗、周五延时服务志愿岗、特色活动送课志愿岗、研学活动服务志愿岗等,是学校高效运行和困难攻坚的强大助力军。每年“金牌家长”“榜样家长”的亮相,也是学校对家长志愿团最诚挚的信任与感谢。

随着生活水平的提高，粮食浪费等资源浪费问题已成了公众瞩目的社会话题。节约粮食是中华民族弘扬的美德，但在很多家庭中，粮食浪费问题较为严重。“静以修身，俭以养德。”勤俭节约自古以来就是中华民族弘扬的传统美德。伯乐实验学校重新强调“节约光荣，浪费可耻”的光荣传统，全力打造“家校社三位一体”系列活动之“勤俭节约‘乐’餐桌”活动，以学生们的优良做法为全体家长做出了良好示范。以优秀的学生伯乐去发现身边的优秀家长与优秀家庭，逐步以赏识与鼓励的做法，带动越来越多的“伯乐”家庭。伯乐学子们也在学校日常生活、家庭生活中营造了勤俭节约、抵制浪费的良好氛围。他们在自己班队会课上诵读有关勤俭美德的诗句，通过绘制手抄报、宣传海报展示学习成果，以开展主题班会等多种形式进行“小手拉大手，抵制餐饮浪费”的专题教育，形成了家庭就餐节约粮食的好习惯，也带动了社区勤俭节约的新风尚。

当前，受疫情和其他因素的影响，一些国家和地区的粮食生产不能自给自足，可能会面临粮食危机，珍惜粮食就成为一个更为重要的主题。培养学生的优良品行，既是一份坚持与传承，更是一份担当与责任。学校为此设计了“伯乐”学生同家长一起亲身参加手写绘制活动与社会劳动实践活动，共同体会着劳动果实的来之不易，珍爱粮食的心理也愈加深刻。学校也结合“光盘行动”再次深入督促学生及家长勤俭节约的就餐与饮食行为。家长们纷纷表示要为自己的孩子做好榜样，在今后的生活中一定自觉节约粮食，形成节俭用餐、健康饮食的好习惯。家长们还积极向身边人宣传节俭的好品质，呼吁周边邻居、亲友也能一起勤俭节约，珍惜粮食，加入“光盘行动”。学校餐厅里全体同学每日每餐的“光盘先锋”行为，更是成了一道亮丽的名片，时刻号召着全体师生坚持勤俭节约的良好风尚。同学们互为“伯乐”，积极发现身边的节约明星、勤俭榜样。

雅居园小学栗老师围绕学生在校期间的就餐习惯，引导学生自觉遵守就餐秩序、养成节约粮食的好习惯。由于学校场地有限，学生都在教室吃午饭，于是会产生卫生、安全等诸多隐患。栗老师针对学生进出无序、抢位取餐和剩饭太多的现象，通过微型班会引导学生意识到排队取餐的重要性，深化了节约粮食的重要意义，并制定了“后出前进，不走回头路”的就餐规则，用班费购买小礼品奖励每周评选出的“光盘之星”，实现了一个集体的有序循环。通过这个案例，家长不仅钦佩教师的育人情怀与智慧，也为纠正孩子的不良行为习惯树立了信心。

二、以创新家长课程为基础，提升家校合育成效

育人为本，课程为先。党的十八大以来，习近平总书记在不同场合多次提

出注重家庭、注重家教、注重家风，强调家庭的前途命运同国家和民族的前途命运紧密相连。济南高新区要求各级学校，根据当地家长的文化背景，有针对性地设计和开设家长课程，通过家长学校促进家教和家风观念的转变，与校风、教风和学风建设形成育人合力。

济南高新区东城逸家小学通过调查发现：学区内家长学历普遍较高，本科、研究生学历分别占比 66.2%和 21.4%，博士占比 2.9%；其中，家长在政府机关、高校就职比率较高，分别为 58.6%和 14.1%，80.4%和 78.9%的家庭在学生的学前教育阶段就开展了阅读和识字等行为。学校基于这些调查数据，依据“我是君子”的办学理念，制定了家校共育发展规划。以“课程引领，精选内容”作为发展方向，以从家国情怀、国学根基和国际视野的“三国教育”为逻辑起点，构建“AND+”课程体系开展家校共育工作，2020 年，东城逸家小学被评为“家长学校示范校”。“AND”，即“和”，指孩子成长需要家长和学校共同参与，缺一不可。“A”为“Agree”，指家长学校首先需要在理念上达成一致，相互认同，即认同课程。“N”为“Nature”，指家长学校的建立目的就是帮助孩子成为最好的自己，即素养课程。“D”为“Develop”，指家长学校将通过指导家长成长促进儿童发展，即成长课程。“+”为“plus”，指家长学校课程体系还应该包含更广泛的内容和层面，旨在通过不断丰富内涵完善课程体系，促进更全面育人。

济南高新区在“激活家长”的基础上，充分发挥学校教育主阵地的主导作用，引领家长认同学校办学理念并保持行动一致，始终将家校共育课程与学校高效育人和高质量办学紧密结合。济南高新区奥龙小学坚持“和合共进，润心育人”的核心理念，经过近几年的探索和研究，初步梳理构建了以“1 个中心，2 大保障，3 份力量，N 项举措”为主的“123N 家校共建”运行机制，有序推进，育人成效凸显，被评为济南市首批“百所家长学校示范校”和济南市教育局“泉家共成长”项目学校。

“1”个中心，即以“学生的成长为中心”。时代在发展，人人都要学习，以确保自己教育孩子的先进性；孩子在成长，家长、老师都要跟上，以确保家庭教育和学校教育的科学性；教育要高效，必须要通过家校合力、相互配合，以确保家校共育的实效性。比如，本着共同成长的目标，构建家长、老师、孩子共同成长的“学习共同体”，通过推荐阅读、参加专家讲堂、自主学习、读书沙龙等，及时学习关于教育学、心理学、儿童成长发展和教育实施的规律等，对于促进智慧家庭创建和智慧家长成长，都起到事半功倍的效果。

“2”大保障，即理念一致保障和行动一致保障。学校每年 4 月份的“校园开放月”活动，就是实现“2”大保障非常高效的举措，家长们走进校园，了解孩子在学校中的学习和生活，更加全面地了解和理解学校教育，看到学校和老师的工作日常，而且通过及时与老师、干部和校长的面对面沟通，对学校办学理念和行动理解得更加透彻，更利于家校教育的一致。

“3”份力量，即专家、学校、家庭共建力量。专家是“方向标”，重在引方向、解难题和聚人气，确保家校共育的科学性和先进性；学校是家校共育的“主心骨”，重在做规划、搭平台、创氛围；家庭则是家校共育的“资源库”，重在出资源、献力量、做支持。各方力量各自发挥功效，实现家校共育的最佳成效。

“N”项举措，即家校共育的各项典型举措。尤其是经过多年的实践与探索，奥龙小学家校共育创建举措形式多样、路径灵活、有序高效。一是通过前期调研家长的需求，结合学校校情，科学规划和设计了适合低、中、高三个学段的家庭教育指导系列框架。低段以适应性指导课程为主，中段以个体性指导课程为主，高段以成长性指导课程为主。二是“大讲堂”引领。本着问题导向的原则，学校聘请专家团、校内骨干为主，通过组织每月一期的系列化专题“大讲堂”推进，面向各年级段家长群体开设宣讲，具体指导各阶段家长的家庭教育问题解决策略和科普知识的宣传指导。三是“工作坊”聚焦。结合一定主题、一个话题、家校共育的难题或者一次专项行动，由校长或相关教师主持，开展“工作坊”聚焦研讨，如聚焦“小组排座模式的利与弊”等话题的研讨，通过智慧碰撞和平等对话，结果自然生成，效果最佳。

三、以育人担当精神为指向，提升教师家校共育专业能力

济南高新区注重家庭教育与学校教育的“融合性”，要求学校结合日常教育教学各项工作，进行融合设计，通过学科学习渗透、主题教育活动、劳动教育、习惯养成、校长命题、小手拉大手等多举措，丰富家庭教育指导工作推进路径，巧妙融合促进工作成效，把学生日常生活、家务劳动、学校值日等活动相结合，贯穿于学生在家庭与学校好习惯养成的方方面面。

雅居园小学杨老师根据学校要求，在教学中注重与家长全力培养学生良好的行为习惯。例如，在班里开展“我爱我班”的主题设计活动时，有一位学生在展示自己的成果时因为先后顺序问题和其他同学发生了争执，杨老师发现后及时将学生的表现与家长进行了沟通，提醒家长关注孩子在家中的情绪变化。当晚，家长觉察到孩子有躲避上学的情绪后及时与杨老师沟通，寻找解决问题的方法。第二天上学后杨老师慢慢地化解了学生的不安情绪，帮助学生重新树立

了与同学交往的信心，明白了规则意识的重要性。在随后的连续观察中，杨老师还发现这位学生在与同伴下棋时有悔棋的习惯，以致大部分同学都不愿意和他一起玩，杨老师又主动走近这位学生，使他逐渐树立了遵守规矩的习惯，从而与同学们建立良好的交往关系。这位同学的家长非常欣喜地告诉杨老师，孩子现在在学校又多了很多好朋友，每天都积极地想去学校。杨老师是这样反思这一案例的：一是小学二年级的学生们大部分都形成了规则意识，面对插队或悔棋等不良现象，大家可以主动提出异议，说明他们开始学会控制自己的行为，在逐渐养成良好的守规则习惯。二是老师在处理学生争吵纠纷时，要主动引导学生自己发现问题，而不是做过多的干预。过多的批评教育从表面上来看制止了不良的行为，似乎充当了正面教育的角色，其实不然。对于学生来说，有争吵、闹纠纷并不是坏事，往往有利于他们树立自信，建立规则意识，发展交往能力，从而养成良好的行为习惯。三是在孩子出现问题时，老师要主动和家长进行有效沟通，要把家长作为平等的合作伙伴，真心实意地和家长做朋友，耐心倾听他们的意见。在交往中要注意换位思考，通过做好家长工作逐步取得家长对学校和老师的信赖。这有利于实现教育工作的一致性，有利于学生的良好发展。习近平总书记说："人生的扣子从一开始就要扣好。"这时刻提醒着每一位教育从业者，对学生进行价值观教育要抓早抓实，更要求我们在"扣扣子"的过程中给孩子们养成良好的习惯，扣好每一粒扣子。我们要秉承"知""行"合一的原则，将课内课外有机结合，通过形式丰富的校园文化活动，将行为习惯教育融入学生成长的各个环节，达到"润物无声""如盐入汤"的育人效果，使学生形成良好的习惯、优良的品德。

2020 年，东城逸家小学成立家庭教育工作室，由校领导牵头，吸引并选拔一群优秀教师加入。家庭教育工作室成立后，迅速开展课题研究——国家级课题"家长资源在家校共育中的有效利用"和省级课题"互联网背景下家庭教育的有效性研究"，2022 年，这两个课题顺利结题。课题引领不仅使学校家庭教育走上了专业化的科研道路，更增强了教师的专业知识，初步培养了学校家庭教育方面的专业人才。

奥龙小学的"123N"家校共建运行机制不仅促进了学校各项工作全面推进和成效达成，而且有效地提升了教师将家庭教育与学校教育有机融合的专业能力，学校连续多年被评为"家长满意学校"，成长起一批家庭教育指导骨干教师和名优教师。例如，校长尹怡华被推选为省教育厅家庭教育指导公益宣讲团专家，受邀在山东教育电视台"养教有方"栏目和"家庭教育大家谈"的专家话题采访、省级家校共育现场会宣讲推介家校“融合育人”的理念与经验；刘彬被评为山东省家庭教育指导名师培育人选；张甜甜、刘彬、石守玥等骨干老师曾多次为省内外多所学校的老师们分享家庭教育指导经验；多位教师荣获济南市家庭教育指导师资格，多位教师成为省市家校共育典型；等等。切实发挥了济南市首批“家长学校示范校”、首批“百所家长学校示范创建校”和济南市“泉家共成长”项目学校的辐射引领和带动作用，为学校成功建设省级首届文明校园、省级中小学心理健康示范学校、省教育厅思政教学改革项目学校、全国生态文明先进单位、全国文明校园创建先进学校等，打下了坚实的基础。

第二节　家委会引导的家庭教育中观系统

家庭、学校和社区是学生生活、学习和成长的场所，是学生完成基础教育阶段学习和影响学生终身发展最重要的三个育人子系统。针对家庭类型多元化、家庭文化与经济背景差异，济南高新区为学生的发展最大限度地提供均衡的学习生活环境，努力探索高品质家校社协同共育实践机制，为孩子们优化教育时空，营造浸润式成长环境，为每个个体提供足够的成长动力和适合的成长土壤，建构公正合理、科学有效的中观家、校、社共育系统，从而有效降低家庭有关智力投资、经济问题及人际关系等方面差异衍生的焦虑，创设了和谐的家校育人理念与资源共享的共育环境。

一、建立有效的组织架构，确保家长教育资源公平化

济南高新区始终坚持以家长学习者为中心的理念，努力发掘家校合作发力点，指导学校优化组合家委会和家长学校组织架构，创建了基于家长需求、群体适用的家庭教育课程范式，发展了开放平等、协商共赢的家校社新型合作伙伴关系，形成了运转高效的家长学校机制，打造了有信仰、有情怀、有担当的专业化家庭教育指导队伍，营造出了协同发展、共建共享的区域家校共育平台系统。

每年 6 月 1 日儿童节前夕，一场特殊的爸爸妈妈手写家书活动就会在济南高新区凤凰路小学如期举行。家书是传统文化的重要载体，是情感交流的重要工具，是增强新时代文化积淀的重要符号。在越来越怀旧的年代，济南高新区凤凰路小学的“启凤家书”活动让家书有了新的表达方式。一封封书信记录点点滴滴，家长在向孩子用心传递爱与温暖的同时，也是在传承好家风。济南高新区凤凰路小学以“启凤家书”为主题开展活动，分为写家书、读家书、写回信三

大板块，重在通过互动交流，树立家庭教育理念，让每位家长都成为“家庭教育体验官”，带给父母和孩子更高质量的成长，带给生活富有爱心的仪式感，建立高质量亲子陪伴，营造好家庭、好家教、好家风，打破家校教育的边界，让学生成长充满无限可能。以“家书”为载体，让优秀传统文化“活”起来，家长在梳理家庭教育经验的同时，通过手写家书这一古老的交流方式，慢下来，静下来，道出内心深处的声音，拉近亲子之间的距离。

经过几年的摸索，东城逸家中学的“逸家”家长学校建立了有效的组织架构，由王晶校长担任“逸家”家长学校校长，由家长代表担任副校长，学校家庭教育指导中心负责工作统筹。成立家长学校教学部、宣传部、后勤部、组织部四个部门，四个部门分别由一名主任及两名副主任负责，全校各班招募班级学习委员两名。他们通过建立学校与家委会统筹人制度，确保每次家长课程都有专门的团队调度各种资源，确保让家长成为家长学校的主角，从课程主题设计到课程的落实都鼓励家长参与其中。实践证明，家长也乐在其中，成长在其中。有家长说很庆幸孩子在东城逸家中学学习，这里不仅有负责任、高水平的老师可以教好孩子，还因为自己在最困难的时候可以走进家长学校学习，化解了很多焦虑，家庭越来越和睦，亲子关系越来越和谐。“逸家”家长学校，还积极引领家长参与各大家庭教育论坛，加入国家级、省市级高品质家校共育平台；还梳理出来家长学校开展百人大课堂的各部门联动协作的流程清单，如每学年招募纳新、宣传推广、家长面对面交流教育问题及制作分享文章、分享视频、分享家长学校的收获等，使更多的家长信任并走进家长学校。在每次活动中都会有很多家长主动报名穿上志愿服成为志愿者，自愿付出，甚至相互都不知如何称呼，他们默默忙碌的红色背影给课堂带来了温暖，被亲切地称为“逸家最美身影”。东城逸家中学的家长学校的运行模式也引起了社会的关注，学校于2020年被评为济南市首批“百所家长学校示范校”。

济南高新区伯乐实验学校以“伯乐”二字为思想根基，充分发挥伯乐精神与伯乐情怀，倡导家长、学生、教师在家庭和学校中成为发现彼此优点的“伯乐”，将“唤醒与悦纳、发现与成全”作为学校家庭教育的主要理念。学校以伯乐精神为依托，在家校社“三位一体”上着重打造校风、教风、学风、家风与民风的“五风”互融互通体系，明确打造优质“品牌家庭建设”，通过品牌家庭创建，实现“校风引领教风和学风建设，推动家风和民风建设”。家长学校将学校教育情怀与伯乐育人精神相融合，开展“全伯乐教育”，力争让每一位伯乐家长成为家长中的“伯乐”，让每位老师成为学生的“伯乐”，让每位学生能互为“伯乐”，让每位家长也能互为“伯乐”，让每一个家庭逐步打造成为真正优秀的“伯乐”家庭。2021年1月，高新区伯乐实验学校顺利入选济南市首批“百所家长学校示范校”。

二、探索有效联动机制，保障家校共育常态化

济南高新区注重组织有效运转的家校互动机制。良好的机制使家长与学生、学校成为有机联动的整体，不断创新家长与学生、教师相互沟通的方式与育人课程。

东城逸家中学的“逸家”家长学校，注重发挥家委会的协调与整合作用，通过家校联动、教学、组织发展、例会、课程机制等把各项工作落到实处。一是确立家校联动机制。每学期开学之初与学校共同商讨本学期工作重点，期末总结并制定好下学期教学计划，期初与期末做调查问卷。二是明确教学机制。本学期执行上学期制定好的教学计划，并根据实际情况及时更新调整。根据课程调研反馈情况及学生现阶段的节奏（新生入校、期中期末考试焦虑、毕业班升学压力、生涯规划等），本学期制定下学期教学规划，核心团队组织考察团队与专家讲师交流，交流考察专家及机构资质，结束之后，考察团队每人填写《培训机构考察反馈表》，经考察团队共同同意与专家签订《公益合作公约》，并预约下学期课程安排。三是创新组织发展机制。期初招募纳新，不定期邀请新成员加入核心团队，储备团队后备力量。四是坚持例会机制。家长学校最重要的机制就是例会机制。核心群每周二召开周例会。核心群成员的成长和凝聚是家长学校长久顺利运转的关键，通过丰富的形式（内驱力课堂、正面管教体验式课程、读书会、鼓励小组、观影、专题讨论会、会议、近郊徒步、5点晨练、晚冥想、美食分享、假期家庭远游等）促进核心成员及家庭的幸福成长。每两个月召开一次班级学习委员例会。例会的重点是家长学习交流，其次才是工作，因为在此有收获、有启发、有碰撞，能够思路开阔，所以家长们都愿意来参加例会。组织凝聚成长的根本是成员在此成长收获，有成长收获就会为这个组织的发展出力，因为他们是受益者，所以必是坚定的付出者、传播者。五是常态化课程机制。开学第一课为百人大课堂，邀请资深专家讲授高屋建瓴的统领课。一个月制定一个主题，一个主题四次课，包括一次百人大课和三次50人沙龙课，于每周四或周五开课，配合着不定期的家长互助小组。“逸家”家长学校能做到一个学期每周都有课，采取浸润式成长的方式，逐渐让家长们形成上课的习惯，把家长课堂带入自己的生活节奏中。

雅居园小学孔老师针对一名学生经常与其他学生发生矛盾的问题进行了

“跟踪式”调查。通过家访了解孩子的成长环境，明白了学生不爱学习、说谎、好动和随便拿别人东西的不良习惯与家庭环境的关系，帮助学生消除“破罐破摔”的想法，经常通过各种方式，如让其担任周小组长等，改变学生迟到和不按时交作业的习惯。开班会时，孔老师把这名学生请到讲台上，听一听同学们对他的评价，这名学生从此眼睛里也有了“亮亮的东西”。孔老师对这一案例的反思有以下几点：一是班里还有很多不自信又问题多多的孩子。每周五都会进行小组长反馈会，这样每个孩子都有被点评以及被找到亮点的机会，为了能让同学们发现自己更多的优点，他们当组长的时候会特别努力表现，会做出很多让人刮目相看的事情，是啊，孩子的潜力是无穷的。二是这个故事并没有结束，这名学生依然还存在这样那样的问题，但是，这名学生再也没有撒过谎，这是最让人欣慰的。有了自信，不需要用谎言掩盖，因为心里有了底气！三是孩子的习惯养成需要家校合作，但如果难以改变家长，那不妨从改变学生开始。学生的改变家长会看在眼里，也就取得了家长的信任，这样家长也就愿意配合老师的工作。四是学生不管是好的行为习惯还是不良的行为习惯都不是天生的，习惯的形成都是有原因的。对于好的习惯我们要大力表扬，树立榜样；对于不好的习惯要追根溯源，根据孩子的气质特点，帮助孩子逐步走向正轨。教育的过程中始终铭记：每个孩子都是可塑的，不能放弃任何一个孩子！

东城逸家小学注重吸纳更多热心教育、关心下一代的老一辈家长同志参与到家校共育中来，打造多元主体共同参与、同向同行的“育人共同体”——学校“关委会”，并制定《学校关委会章程》，明确任务分工。学校关委会成立至今，牢记家校共同育人的使命，真正发挥了关委会的育人热情与功能：身体力行在学校元旦晚会上为师生们带来合唱节目《我的祖国》，深情的演唱演绎出了他们深厚的家国情怀；邀请山东省齐鲁文化促进会专家进校园带来英模报告会，战斗英雄王曙光的事迹报告让爱国主义情怀从小扎根于学生们心中。学校还成立了二级家委会，形成一支 36 人的校级家委会团队和 36 支、400 多人的班级家委会队伍。家委会合理设置了策划、财务、宣传、后勤保障等部门，分工明确，权责清晰，统筹安排工作，每学期举办启动仪式及学期末表彰活动。各班级家委会间良性竞争，百花齐放，为学校和班级提供有力支援。

三、整体规划层层推进，形成课程落地闭环

组织与机制的落实，如何确保家长课程落地，是保证家校共育的关键。虽然家长学校从考察专家到课程设计，从组织发布到后勤保障都已部署周全，但

是要在繁忙的工作生活中抽身来上课，对每位家长来说都是很大的挑战。济南高新区要求从校领导到班主任到班级学习委员都要全力宣传积极带动，用热情和实效把家长们汇聚到家长课堂中来。

东城逸家中学的王晶校长亲自参加每次课程，还邀请学校老师参加，真正做到了家校齐心。每学期借全体家长会的机会通过班级家长会课堂、倡议书、调查问卷、家风家教展的方式，呼唤家长们重视家庭教育、学习家风建设。在家长学校核心团队、40 多位班级学习委员、20 多位家长志愿者的不懈努力下，已形成人拉人互助、手拉手帮教、心连心疏导的方式，确保家长课程落地践行，有效地推动了家长们成为终身学习者，使学习变成每位家长、每个家庭生活的一部分。家长们不仅转变了认知，更重要的是坚定地落实着行动。如今东城逸家中学家长学校的各项工作正不断走向专业化，充分发挥示范引领作用，受到来自社会各界的认可。短短五年，学校已有 3 位家长获评山东省“智慧家长”称号，家长家庭教育案例入选济南市家庭教育案例“双百”作品，2 人在济南市家长学校优质课评选中分别获一、二等奖，15 人获家庭教育、心理咨询、正面管教等相关教育学习证书、资质证书，4 人获全国高级家庭教育指导师证书。王晶校长作为山东省家庭教育宣讲团专家受邀参加山东教育电视台家长课堂节目录制，受邀参加“2021 中国家庭教育高峰论坛”并做学校家校共育经验分享。能够取得这样的成绩，该学校主要做了以下几点措施：

其一，基于成长需求，完善课程体系。“逸家”家长学校的课程体系规划按照初中三年做整体设计，目的是辅助家长在家庭教育方面的问题引导、发现及纠正，使家长从意识上和行为上做出调整，适应每个孩子特点，为未来成才打好基础（详见本书附录四）。

其二，三层分类推进，提升课程实效。从家长学校创建初期，逸家家长学校就坚定地定位家长学校的授课机制及要求，通过百人大课＋50 人沙龙＋8 人学习互助小组三种形式，逐步把学习内容渗透进生活中，通过家长的努力践行，达到知行合一的自然状态。家长学校的课程与其他知识类的课程不同，只知道是不行的，而是需要父母达到身体力行的状态，这就需要父母做到“躬行人本、精诚化育”。家长学校的课程要打破“听了很激动，回去不会用”“只停留在概念上的课程没有体验和实践方法”的大堂课的弊端，通过一个月一个大主题，采用一次大课＋三次沙龙课＋多次互助小组的形式层层推进。将一个月作为一个成长践行期，通过每周上课的浸润形式，促进家长们学有所得，学有所悟，学有所行。

其三，考察约请专家，定制专题课程。根据分层推进的原则，“逸家”家长学校的专家考察时会尽最大努力与讲师达成一致意见，尽可能保证同一主题课程三类推进方式的系统性。同时跟专家交流本校家长学生的实际情况，以及前期课程情况，避免重复与冲突，希望专家能为“逸家”家长学校专门设置课程内容及系列，多采用体验式课程，争取学完回家就会用。学校在沟通过程中发现各位专家们都非常乐意配合，甚至主动出谋划策，只要时间允许，他们会连续开设多堂课程，而且是专为东城逸家中学的家长们定制的系列课程，更可贵的是专家们完全是公益支持。

其四，双线齐头并进，亲子共同成长。一个有效的学习过程重点是不停止。“逸家”家长学校为避免疫情防控带来的不便，把部分课程转到线上，如互助小组课、导师专题讨论课等，形成线下讲、线上磨的态势。例如2022年春季，学校依然保持原有开课节奏，从50个家长焦虑的关键点分类选择，采用直播、录播的形式开展了“青春期家长必修课系列课程”“考前减压密码系列课程”。为了避免讲师一人讲课令人感觉枯燥的现象，课程设置为谈话式，家长在轻松欢乐的气氛里听完课程，在这样的气氛带动下也会疏解情绪，积极情绪、积极想法也会慢慢多起来。

其五，以反馈促改进，据需求调供给。家长学校通过面对面交流、调查问卷等方式，在家长、学生、教师等不同群体中开展课前调查，课后反馈，课程体系总结反馈。通过数据调查和分析，充分了解学校所处的阶段、家长的实际需求、孩子所处的现状。父母当下最关心的问题、最焦虑的问题、最想了解的问题，以及孩子们当下最焦灼的点便是课程调整的方向。

此外，济南高新区倡导学校开展适宜的家长课程评价机制，促进家庭教育品质的提升。东城逸家小学基于现代课程理念，提出“没有评价就很难提升课程品质”的理念，制定了《逸家幸福家成长手册》《逸家幸福家长素养显性十指标》《逸家幸福少年成长手册》等，学生、教师、家长共同参与评价，评价指标不仅关注家长具备的家庭教育知识，更注重家长在家庭教育过程中的改变和发展，关注家长在学校的兴趣、态度和方法。适宜、有效的评价机制，促进了家校共育的健康开展。三年多来，《幸福·家》电子期刊应运而生，迄今共举办32期家长讲堂，录制微课50余节，其中，《疫路相伴》微视频被近60家媒体转发。学校连续被评为区家长满意学校，济南时报、济南教育电视台等媒体多次报道学校的家校共育工作。

四、融合传统与现代理念，建构假期家庭助学共同体

济南高新区高度重视城乡接合部乡村学校家庭教育工作，倡导通过学校教育引导传统农村家庭开展教育互助活动，丰富薄弱社区的教育资源。

暑假前的一个月，家长们就开始为暑假的到来焦虑了。夫妻两人都上班，没人看孩子怎么办？孩子全天由家里老人看管，教育观念的冲突引发家庭矛盾怎么办？孩子暑假作息没有规律，沉迷电子产品怎么办？想带孩子多参加一些暑期社会实践，但是时间上、内容上都缺乏合理的规划……在《论语》“三人行，必有我师焉”和《礼记·学记》“独学而无友，则孤陋而寡闻”等传统教育教学思想的启发下，章锦小学近年来将传统教育理念与学校教育中的“学习共同体”理念结合，整合家校社教育资源，在社区家庭之间成立了假期互助共同体，解决了家长的假期焦虑，有效地落实了“双减”政策的实施，有力地推进了城乡接合部家庭教育的深入，实现了家校社“共赢”，形成了“积极参与、同伴互助、共同发展”的共同体文化。

以下是章锦小学“暑假学习共同体”实施案例。

（一）指导思想

伴随着“双减”政策的实施，结合我校的办学理念，在“学习共同体”这一基本理念的基础上，为整合家校社教育资源、实现家校社“共赢”局面，解决家长假期焦虑，今年暑假，学校创造性地提出了“暑假学习共同体”这一构想，开展了“章锦小学暑假互助共同体”项目建设，形成了“积极参与、同伴互助、共同发展”的共同体文化。

（二）实施目标

（1）在“双减”背景下，“暑假学习共同体”的实施，旨在优化延时服务的质量，探索暑期家长看管不便这一问题的解决之道。

（2）“暑假学习共同体”的实施，旨在促进学生积极参与学习，实现同伴互助，丰富学生暑假生活，实现学生共同发展。

（3）利用以共同体为基础的社区活动，小手拉大手，实现学校、家庭、社会的协同共进，形成特色区域文化。

（4）通过多样化的实施措施，发掘学习潜力、激发学习动力、提升学习效率，让学习真正发生、深度发生。

（三）实施框架（如图 5-1）

图 5-1　“暑假学习共同体”架构

(1)五月中旬，我们将活动分层推进。首先召开的是全体班主任会议，了解项目实施的目的和意义，制定符合实际的实施方案。各班主任与班级家委会对接，本着就近原则，将班级学生以小区或以村居为单位组织起来，建立互助合作学习小组，小组人数 3～7 人不等，最多不能超过 7 人；小组活动时间安排在周一到周五，与平日上学时间保持一致，下午团内其他家长可根据自己下班时间将孩子接回。周末依然是父母陪伴孩子的假日时光。

(2)团内双轨模式并行，一条主线意在让学生自主学习、自主管理、自主发展、自主探究、互帮互助共促学习，另外一条主线意在让家长保证孩子暑期安全的同时，统筹协调孩子的生活和起居以及假期实践活动，做一名优秀的生活实践指导老师。团内两线并行让孩子过一个平安多彩的假期。

(3)确认共同体学习的地点、积极通过线上线下会议制定时间配档表并严格执行。

(4)指导教师负责辅助和建议，活动的跟进，素材的收集整理以及合并，并在固定的阶段进行科学有效的指导。

（四）实施原则

暑假学习共同体以互助形式的学习观为指导，以“组内异质、组间同质、优势互补”为基本原则，旨在保障所有学生拥有学习的权利，让学习深度发生。具体要求如下：

(1)每个成员都应该为彼此的关系负起责任。

(2)不批评、不抱怨、不责备，不说其他成员的闲话。

(3)任何成员可以在任何时候找任何成员寻求协助。

(4)任何成员可以在任何时候找任何成员寻求反馈。

(5)任何成员可以在任何时候找任何成员提供反馈。

(6)任何成员可以在任何时候找任何成员化解分歧。

(7)任何成员可以在任何时候找组织召开角色结构会议。

(8)每个成员都负有全盘责任。

(9)每个成员都是“圆桌”上的一个角色,由各个角色拼成一个“圆桌”,相互依存。

(10)“圆桌”上的每个角色承担着整体下的各自的责任和义务。

(五)具体实施建议

围绕六大类设计了36个条目的学习内容,构建起了暑期合作学习的网络体系(详见本书附录五)。

(六)评价总结

(1)三结合。其一,与学生综合素质评分结合。根据暑假学习共同体开展情况,纳入学校对学生的综合评价。其二,与班级工作绩效结合。对于以年级和班级为单位的团体,以参加暑假共同体情况进行班级工作绩效考核。其三,与家长评价结合。将暑假学习共同体建设纳入家长课程体系,对于在共同体建设中有突出贡献的家长,在开学时予以表彰。

(2)六样态。暑假学习共同体实施过程中,必然会积累下丰富的过程性资料,我们通过展、看、说、听、写、思六样态结合的方式,形成照片、视频、活动总结等资料,为共同体可持续发展积累素材,也激励各团提高共同体学习的质量。其一,通过作品展示(展与看),收集一手图片资料,为后续活动开展积累经验,给孩子留下童年暑假美好的回忆。其二,演讲分享(说与听),锻炼孩子的口语表达能力,形成过程性视频资料。其三,活动总结(写与思)通过这样多形式多角度地总结提炼提升,促进反思。

(3)四评选。为激励暑假学习共同体的活动开展,设立“优秀学习共同体”“优秀团长”“优秀共同体指导教师”“优秀共同体成员”四个奖项,采取过程性评价和结果评价相结合的方式,推选出相应团体,表彰优秀团队。

共同体项目伊始,章锦小学就聘请专家,逐级召开会议,探讨方案的具体内容,进行系统的可行性分析,最终由学校经家委会将方案一一传达到每一个家庭。从第一个团的试点开始,慢慢推广开来。家长们从最初的观望到争相让孩子参与,并沉浸在共同体所营造的学习氛围中,收获了亲子共同成长的欢欣。

一是项目式互助，助学大于解忧。暑假学习共同体建设的第一步就是围绕不同学习内容建立不同的小型“学习共同体”，并使之成为互动衔接、协同发展的共同体学习网络。为此，章锦小学暑假学习共同体围绕六大类目标，设计了36个小项目的学习内容，构建起了暑期合作学习的网络体系。看一场电影、参观一次博物馆、进一次图书馆、读一本名人故事、爬一座山、外出旅游一次……这些事情以往的每一个暑假孩子们都会做，只不过今年的暑假，在学习共同体模式下，陪伴孩子们的是与自己年龄相仿、志同道合的同学们。在学习之余，孩子们一起晒太阳、一起做游戏、一起做手工等，他们分享着暑假的趣事，唱一首自己拿手的歌曲，讲一个自己喜欢的故事……不仅学习能力得到提高，动手动脑、语言表达能力都有了小小的进步。某一个学习任务都完成的下午，他们可能会一起在同学家的客厅里，摆上零食，打开电视，拉上窗帘，营造一个电影院的氛围，安静地看一场电影。某一个周末，可能会在家长的陪同下，一起走进图书馆，互相交流喜欢的书，享受读书带来的温润。一起爬山，一起做运动，同伴互助，彼此影响，36个项目扎扎实实地走进了孩子们的暑假生活。

二是家校社共赢，家长受益显著。“我的老家在临沂市莒南县，在济南工作安家，特别害怕孩子没法融入同学的小圈子中，而这个互助共同体小组的成立，很快地让我这种顾虑烟消云散。看到孩子们一块自由自在地嬉闹，无拘无束地学习，没有什么比孩子的开怀大笑更让人放心，我心里感觉特别踏实。”二年级一班程俊喆爸爸说。他说，“我们这一小组的家长们每个都很负责，孔德宸爸妈文化水平比较高，主动为孩子们制定学习计划并监督实施，还为孩子们的运动项目做出专业的指导，张家宇妈妈和任家豪妈妈为孩子提供场地，做好后勤服务，我则是具体活动的总执行人”。因为孩子们，家长之间也变得熟络起来，“远亲不如近邻”，周末他们会在一起聚聚餐，说说各自的工作，谈谈各自的孩子，聊聊家常。大家都是在济南打拼定居到同一个小区的人，有这么几个人，能坐在一起，孩子们欢声笑语不断，大人们心里也倍感温暖。学习共同体给了家长们因为友邻互助而产生的在这个城市的归属感。

暑假学习共同体模式下，孩子和家长都实现了“朋友圈”的全新升级，让这个专注于学习和成长的小圈子发挥了最大的正能量。与此同时，暑假学习共同体行动也改变了教师以往的暑假学习指导模式。老师从以前的暑假学习的“旁观者”变成了“策划者”“参与者”，通过与团长和家长们进行调研分析，制定配档表，开展相应的学习活动。指导老师会不时走进团长的家中，或者和孩子们一起参与一个社会实践活动，真实了解孩子们的暑假生活，陪伴孩子们的暑假成长。“暑假学习共同体”创造了一种新的家校共育模式。

三是家校教育融合，学生参与社区生活。学习共同体对社区的影响也在悄悄发生，孩子们的社区垃圾分类宣传项目、防溺水宣传、义工活动，甚至是孩子们在小区里一起运动、游戏的画面，都让大家看到了“暑假学习共同体”所带来的不一样的社区生态。章锦小学这次还专门为各团提供了劳动课程实践基地，在学校西侧空地开辟小菜园供学习共同体进行暑假劳动实践。果蔬小农场已成为家长和孩子们最喜欢的实践基地之一。“孩子们在一起学习的时候，一开始宇宸给同学们讲解时，因为一直没有做好，有些气馁了，但是同学们一直在给他加油打气，他就这么坚持下来了。细细想来，这种成长不正是我们家长想看到的吗?”一年级四班薛宇宸妈妈说道，语气中流露的是一个家长对学习共同体模式下孩子成长的欣慰(更多学生和家长体验案例详见本书附录六)。

章锦小学暑假学习互助共同体，为孩子们的暑假生活带来了一种不同以往的全新的学习体验。作为一次大胆的尝试，章锦小学学习互助共同体将逐渐由点到面全面覆盖，产生对孩子、家庭到社区的正向影响。正如章锦小学校长姜燕所说，实现家校社“共赢”局面，是暑假学习共同体行动的核心价值所在，也是我们一直孜孜以求的教育愿景。

第三节　学校教育引领社区教育的宏观系统

2021 年 10 月 23 日，十三届全国人大常委会第三十一次会议表决通过了《家庭教育促进法》，指出家庭教育以立德树人为根本任务，培育和践行社会主义核心价值观，弘扬中华优秀传统文化、革命文化、社会主义先进文化，促进未成年人健康成长。

“海右此亭古，济南名士多。”济南市是一座历史文化悠久和文化底蕴深厚的历史名城，也是近现代革命文化标志性事件频发与革命英雄辈出的光荣城市，新中国成立以来，社会主义现代化建设取得了历史性伟大成就。济南高新区非常注重立足城乡接合部实际，以学校建设快速、高效带动当地文化特色的形成，提出了“学校教育引领社区教育”的时代课题，落实立德树人根本任务，通过学校文化辐射作用，弘扬中华优秀传统文化、革命文化、社会主义先进文化，建构家庭教育、学校教育与社区教育融合一体的宏观教育生态，为社区文化建设健康发展做出了积极贡献。

一、基于泉城文化背景，促进家风、校风与社风建设

文化或文明，可以概括为社会的知识、信仰、艺术、道德、法律、习俗等方面的集合体，也是社会个体成员在社会中习得或认同的其他一切能力和习惯。文化学者余秋雨先生从文化人类学角度提出，文化是一种成为习惯的精神价值和生活方式，它的最终成果是集体人格。

社区是聚居在一定地域范围内的人们所组成的社会生活共同体。家庭是社会、社区的细胞，家庭教育观念与方式必然会受到社会群体价值观念的形式——文化的影响。学校也是特定区域的学校，学校教育也必定借助当地社会文化资源对学生开展传承社会核心价值观念的教育，家庭教育与学校教育共同完成对学生集体人格的影响，落实立德树人根本任务。与此同时，家庭教育与学校教育也会影响社会或社区文化的发展。

高新区，是"高新技术开发区"的简称，是指我国在一些知识密集、技术密集的大中城市和沿海地区建立的发展高新技术的产业开发区。"高"与"新"的背后，也有高新区作为一个社会区域文化与教育生态发育的不平衡性或有待于发展的特性。济南高新区以促进学生的发展为核心，尊重教育规律，着眼未来发展，注重文化育人，学校引领社区教育资源的开发与利用，通过协调政府部门的教育供给、社会的教育供给、学校的教育供给，促进相互配合、自觉互助，建构起了包括家长参与、家长干预、亲师合作、各层次教育供给等介入的良好共育生态，实现社区教育与家庭教育的融合，以实现学生与社会的良性互动和共同发展。

坚持问题导向，提出"学校教育引领社区教育"研究课题。济南高新区"学校教育引领社区教育"科研工作小组组长、东城逸家中学校长王晶对课题的解释是："作为学生成人成才必不可少的支柱力量，围绕人生第一所学校——家庭教育，最重要的学校——学校教育，最大的学校——社会教育这三个角度确定了这一课题目标。"东城逸家中学借助高新区提供的这一平台，将家校共育工作作为重点工作，以提高家庭教育整体水平，促进家庭、学校及社区共同发展，将三者一体化对孩子教育和发展产生叠加影响，创新家长教育供给侧结构性改革，在宏观层面将家庭教育工作提升为凝聚各方力量的社会综合工程。学校以

全体学生的终身发展为本，通过家校联动，借助家长力量，发掘校外教育基地，整合家长、社区、社会资源，结合学校育人目标和学生成长需求，分类开展丰富的教育活动，将“社”更好地融入家庭教育和学校教育，真正为孩子的自身成长和发展起到助力作用。

践行开门办教育，家校社协同育人，是济南高新区近年来教育工作的重点之一，工作目标是：“为了实现构建家校社三位一体的育人场，实现家校社共育赋能发展，更好地去探索学校教育引领社区教育新模式；引导家长重视和加强家庭教育，促进学生养成好习惯；强化家庭教育科研队伍建设，让家庭教育走向科学快速发展车道。”

二、以家书转变家风，用家风和校风影响社风

济南高新区注重培育积极健康的家庭文化和传承优良家风，学校在家庭教育指导中，让家长重视“言传身教”和“相互促进”，指导家长及时发现问题、以身作则、谨言慎行，为孩子做好道德榜样和行为楷模，与孩子共同学习、一起成长。

济南高新区凤凰路小学举行的“启风家书”活动，通过学生学习活动弘扬中华民族家庭美德，激活家长的家风意识，目的就是让家长以家书为媒介，加深与学生之间的情感沟通，将家风与校风建设作为构建文明、和睦的家庭关系的重要资源，为未成年人健康成长营造良好的家庭环境，培养学生的感恩意识、责任意识、自立意识和健全人格。学校“写家书、读家书、写回信”为主要内容的活动主要有三大环节（见图 5-2）。

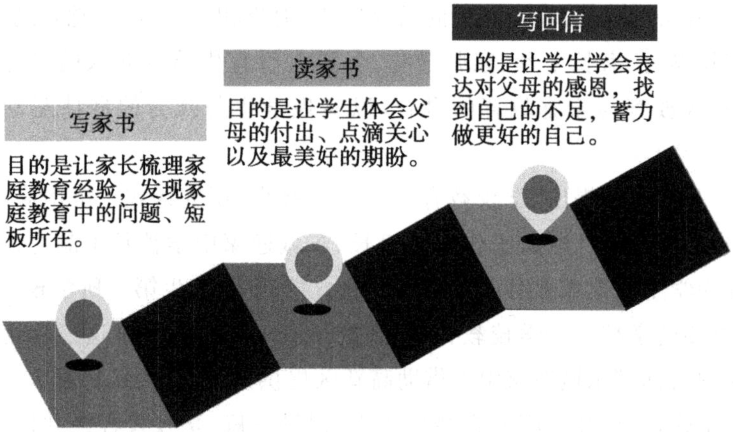

图 5-2 “启风家书”活动内容

一是写家书。学校下发征集活动通知，将家书投稿要求、家书书写小贴士和统一印制的家书信纸发给家长，倡议家长们把书信装进信封并封口，交由班主任保管直至“启凤家书”读回信环节，为孩子们保留一份期待和神秘。

二是读家书。在学校统一组织下，同学们拆开信封读家书。教室里，同学们都在低头仔细阅读家书中的一字一句。对许多孩子来说，信中的内容熟悉又陌生。读到触动之处，抑制不住的泪水夺眶而出。有的男生强忍着并悄悄拭去不听话的泪珠，有的则转头与同学笑着分享，眼中尽是感动。

三是写回信。“家书要有称谓，也就是对收信人的称呼，要写在第一行顶格，后加冒号……”在老师的指导下，同学们学习写书信的格式，给爸爸妈妈写回信。学校倡议家长收到信后仔细阅读，把信好好保存，等孩子长大了再回顾彼时的可爱。

六年级一班曹同学两手微微颤抖地拿着书信，泪水仍止不住地往下流。谈起读完家书后的感触，她眼含热泪地说：“读了妈妈给我写的信，最大的感受就是不论我今后有什么样的成就，会变成什么样子，我的妈妈都会支持我，我很感谢她。”那封家书字体工整，笔迹漂亮，没有丝毫修改涂抹的痕迹，她指着信中最令其感动的地方，上面写着“不管你将来是否有成就，妈妈一直是你最有力的依靠。”曹同学说自己平时很让父母操心，这封家书让她成长，更加懂得父母无言的爱。有一位家长在看到孩子的回信后，感慨万千，写下《读回信有感》：

> 读完孩子的回信，心里豁然开朗。曾经以为孩子不理解父母，曾经以为孩子不懂事，曾经以为孩子叛逆……其实都是大人与孩子各自都站在自己的角度和立场，没有换位思考。这个年龄段的孩子有他们自己的生长特点，他们在建立自我意识，并且越来越强烈，这是孩子在遵循自己的成长规律在成长……我看了孩子的回信，觉得孩子并不像我之前以为的不懂事，她的心里能感受到父母的爱，能理解我们严格管教下的深层含义……我以后要多站在孩子的角度思考，多一点耐心，成为一名合格的家长。

图 5-3 是凤凰路小学“启凤家书”活动情况。

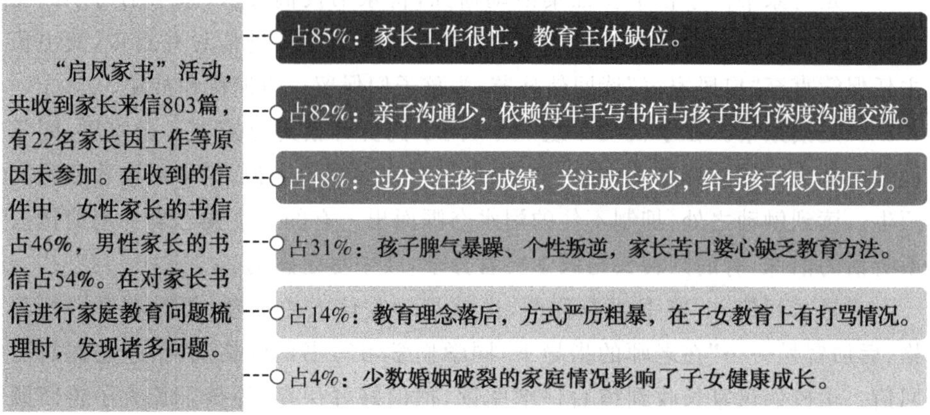

图 5-3 凤凰路小学“启风家书”活动情况

伯乐实验学校也以“家书”为媒介，为家长搭建平台，提供合适的时机，给予家长们关心关怀孩子、向孩子们表达心声的机会。在“母亲节”“父亲节”“中秋节”等属于父母及家庭的重要节日，学校呼吁学生为自己的父母、为自己的家庭书写“家书”，细腻的表达、温情的语言都是对学生心灵的洗礼与深刻的教育。在“开学入泮礼”、“六一”儿童节时，小学部家长们会在为自己的孩子准备礼物的同时送上一份长长的手写家书，饱含着父母对孩子浓浓的爱。在“青春礼”“毕业礼”时，初中部家长与孩子近距离对话，再次温情陪伴孩子的青春期。学生为家长写家书，家长给孩子写家书，让家书在家庭中温情传递。班级、年级的优秀家书会在每学期给予展示宣传、编辑成册，为家书建立“家书伯乐，伯乐家书”档案。一封封家书是父母对孩子的关怀与理解，一封封家书是孩子对父母的感恩与依恋，一封封家书翻涌出每个家庭的浓厚亲情，一封封家书凝聚着社区的社会风气。一封封家书翻越崇山峻岭，带去寄托、温暖和力量，传递着一个个小家大爱。和谐小家即稳定大家，家庭和谐即社会安宁，民族发展才能生生不息、蓬勃向上。

伯乐实验学校还通过推行“伯乐”的情怀，促进家长、师生注重汲取中华优秀传统文化，继承并发扬优秀的家庭教育和学校育人理念，着重在家长学校课程里面落地开展了“家校社三位一体”第一个系列活动——“和谐奋进‘博’家风”活动。在“一家一风、一家一规、一家一训”家庭建设活动理念指引下，精选符合新时代要求的精华主题内容，济南高新区伯乐实验学校家长学校牵头以“传家训、立家规、扬家风”为主题，组织学生、家长、教师在家校社开展“传立扬”系列活动。家长学校从加强未成年人思想道德教育源头入手，以弘扬中华传统美德为重点，坚持“请进来、走出去”模式，以设展板、搞宣讲、树典型为抓手，重抓家庭教育、示范引领、实践养成。优秀的伯乐家庭感染着更多的家庭与家长，学生与家长互为“伯乐”，每人多了一双善于发现的眼睛，鼓励、欣赏、借鉴着身边家庭与身边家长的优秀做法，不断推荐优秀模范家庭、优秀模范家长、优秀模范教师、优秀模范学生。欣赏的风气在“伯乐”校园展开，每位师生、家长皆是别人的伯乐，也同样被伯乐选择与欣赏。在幸福伯乐的氛围里，学校先后以“在校为人师表　在家弘扬美德”“做贤惠母亲　育优秀子女”“做智慧父亲　育优秀子女”“弘扬好家风　共筑中国梦”“传承好家训　培育好家风”“书香好家庭　亲子共成长”“洁美好家庭　家庭好榜样”“规律好作息　生活好样态”“沟通好民主　和睦好家庭”“拼搏好榜样　家庭共奋进”等为主题，开展弘扬家庭美德和科学家教等系列活动。除开展丰富的主题内容外，家庭与社区还开展了很多学习共同体：家庭互助学习、社区学习小组、育子沙龙交流群等，都能够为学生的成长、家庭的和谐、社会的进步带来源源不断的推动力。

专家评论说，“家书”能让家长在梳理中找到自己家庭教育中的问题所在。在梳理家长书信的同时，学校层面也能够从字里行间找到亲子陪伴、沟通交流等家庭教育的问题所在。伯乐实验学校通过“一家一风、一家一规、一家一训”活动让每个“幸福伯乐家”家风风气正，家规规则强，家训训言深，进而促进社区风气和谐，社会环境良好。“启风家书”和“伯乐情怀”等不仅起到了缓和家庭关系的作用，还能让家长和孩子直抒胸臆，让孩子理解家长的良苦用心，激励孩子奋进；通过相互欣赏与激励，让家长理解孩子成长的诉求，也使孩子体验到家长的辛劳。家书最可贵之处就是真，就像与家人谈话，轻声细语，娓娓道来。一封封手写信笺是真情实感的自然流露，诚恳可信；伯乐式的一句句互相鼓励与赏识的话语与期望，也是内在志向的如实写照，亲切感人。温和的力量才是最感动人的力量，也是教养的力量。

三、基于家庭教育具体问题，引导育人风尚转变

济南高新区在学校教育引领社区教育课题研究过程中，善发现、重梳理，发现亟待解决的家庭教育热点问题。

基于在“启风家书”中发现的诸多家庭教育问题，济南高新区凤凰路小学发现学生父母树立家庭是第一个课堂、家长是第一任老师的责任意识普遍不强，因此，提高家长家庭教育的主体责任意识，引导家长用正确思想、方法和行为培养学生养成良好思想、品行和习惯成为亟待解决的问题。学校在家校社合作中

着力发挥“主导”作用，开展了“启风榜样家长”家庭教育分享会、家庭教育“五个一”活动、“三个十分钟”家庭打卡活动、学校开放日、家校面对面等吸引并组织家长参与对孩子的教育活动，给家长提供参与的机会，对家庭教育进行指导。

一是及时开展分享与沟通总结活动。2018 年 6 月 21 日，济南高新区凤凰路小学首届“启风家书”优秀家庭教育经验分享活动现场会隆重举行，此次活动，学校遴选优秀家书作品进行展示和分享，让全体家长进行了学习和交流，体会到了家书所传达的真挚情感。一封封家书就像一个个色彩各异却同样充满情感的礼物，感动着在场聆听的每一位家长，也让大家收获满满。一年级二班陈麒凯妈妈的分享，让聆听的家长们联想到自己孩子的每一次成长。孩子们的一生，会经历许多的第一次，难忘而又宝贵，它意味着孩子们一次又一次的成长。在这条不能回头的人生道路上，正是许多不可复制的第一次，让孩子们从昨天走到今天，从今天走向属于他们的美好未来。

“或许你拥有无限的财富，一箱箱的珠宝与一柜柜的黄金，但你永远不会比我富有——我有一位读书给我听的妈妈。”一年级一班的刘瑾轩小朋友就很幸运，因为他拥有着一位读书给他听，用书籍陪伴他成长的好妈妈。活动中，刘瑾轩的妈妈与在场的家长朋友们分享了她与宝贝一起读书，相互影响，乐趣无穷的故事。一年级三班陈逸同学的爸爸用自己家风、家训的故事，教导自己的孩子传递家庭和谐幸福的正能量，珍惜这份长辈、祖先给我们留下的最独特的“礼物”。活动最后，经过班级家委会、学校老师层层推选的 105 封优秀启风家书信笺获得了学校集体表彰。（家长家书分享，详见本书附录七）

自 2018 年以来，凤凰路小学每年开展“启风家书”颁奖仪式暨优秀作品分享活动，在分享过程中，家长们互相交流自己的育儿经验，也对自己今后的家庭教育有了更深的体会。在班级活动现场，家长们在孩子旁边深情地朗读自己手里的信，一些家长深情念读，孩子们听着听着，泪湿了眼眶……在开展交流活动的同时，学校依托自媒体平台，分享家校教育经验心得，让更多人感受真挚而美好的亲情。

二是有针对性地开展家庭教育“五个一”“三个十分钟”活动。“五个一”即每一天给家长发送家教温馨提示、每一周给家长推荐家庭教育美文、每一个月进行班级家教热点问题讨论、每一学期进行家庭教育专家讲座、每一学年开展大型亲子活动（见图 5-4）。学校成立专门的家庭教育研究小组，聘请相关家庭教育专家主持设计并开展“三个十分钟”活动：“亲子榜样——劳动十分钟”“亲子榜样——阅读十分钟”“亲子榜样——锻炼十分钟”，使 5 天的榜样教育与周末 2 天的亲子教育有效配合，实现“5＋2＞7”的育人效果。

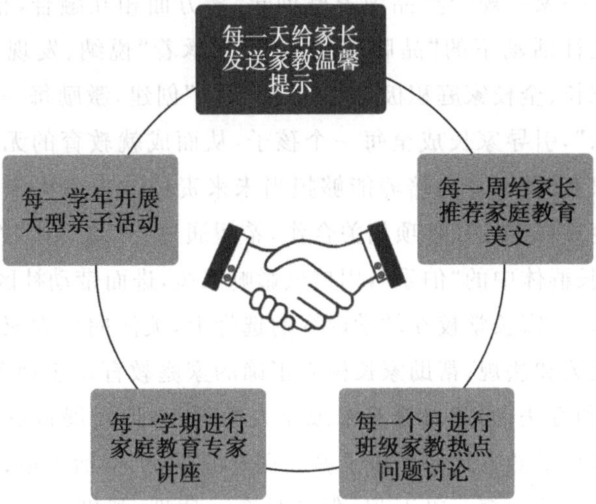

图 5-4　家庭教育“五个一”内容

设置特殊“家庭作业”，多彩活动润童心。例如，在三八妇女节、母亲节、父亲节期间，学校启动孝敬父母体验活动，倡议学生给家长做力所能及的事情，孝敬父母，感恩父母。在家庭中开展亲子共读系列活动，共创“儒雅书香家庭”。定期设立学校开放日、家校面对面沟通日，促进亲子沟通分享，如听开放课、亲子共乐、集中交流、现场咨询、亲子趣味运动会等，收集合理化建议，为学校改进教学工作、提高管理水平提供重要依据。

凤凰路小学开展“启风家书”活动已 5 年有余，累计收到家长家书近 3000 封，分批展示优秀启风家书 108 件，分享成功家庭教育经验 58 条，家校共建硕果累累，家校合作教育成为工作常态和教育特色。为了给孩子成长提供更好的家庭和学校教育环境，学校紧紧围绕“立德树人”的教育理念，积极更新家长的教育理念，开展多形式的家校合作教育活动，努力营造互动互通、积极融洽的家校和谐关系。活动采取家长书写、学生读听和平台展示等方式，发挥家庭对子女的教育作用，形成了同向同步的教育合力，促进了学生的道德品质提升和行为习惯的健康发展。

三是以校风携家风，促进社区教育文化发展。“学风促进校风，校风带动家风，家风提升社会风气”这是伯乐实验学校家长学校的“幸福伯乐＋”家校社活动工作目标，也是家长学校领导们及全体工作团队深刻认可的一点。

伯乐实验学校通过“品牌家庭创建”，推动了家庭文化、家风建设，并发挥好学校文化对家庭文化、社区社会文化的引领作用。学校将校园文化“幸福大教室”、课程建设“一家一规”与“品牌家庭创建”多方面相互融合，相互促进。“幸福伯乐＋”家校社活动下的“品牌家庭创建”秉承着“悦纳、发现、成全”的教育观，号召全体家长、全校家庭积极参与“品牌家庭”创建，激励每一个伯乐家长培养成“家长伯乐”，引导家长成全每一个孩子，从而成就教育的无限可能。通过致力于学校、家庭、社区合力培养能够担当未来责任与直面将来挑战的社会主义接班人，高度重视家校社各项相关合作，希望通过“三位一体”教育生态，让伯乐家长成为家长群体中的“伯乐”，用校风影响家风，进而带动社区及区域发展。

“幸福伯乐＋”家长学校在教学内容的选择上，关注向广大家长宣传党和国家教育方针、政策和法规；帮助家长树立正确的家庭教育思想观念，掌握科学的家庭教育知识和方法；向家长普及未成年人生理、心理发展特点和营养保健知识，指导家长以科学的方式协助孩子养成良好的学习、生活习惯；引导家长和学校密切联系，与学校教育互补互促、保持教育一致性；帮助家长加强自身修养，营造良好的家庭环境，提高家庭建设和发展水平。

“幸福伯乐＋”家长学校课程关注孩子的“生命、生活、品德”发展，主要分为三大部分，分别是：基础课程、拓展课程、实践课程。基础课程可分为通识类、政策类、专题类（选修）；拓展课程又称为“活动课程”，主要是参与校园亲子活动、亲子家长会，让基础课程上的理论得以拓展；实践课程结合学校实际，通过具体体验，开展实践活动。学校采用灵活多样的方式进行授课，有根据不同年龄学生家长的需求，采取的班级授课制和学段授课制相结合的方式；也有专题讲座、播放专家讲课录像、经验交流、个案咨询、专题论坛、互动体验等方式。在教育教学过程中，坚持面授与自学相结合，以自学为主；坚持学习体验与咨询相结合；坚持理论与实践相结合；坚持听课与互动研讨相结合；坚持线下和线上相结合。家长学校每学年授课不少于5次，每次不少于2课时。每个学期学校都制定家长学校工作计划，计划中除了常规授课内容外，还包括教师培训、家长学校主题活动等内容。每个学年学校都会通过亲子活动来拉近亲子关系，例如，一年一次的“一年级新生入泮礼”“初二学生青春礼”“六、九年级学生毕业礼”，学校通过这些亲子活动让家长、学生在活动中增进交流；学校还经常组织“小手拉大手亲子实践活动”，家长学生共同服务社会，加强沟通，也达到了身教重于言传的效果。

“幸福伯乐＋”家庭教育围绕唤醒与悦纳、发现与成全教育理念，通过优秀家风故事、最美家庭、智慧家长、文明家庭、书香家庭、诚信家庭等精神标杆与模范榜样，共同打造和睦幸福的家庭、和谐友爱的社区、智慧温暖的校园，让更多的家庭、学校、社区，乃至整个社会将我们的家文化与家校合育、家社发展、家国情怀全面结合起来，形成了学校、家庭、社区凝聚成紧密合作的教育互融互通体、实践相互成就体、育人育己深造体。

四、参与社区环境保护，建构家校社共育大课堂

“绿水青山就是金山银山”，美丽的城市环境与社区景色也是社区人赏心悦目的精神家园。用欣赏与悦纳的方式爱护周边的环境，伯乐实验学校打造“家”环境伯乐情怀与伯乐精神，结合济南丰厚的泉文化，全力打造“家校社三位一体”系列活动之“共同呵护‘家’环境”活动。在活动中主要以“大手牵小手，共创绿水蓝天”的形式，以学生的优秀实践活动做法牵手实现全体家长对于家乡环境、泉城景色、周边社区等多方面环境的大力支持与高度关注。在四季流转与节气变化过程中，学校开展“魅力泉城同守护”“洁美校园与教室”“美丽社区共建设”“我爱我家齐上阵”“垃圾分类我先行”“禁止燃放烟花与爆竹”“绿水青山我守护”和“花草树木我世界”八个方面的主题活动。学校学生与家长共同参与“共同呵护‘家’环境”活动，为学校、社区、周边区域注入了守护“蓝天白云绿草青山”的新力量。老师与家长一起带领学生共同感受家乡魅力，发现社区之美，懂得热爱家庭，呵护自然万物，“春行夏赏秋散冬乐”，热爱着生活也同时热爱家乡，进而热爱祖国大好山河，增强民族自信心。

学生参与，老师指导，家长陪伴，学校引领，社区呼吁，在“家”环境活动过程中，伯乐实验学校真正将“家校社三位一体”的意识落到实处，学校领导密切关注各项活动的进程，提供方案指导与理念引领，将家长的积极带领与社区的热烈参与作为活动落地的重要参考。学校充分发挥“家校社”之间紧密的联系，实现“同在一方热土，共建美好家园”，真正让学校风向标影响周边文化风尚。学校办学六年来，学校规模由最初的 3 个年级 9 个班，发展为目前的 9 个年级 29 个班。学校先后获得“高新区教书育人先进集体”“高新区家长满意学校”“教书育人先进集体”“教学质量优秀学校”“济南市文明校园”“创客空间”“健康校园”“绿色学校”“山东省 STEAM 试点校”，2021 年还获得了“济南市先锋集体”“济南市家长学校示范校”“济南市新优学校”等荣誉称号。学校得到了社会的肯定、家长的认可，被家长们一致誉为“家门口的好学校”。

第六章　以“心”内涵创出满意教育新局面

自改革以来，济南高新区教育发展走上了“快车道”，发生了一系列和多层面的“心”的内涵变化，产生了教师坚持态度第一、专业第二的理念办“心”教育的根本性转变。同时，我们坚持打开“围墙”办教育，成立家长委员会，定期举行学校开放日、校长接待日、校园开放月活动，主动提供延时教育、配餐服务，逐步形成了教育行政部门、学校、社会等多元主体共同参与的教育治理格局，创造出教育发展的新局面、新样态。

第一节　教育有了高度：品牌学校群峰并起

百舸争流，千帆竞秀，济南高新区迅速崛起一大批个性化特色学校，三类学校占比位居全市前列，德育品牌初步形成，家校共育发展迅速，济南高新区教育发生蝶变，全区教育事业总体水平进入全市前列。

一、学前教育跑出加速度

济南高新区学前教育不断加大公办幼儿园建设力度，大力引导扶持普惠性民办幼儿园，积极推进农村集体园实体化注册，逐渐构建起“公益普惠、城乡均等、制度合理、办园规范、充满活力、群众满意”的高新区学前教育公共服务体系，实现了全区学前教育从“幼有所育”向“幼有优育”的大步迈进。

近年来，济南高新区党工委、管委会大力发展学前教育，以“扩大总量、调整结构、提升质量、健全机制”为重点，先后出台了加快学前教育发展实施方案、学前教育奖补实施方案等有关文件，助力学前教育发展各类文件的出台和制定就是一次凝聚教育发展合力的过程，这里面体现了济南高新区对学前教育的殷切希望,全区上下,共谋一盘学前教育发展大局之棋。2018 年 3 月,《济南高新区管委会关于加快学前教育发展的意见》出台,将学前教育纳入全区发展的总体规划,高新学前教育发展真正进入快车道。2018 年以前,济南高新区公办幼儿园数量为 0,到 2021 年,先后开办了 19 所公办幼儿园,提供优质公办园学位 5500 余个。济南高新区健全学前教育预算拨款和投入机制,财政经费足额保障学前教育发展需要,并确保财政性学前教育经费逐年增加,2021 年共投入 1.16 亿元。特别是疫情停课期间,济南高新区坚持做好各类补贴发放共计 4000 余万元,让普惠民办园得以生存和发展。为加快学前教育内涵发展,济南高新区多措并举,让辖区居民不仅"有园上",更要"上好园"的美好愿望成为现实。实施"品牌嫁接""人才引进""实体化带动""课程改革"等行动,实现学前教育的内涵提升。站在新的发展起点,过去和未来接替承续,机遇与挑战并存同行。未来的济南高新区学前教育将以一往无前的勇气、革故鼎新的锐气、不懈奋斗的朝气,争取新的进步、新的成绩。

二、家校共育持续发力

高新区有 9 所学校获得济南市首批"百所家长学校示范校",占比近 10%,点对点指导、面对面交流,充分发挥家长学校的示范带动作用,全区形成了良好的家校共育氛围,家庭教育工作从基本活动向携手共进发展。每年 4 月份是高新区"校园开放月",全区所有中小学敞开校门,邀请家长进校园,和校长、老师面对面交流分享,持续优化学校教育生态,打造有温度、有品质的高新教育,进一步筑牢家长和学校、老师沟通交流的桥梁。高新区组织了 130 多名家庭教育骨干教师进行"家庭教育指导师"专业提升工程;参加了省教育厅组织的"我的家教好故事"征集暨"智慧家长"评选活动,全区上交 160 余篇征文,营造了良好的家庭教育氛围。在全省 100 名"智慧家长"中,高新区 2 名家长获奖,其中1 名作为优秀代表在全省颁奖大会典型发言,区教体局获得"优秀组织单位"。济南教育榜样之"家校共育成长未来榜样(10 所单位)"高新区有 3 所学校入选。课题《关于家校协作中三代共育探索性研究》已列为"十四五"教育科学规划重点课题,课题研究必将家庭教育研究提升一个新高度,让家庭教育在高新区教育中持续发力,实现高新区家庭教育新模式。

三、德育教育形成品牌

济南高新教育咬定学校德育品牌建设不放松,在济南市三届德育品牌评选中，共有4所学校成功入选，德育品牌建设已经取得一定的成绩，已经成为学校内涵发展的主要途径，德育工作具有较为完整的制度体系和有价值的研究成果，形成可具借鉴意义和推广价值的示范性做法。从学期初基础教育工作计划传达会，到这期间德育工作展示落实，既有中心区一校一案、一班一品的德育特色，也有东区浓浓的爱国情怀德育品质，还有北区基于地方特点的细节行为习惯德育提升，更有高中“三自教育”的系列化德育推进。区域融合、学段交流，促进了高新区德育工作全面提高和内涵丰富。在济南市班主任育人关键能力评选中，1人获得特等奖，2人获得一等奖，体现了济南高新区德育工作的厚积薄发，在德育品牌建设方面迈出了坚实的一步。

四、劳动教育初结硕果

劳动教育工作从点上开花向面上拓宽发展。指导各学校结合工作实际、校园特点和周边环境，按照年级和学年设计劳动教育活动，做到每学年、每学期、每个月都有活动内容。构建家校劳动教育协作体，拓展到家庭之中，连接了学校家庭、教师学生，使家长成为劳动教育的指导者、参与者和协作者。在济南市中小学劳动教育实验区、示范校评选创建和劳动教育优秀课例评选活动中，高新区积极组织评选，1所学校获得“济南市首批中小学劳动教育示范校”，有9人分获一、二等奖和优秀奖，彰显了劳动教育的成果。

五、新优教育示范区建设成效显著

从2018年开始创建培育的12所市级“三类学校（领航学校、特色学校、新优学校）”，经过三年的高质量发展，通过市级的多次督导、检查，经过最终答辩，12所学校全部验收通过，成功率100%。在第二批市级“三类学校”申报中，全市100所学校高新区有9所立项成功。截至2021年，全区有21所学校成为市级新优学校和特色学校，占全区学校总数的51.2%。“三类学校”的创建培育，以培育孵化为路径，以评优推广为抓手，深入思考培育过程，形成了丰富的经验，创新了工作思路。创建目标的明确化、实施路径的科学性、创建举措的有效性更加明晰，全区的教育教学从落实达标向自主特色发展，优质教育逐步形成。

六、品牌学校群峰并起

(一)济南高新区第一实验学校

济南高新区第一实验学校秉持“尚贤、弘文、明理、维新”的育人目标，为人生精彩奠基，为民族复兴育才，引领师生“让优秀成为习惯，让卓越成为自然”。学校以党建为引领，以创新为主线，以提高为目的，以发展为根本，依托“1232”管理体系，立足“四精”，追求“四高”；抓住每一名学生，抓紧每一个环节，引领全体师生爱校、强校，唯冠必争，逢旗必扛，行稳致远，铸造品牌。培养每一名学生，成就每一位教师。“1232”特色管理体系，即一个学校、两个学段、三个校区、两项责任制，实施扁平化、分布式、项目制管理架构。对重大决策，采取自下而上的方式汇集众智，集思广益，倾听各层面呼声，博采教职工意见，使学校的各项措施切合实际，深入落地。学校紧跟高新区教育改革步伐，先后获得全国百家书香校园、全国教育信息化示范基地、全国青少年校园足球活动网点学校、全国五四红旗团总支、全国生态文明学校、全国家校共育示范校、中国十大幸福学校、山东省文明单位、山东省规范化学校、山东省地震科普示范学校、济南市课改先进学校、济南市文明校园、济南市教育系统先进单位、济南市首批新优学校、济南市绿色校园等荣誉。社会满意度达到98.7%，中考成绩连年攀升，普通高中平均分跃居全市前列，真正成为一所家门口的优质学校。

学校从学生兴趣出发，在原有30多门课程基础上继续开发，形成“两大领域、三级层次、多个群系”独具特色的“贤文”课程体系。学校多样化办学、多元化评价，着眼于学生的人文底蕴、科学精神，让学生学会学习、健康生活、勇于担当、增强实践创新能力。实施“德雅＋教育”“三大步励志教育”，分步实施，分层级开展，依点突破，实现三大步育人体系与德雅教育完美融合。让“尚德、尊重、成长”的理念浸润教育。学校以“德雅”为目标，形成“德雅视野”“德雅育人”“德雅服务”“德雅行动”的德育工作轴线。为满足学生个性化发展需求，给学生的活动搭建舞台，学校充分挖掘和利用各种资源，采用校本资源和社会资源相结合的方式，研发出管弦乐队、鼓号社团、小记者团、国画轩、乒乓球俱乐部、篮球俱乐部、足球俱乐部、机器人社团、无人机社团、3D打印社团、围棋社、象棋社等近40个社团课程。将音乐、美术、体育学科所包含的相同的美学要素进行整合，开发出特色课程——健美操、啦啦操课程，已连续三年在济南市比赛中获得特等奖。将“主题教育活动”变成了固定的校园节日，话剧节、阳光体育节、文化艺术节、科技节、书香文化节等，每个节日历时一个月，整体统筹策划，全员参与，活动课程不再是为个别特长生开的"小灶"，而是每个孩子都能享受的快乐"自助餐"。

(二)济南高新区东城逸家中学

济南高新区东城逸家中学创办于2017年，设计规模36个教学班。建校伊始，恰逢高新区教育体制改革的大好机遇，有效释放了学校办学活力，充满生机的管理机制与评价模式充分调动了干部教师的主观能动性，提升了工作胜任力、自主性与认同感，学校上下形成了争先恐后、干事创业的浓厚氛围，促进了学校的稳步快速发展。学校始终将办人民满意的教育作为办学宗旨，在课程课堂建设、科技创新教育、德育品牌、家校共育、对外交流等方面具有鲜明的办学特色，先后获得国家、省、市、区各级各类荣誉40余项，综合办学实力得到家长和社会的高度认可，目前已拥有一定的社会知名度和美誉度。在课程体系建构过程中，学校整合现有的课程资源，打造了基础课程、拓展课程和特色课程三个类别，指向道德素养、人文素养、科学素养、健康素养、艺术素养五个维度在内的"三类五维"一体化课程体系。学校积极推动基础教育"五项管理"工作，认真贯彻国家"双减"政策要求，持续深化落实《教学管理规程》，践行"以学定教、先学后教、以教促学"的教学理念，抓好备课管理、课堂管理、作业管理、辅导管理和测试管理，形成了环环相扣、螺旋上升的五步管理闭环。在GROW教学模式基础上，进一步提出提升学力的"五学"课堂教学范式，即预学、互学、展学、导学、活学。预学，是学习的基础，为学生学力的发展提供了更多可能；互学，学生在合作学习中提高；展学，为学生的学习收获提供了表达的空间；导学，为进一步深入学习提供策略引领；活学，是学习的最高境界，是学生对自己的学习成果再运用，形成新的学力。学校以促进"全面发展"为基本目的建构学校现代德育生态，以"聚焦素养，目标导向，全面发展"为构建航标，以"契合成长阶段，感悟多彩生活，促进持续发展"为关键要素，以"场域整合、深度体验、涵养底蕴"为发展路径，以"主体参与、丰富经历、时代担当"为创建特色，深入推进"一班一品·各美其美"班级品牌建设，创新多元育人平台，构建多样态品牌体系，促进学生个性化成长，助推班主任专业化发展，绘就立德树人蓝图，推动学校可持续发展。学校建立了"12345"家校合作体系——围绕"协同育人·赋能成长"这"1"目标，通过2大平台、3个阵地、4项依托、5类品牌，因时、因地、因人制宜，提高家、校教育及合作水平，创新现代化家校社合作机制，打造生态型家校关系，切实提升家长自我效能感。

自高新区教育体制机制改革以来，学校先后荣获全国"家校共育"数字化项目试点校、全国"教育战疫"主题征文优秀组织奖、全国"未来工程师博览"创意花窗比赛二等奖、全国青少年校园足球特色学校、山东省人工智能教育试点校、山东省 STEM 教育种子学校、山东省中华经典诵吟特色学校、山东省中小学教育装备应用创新案例一等奖、济南市教育系统先进基层党组织、济南市教育系统先锋单位、济南市教育系统先进集体、济南市首批新优学校、济南市十大最美书香校园、济南市百所家长学校示范校、济南市第三届德育品牌、济南市家校共育成长未来榜样、济南市以德为先树人榜样提名奖、济南市心理健康教育先进集体、济南市健康学校、高新区教书育人先进集体、高新区家长满意学校等荣誉。

学校将继续弘扬爱的文化，践行有温度的教育，不断提升育人品质，着眼发展，乘势而上，管理视角从关注"事""物"向关注师生转变，管理方式由过程实务管理向制度文化管理转变，教学重心由教书向育人转变，进一步丰富内涵，凸显特色，拓展空间，推动学校事业取得新的可持续发展。经过不懈努力，进一步提高教育质量，丰富办学内涵，提升教育品位，凸显教育个性，加速自身信息化、现代化、国际化进程，建成理念先进、条件优良、管理有效、特色突出、质量上乘的，赢得广泛社会赞誉的家门口的好学校。

(三)济南高新区凤凰路学校

济南高新区凤凰路学校确立了以"厚植家国情怀"为鲜明特色的学校文化理念系统。在校训"求真，向善，尚美，刚毅"的润泽下，师生及家长不断"追求真善美的人生境界，锤炼刚强坚毅的品格"。学校致力于培养"秉承家国情怀，传承人性之美"的优秀凤凰学子。学校通过思想引领，加强"家长对于学校的主人翁"意识；强化家长对于子女教育的责任感，提出了"反思孩子的教育在你的生命中占有多大的分量"这一育子观点，旨在震撼家长的心灵。通过搭建平台，规划培训课程、设计家长活动、社区互助小组建设、校园文化进社区、幸福家庭课程建设，搭建起走进课堂、了解学校的平台，家长满意度逐年上升，2020 至 2021 学年学校家长满意度达到 100%。学校倡导"有问题就说，没问题就做"，深化"管理就是具体，具体在于落实，抓落实要时间、质量都要到位"的管理工作理念。在"强我少年，兴我家国"的办学理念和"秉承家国情怀，传承人性之美"的培养目标引领下，学校课程设计旨在为差异化的学生提供适切的教育方式，让课程润泽生命成长。通过梳理整合国家课程，让学生的学习"情境化，生活化，游戏化，做中学”，努力将“经历即成长”落实到教学实践中去。发挥九年一贯制学校的优势，做好课程内容的衔接，合理规划项目式、主题式学习。设计开发了伟大祖国课程、美丽家乡课程、幸福家庭课程、“美丽的大山坡，我们的百草园”等特色家国情怀课程。学校积极研究构建“学力提升课堂”。通过“学程设计、雕琢课堂技术、学习单位建设、学习态度与学习效果评价”四个研究基点，探索培养学生“专注力、想象力、质疑能力、合作能力、表达能力、时间管理能力”的有效策略，为学生终身成长奠基。学校育人质量连年攀升，教育质量步入全市优质学校行列，优异的教育质量赢得了家长的满意和社会的高度认可。学校重点打造“一体两翼”德育体系，“一体”指站在学生立场，站在学生视角，充分尊重学生，以学生为主体；“两翼”指德育课程的构建和实施路径。学校将德育思想融于课程，通过活动主题有序展开，形成了以“实践活动课程”“习惯养成课程”“文化润泽课程”“家国情怀课程”为主线的德育课程体系，助力学生形成积极健康的人格和良好的心理品质，促进学生核心素养提升和全面发展。学校着力构建“1＋3＋N”：“凤凰少年修身评价体系”。通过“争章行动”，使“强我少年，兴我家国”的办学理念真正深入每一个学生的内心，并落实在具体的行为上，培养学生学会生存、自强自立，学会服务、乐于助人，学会创造、追求真知，成为有家国情怀和人性之美的凤凰少年。

自高新区教育体制机制改革以来，学校先后荣获山东省安全校园标杆学校、济南市教育系统先进集体、济南市新优学校、济南市文明校园、全国青少年足球特色学校、济南高新区教书育人先进单位、济南高新区教学先进单位、济南高新区家长满意学校等荣誉称号。在 2019 至 2021 年济南市中小学艺术节比赛中，学生美术作品连续三年获得一等奖，艺术类节目连续两年获一等奖。在济南市健美操与啦啦操比赛中获得 2 次特等奖、1 次一等奖。获省级优质课或优课 2 项，市级优质课或优课 10 项，山东省教育科研优秀成果一等奖 1 项，山东省中小学教科研优秀成果奖 1 项，济南市教育科学优秀成果奖 1 项。学校发展六年来，已经形成了一定的区域优势和社会影响力。在高新教育“十四五”高质量发展起始之年，学校将继续以管理效率，课程特色、教育质量和科研优势来凸显办学形象，努力打造适应时代发展的现代化学校，创办“让党放心，人民满意”的教育品牌！

(四)济南高新区科航路学校

济南高新区科航路学校始建于 1930 年，至今已走过 91 个春秋。2017 年，学校经历了重要的蝶变。这一年，学校经历划时代的三件大事：一是学校更名，由孙村小学改为"科航路学校"；二是学校改制，由完全小学升格为九年一贯制学校；三是教育改革。2017年，恰逢高新区机制体制改革，我们高新教育也顺势而为，集团化办学，实行绩效管理，打破身份界限，实行企业化管理，以此撬动教育的大发展。

"善战者，求之于势。"教育改革就像是普快换高铁，高铁比普通列车跑得快，主要是进行了两项改革：一项是把有缝钢轨改为无缝钢轨，使火车平稳；另一项是把每节车厢都加了动力，使火车提速。我们的改革也是从两个方面进行：一是集团化办学；二是改变工资体系，实行绩效管理。集团办学就是有缝钢轨改为无缝钢轨，平稳过渡。绩效管理就是给每位教师增加动力，调动教师的积极性，使高新教育进入"高铁时代"。学校借助高新改革的大势，乘势而为。在高新教育改革中，学校率先打响第一枪，第一个加入高新教育集团，在全校动员大会上，老师们群情激奋，积极申请，满怀豪情地加入高新教育集团。改革打破传统教育弊端，不论年龄、不论职称、不论身份，大家一视同仁，只要干工作就能得实惠，干得多得的多，干得好得的多。但是，问题来了，新的体制下大家都想多拿绩效，怎样使每位教师找到自己适合的岗位，找到自己的"C"位，最大限度地发挥自己的潜能呢？学校主要有以下做法。

送——送岗位、送实惠。一是送岗位。自主选岗，因人设岗，让每位教师都能找到合适的岗位，不要说教师干不了什么，要问教师能干什么。学校94名教师，根据各自特点设94个岗位，只要觉得适合自己就选，不适合的学校再进行定岗。比如，学校要每人开发一门课程，一位老教师开发课程不行，学校安排他做了"场长"，负责学校运动场的管理（阳光大课间），他干得津津有味；有位老师课堂教学不行，但是指导学生作文有方，学校安排他专门指导学生作文，成立文学院，他是院长，指导的学生在省部级刊物发表文章100多篇。二是送实惠。干工作送实惠。教师根据自己的岗位职责，兢兢业业完成自己的本职工作就要得到相应的实惠，干了工作得了实惠就稳定了团队，凝聚了人心。

公——公正公平、机会均等。一是所有的课程机会均等。不管是语文、数学、英语，还是音乐、体育、美术，抑或是科学、微机等课程机会都是均等的。要关照到所有的学科，没有主科、副科之分，没有学科大小之分，只要是开的课程都是平等的。二是所有的教师机会均等。学校教师无论是事业编制，还是同工同酬的合同制，只要是在学校安排的工作岗位上干出成绩机会均等。老师们对这种公平性有所怀疑，当年的班级考评，有一位合同制的教师排在前列，学校力排众议就将一个区级优秀班主任名额按照制度给了这位“合同制教师”，从此大家就再也不谈“出身”的问题。三是所有的工作机会均等。写新闻稿可以拿绩效，开校本课程可以拿绩效，搞活动也可以拿绩效，这些工作和教学工作一样，都是平等的。

明——目标明、奖惩明。一是目标明。学校五层岗位：校长、分管副校长、中层正职、学科中心、每位教师，学期初层层制定目标，学校有总目标，然后层层分解，每个人的目标都要统一到学校的大目标上来，大家目标明，人心齐，干劲足。二是奖惩明。奖励要明明白白、明察秋毫。制定好明确的奖励政策，哪些工作是一般奖励，哪些工作要重奖，干到什么程度奖到什么程度，明确具体，不是听谁说得好，而是看谁干得好，奖到明处。

学校通过“送公明”的做法，调动了每位教师的积极性，家长满意度越来越高，逐渐成为高品质的学校。“相约星期四”是学校开放日、校长接待日，通过家长进校园，参与管理，提出合理化的意见建议，家校关系更加融洽，真正走到一起来了，形成了合力，家长对学校教育教学的满意度越来越高。管理团队的积极性越来越高了。一般情况下是教学优秀的教师才能有机会提拔到管理岗位上，但是到了管理岗位，工作量大了，奉献多了，工资却并不多拿，甚至不如在一线时拿得多，虽然也是干，但是其价值得不到体现。管理团队有了相应的绩效奖励，他们干的工作得到认可，价值得到体现，积极性更高了。教师的工作热情高涨了。以前年龄大一点的老师都要求少上课，教两个班语文和数学的老师都希望少教一个班，现在没有要求少上课的老师了，有的老师甚至要求多上。原来校本课程开发都不积极，现在几乎都在开课。有位体育教师已经 58 岁了，没改革之前找学校要求少上课，只给他安排了 10 节课，而现在他不仅上 17 节课，还负责大课间的管理。学校办学品质逐步提升，改革成就了一名省特级教师张玲同志，成长了一大批骨干教师。学校还出版了《让课堂活起来》一书，荣获了“济南市基础教育教学改革成果三等奖”，学校被评为济南市首批新优质学校。

（五）济南高新区遥墙中学

强势发展的遥墙中学，突出党建引领作用，学校凝心聚力，教学成绩显著提高，2020 年、2021 年连续两年被评为高新区教书育人先进单位。2021 年 10 月，济南高新区首届教育论坛暨遥墙中学教学现场会在遥墙中学成功举办；11 月，学校课题《基于学生自主的学习型课堂模式探索与建构研究》被批准立项为济南市教学科学“十四五”规划课题，学校科研氛围日益浓厚，教师积极撰写并发表教育论文、教学案例，参与课题研究等，教育科研成果显著；12月，学校被评为济南市第二批新优学校，成为名副其实的老百姓家门口的好学校。

高新区教育体制机制改革以来，遥墙中学办学条件发生了翻天覆地的变化：建成了高标准塑胶运动场，整修了2万余平方米的教学楼、餐厅、宿舍，改造提升学校的公园水塘，配备了现代化的教育教学设施。一座现代化的、公园式的、充满了浓郁书香气息和浓厚文化氛围的遥墙中学赫然呈现在了遥墙地区广大师生百姓面前。近年来，学校聚焦国家骨干教师、卓越教师、教育家型教师计划，培养"要强"的乡村卓越教师。多措并举加强卓越教师队伍建设：建立卓越教师培养与管理制度；实施青年教师导师制，成立教师专业发展委员会；依托"基于学生自主的学习型课堂模式改革"和"先导课式"集体备课制度，构建研教一体的运行模式；启动学校教育科研与课堂教学改革综合提升项目；创新教师评价，形成以赋能为主要形态的教师评价新范式等。在高新区教体局的正确引领下，教师干事创业的凝聚力空前高涨，拼搏奉献的精神展现得淋漓尽致，教育教学质量由济南市倒数第一跃升至全市上游，学生平均分和高分率连续三年持续提升，特别是高分人数实现了近10倍增长。教师职业认同感和职业幸福感日益增强，具有强烈的专业成长的内驱力，教育教学科研意识和能力不断增强。近三年来，学校培养了一大批课程改革的优秀教师。2019年，在高新区教研室组织的素质大赛中，28名教师获得一等奖，喜获一等奖总人数全区第一名。在2020年济南市教研院组织的同课同构活动中，9科教师执教公开课并获得一致好评。2021年，高新区教体局组织的教师专业素质比赛中有17位教师被确定为A级奖次，8名教师参与了济南市"十四五"规划课题的研究。近三年有20余人次获得市级以上先进个人或集体，多篇教学论文、教育案例在市级、省级、国家级刊物上发表或获奖。教师的发展带动了学校的发展，促进了学校办学品质的提升，为学校的可持续、跨越式发展注入了活力。

教师乐业敬业，学生素质发展遍地开花。遥墙中学是一所寄宿制学校，"披星戴月与学生同在"是遥墙中学班主任和众多老师的工作常态，"朝6晚10"，有学生的时候就会有老师，有学生的地方就会有老师。老师们的身教、陪伴、爱心赢得了家长的认可，使得家长们放心，遥墙中学家长满意度连续三年超过99%，2021年获得了100%。升旗仪式上的"每周一歌唱响祖国"活动成为学校的经典特色。近百期的展演，既为学生提供了登台演出、艺术展示的机会，又对学生进行了很好的爱国主义教育，厚植了师生的家国情怀。在小红花征文、科技制作、书法篆刻、国防演讲、英语配音、体育艺术等学生比赛中，从区一等奖至全国二等奖，获奖学生不胜枚举。2021年，遥墙中学学生在高新区第一届科技节上斩获5个一等奖、13个二等奖、5个三等奖；在全区学生篮球赛中，获得了男篮、女篮双冠王；在济南市国家体育锻炼达标赛中，30名学生参赛，全部达到了优秀等级，其中19名学生获得了国家体育锻炼优秀一级、11名学生获得了国家体育锻炼优秀二级，总分全市第一。

遥墙中学“基于内在动机的学习型课堂”教学改革，堪称薄弱学校由弱变强的典范，众多国内外教育专家、媒体学者、学校单位前来调研、指导、参观、交流，学校发展事迹被大量宣传报道。山东省规范化学校、济南市文明校园、济南市新优学校、济南市优秀团支部、高新区优秀党支部，每一个品牌都镌刻着遥墙中学的崛起过程。

遥墙中学的每一名教育工作者都相信“相信的力量”，更相信在高新教育这片沃土上，在高新教体局“四个高地”战略目标指引下，遥墙中学的办学质量会越来越高，遥墙地区孩子们受到的教育会越来越好！

(六)济南高新区东城逸家小学

济南高新区东城逸家小学成立于2017年9月，恰逢高新区教育体制机制改革，东城逸家小学是这场改革的参与者，更是受益者。在李成泉校长的带动下，学校提出“新君子教育”的发展构想，坚持教育的国家意志、人民立场和时代精神，从家国情怀、国学根基和国际视野出发，以培养君子学生、塑造仁爱教师、建设儒雅校园为目标，全面推进学校综合变革。短短一个学期，学校发生巨大变化，“新君子教育”品牌效应正逐步显现。

学校实施“六大工程”。一是儒雅学校文化引领工程。以“仁爱”为校魂，以“君子”文化为标尺，从办学理念、师生行为和校园风貌三个层面引领学校发展。以建设儒雅校园为目标，以社会主义核心价值观为引领，以“我是君子”为校训，塑造“崇真、向善、尚美”的校风，“乐学、善思、笃行”的学风，“明德、立己、达人”的教风。二是“少年君子行”系列教育工程。以品格教育为核心，开展雅行、雅言、雅趣“三雅教育”，实施36个君子教育活动，完善优质班级九大行动。三是“学思行课堂深化增效”工程。以君子课程为统整，以学习力、思维力、实践力为着力点，推进“学思行”课程教学改革，完善“学思行”课程实施流程，研制各学科学思行教学实施纲要。大力推动“晨诵、午读、暮省”学生三大行动，深入实施“待课行动、小组合作学习、精彩3分钟”三大策略。全校推动经典诵读活动，利用晨诵时间、上课问候时间、待课时间并结合大型活动。采取“以诵为主，诵讲结合，以讲带诵、过关推进"的方式，学习中华优秀传统文化、诵读经典、背诵君子格言和古诗词。开展学科拓展活动，规范化汉字听写大赛、中文读背大赛、英语"中华优秀传统文化演讲"、新年音乐会、班级艺术节等，给学生搭建中华优秀传统文化的学习、展示平台。四是"依法治校"工程。以建设现代学校制度为目标，提升依法科学治理能力，实行教师工作业绩积分制，构建和完善岗位竞聘机制、表彰激励机制、督导评价机制"三大机制"。进一步加强以质量为核心的发展理念，突出师德师风、工作量和工作业绩三项指标权重，为岗位竞聘、职称评审和评优树先提供主要依据，开辟了教师专业化向高层次发展的无限空间。五是仁爱教师培植工程。引导广大教师以德立身、以德立学、以德施教、以德育德，实施青年教师成长"五项行动"，构建"培训＋管理＋评价＋项目锻炼"的名师培育体系，构建学习型、研究型的教育生活，推进逸家强师行动落地见效。六是办学资源优化工程。以"一堂三馆四廊五园六院"建设为重点，全面优化办学环境。建设楹联学校，设计楹联文化，依托孔子学堂，学校以"传统文化进校园、进家庭双十大行动"为载体，全方位推进传统文化融入学校教育。在教育体制机制优势支持下，借助教育主管部门组织的教育专家团队，我校积极凝聚专家力量，总结办学经验，以研究为带动，形成"君子教育"的办学体系，深化学校传统文化特色，深入学校课程建设，建立以校本教材为载体的学校校本课程体系群。

对外交流方面，以"孔子学堂"项目作为对外联络的平台及窗口，构建校际合作交流的机制和平台，在基础型课程中进行文化渗透，组建研学游交流共同体教育联盟，协同发展。先后与英国剑桥大学、芬兰万达市、日本和歌山县、韩国金海市等进行线上、线下的文化交流活动。

学校先后获得山东省教育系统女职工建功立业标兵岗、济南市教育系统先进集体、济南市教育系统先进基层党组织、济南市首批新优学校示范校、济南市首批百所"家长学校"示范校、济南市文明校园、济南榜样学校等荣誉称号；学校"融合国学根基、家国情怀、国际视野的新君子教育课程体系的研究与实践"项目被列为济南市基础教育教学改革重点项目、"互联网背景下家庭教育的有效性研究"成功申报国家社科基金"十三五"规划教育重点课题，取得一系列优秀成绩。在家长满意度调查中，学校连续三年满意率超99%，已经凸显了以传统文化为底色的教育成效，有效带动了区域内学校和社区传统文化的发展，获得了政府、社会和家长的广泛认可，成为有温度的品牌学校。

(七)济南高新区丰奥嘉园小学

济南高新区丰奥嘉园小学成功入围第二批济南市新优学校名单。这已是该校近年来获得的第N个重量级的综合荣誉了。全国青少年校园足球特色学校、山东省文明校园、山东省人工智能试点学校、济南市教育系统家长满意学校、济南市文明单位、济南市绿色学校、济南市防震减灾安全教育标准化学校、济南市中华经典诵读基地、济南市语文学科教研示范校(小学)……梳理这些荣誉的获得时间,会发现其中绝大部分都是在2017年之后,而这也正是济南高新区开始积极探索教育体制机制改革的时机。

丰奥嘉园小学教育教学水平大幅度的提升来源于一个强大的“引擎”——王希锋校长。王校长是教育部中小学校长高级研究班学员、山东省基础教育评估入库专家、山东省十大教育科研名校长、聊城大学产业教授、研究生导师。王校长的到来为丰奥嘉园小学的办学注入了一支强心剂,而他的到来正是济南高新区人才引进的成果。王校长这样来形容高新区对他的吸引力:“在过去的10年间,我一直在做一项课程改革的实验,也一直想找一个更丰沃的落地土壤,高新教育让我看到了希望。来到高新区之后,学校有更多灵活的办学自主权,给了老师更多成长发展的平台。”一所学校的全面发展,在于校长的引领,在于中层的执行,在于每一位教师的倾情付出。而怎样把学校发展的三种力量凝聚起来?这就要通过教育机制来解决。KPI考核,就是济南高新区教育体制机制改革给学校的一个法宝。

学年初,丰奥嘉园小学根据济南高新区发展保障部教育和体育办公室下发的学校绩效考核项目,依据学校工作实际,对本学年工作进行全方位的部署。全校从校长到中层管理干部再到老师上下一心,根据目标全力以赴。高新区教育机制体制改革的重要举措便是学校发展一盘棋布置,KPI考核的结果和学校每一个老师的绩效工资紧密相连。如果学校是优秀,那么校长的年度考核便为优秀,学校老师的优秀比例也会相应增加,同时学校老师们的绩效工资也会相应增加,大家必然会撸起袖子加油干。2018年、2019年、2020年,丰奥嘉园小学连续三年被评为优秀等级,连续三年获评高新区教书育人先进单位。评为优秀等级后,能够在薪级薪档中加2分的老师也多了,老师们的绩效工资也高了,大家干起工作来动力更加强劲了。学校先后承办了全国小学语文十大青年名师颁奖典礼及观摩课活动、第二届齐鲁教育论坛等一系列高规模的教育活动,每年开展十余次面向外界的教育教学研讨活动,内蒙古、甘肃、河北、河南、贵州等外省学习团，聊城、泰安、青岛、烟台、菏泽等省内地市学校团队到校考察学习。“轻负高质”办学理念与践行，成为丰奥嘉园小学一道亮丽的风景线，被《中国教育报》《中小学校长》等权威报刊报道。书包革命、小卷作业、课堂改革、习惯养成……学校扎实的工作引来参观者的声声赞叹，学校真正将“双减”工作落到实处。学校课题《“单元整合式”小学语文教学体系研究》立项山东省教育教学改革项目，语文组的老师围绕课题深入研究，教育教学水平不断提高。近年来，语文组的老师们在国家、省、市级比赛中频频获奖，学生的语文学科素养也不断提高。“以体育人”特色形成，学校大力发展体育教育工作，“纵衔横统、多体联动——校内体育活动一体化”“2+X大课间”分别荣获济南市体育活动一体化、大课间评比一等奖。学生的身体素质逐渐提升，近视率也下降了。2022年，济南市体育学科研讨展示活动也在丰奥嘉园小学举行。学校的发展特色还有很多，而正是这一个个特色筑成了丰奥嘉园小学的“名校之路”。成就学生，放心家长，近年来，学校的家长满意度不断上升。同时，每年学期初，选择让孩子转学到丰奥嘉园小学的家长也越来越多，这便是高新教育的魅力之处。

(八)济南高新区奥龙小学

济南高新区奥龙小学，2012年9月建校，教学规模18个班，占地面积1.1万平方米。济南高新区教育改革以来，学校办学自主权得以最大程度地彰显，校长统领规划、团队和合共进、教师全员参与，每一位教师都是学校的“真主人”，每一项工作都是学校的“实在事”，每一次行动都是学校的“共智慧”，每一次成效当然更是学校的“高水准”。高新教育体制机制改革的灵活保障，成为学校高效发展、快速建设、品牌生成的“源头活水”。

2018年初，学校确立打造“和润教育”育人品牌的内涵发展总目标，致力于培养“有梦想、有力量、赢未来的阳光少年”育人目标和创办“有信仰、有活力、高品质的现代学校”办学目标。在“和润”文化引领下，坚持“和合共进，润心育人”核心理念，构建“和润教育”全面育人体系。“和合共进”，和心、和力、和效，是学校各方面工作有序推进和快速发展中坚定、积极和健康的文化底色。“和”文化的价值引领，凝聚了全校教师、家长、社区、学生为主的各方力量与资源，形成办学发展的合力。主要表现为：“N+X”项目，促教师专业发展；“1234”机制，促家校同心合育；“资源”共享，促社区合力共建；“教学”过程，促师生智慧共生。“润心育人”，润知、润行、润心，是学校教育教学全面育人扎实落地和创新探索的行动准则。“润”的教育样态涵盖学校“和润课程、浸润德育、丰润评价、温润校园、雅润管理”五大路径与载体，各层面、各环节、各内容合力孕育，共助学生生命健康茁壮成长。表现为：和润课程，构筑和合共育核心载体；浸润德育，落实立德树人根本任务；丰润评价，助力学生心康体健茁壮成长；温润校园，营造温暖多元育人环境；雅润管理，打造雅正创新品质学校。

近几年，学校先后被评为全国文明校园先进学校（连续 2 次）、全国文明生态示范学校、山东省第二批信息化示范学校、山东省首届文明校园、山东省中小学心理健康教育特色示范学校、山东省首批人工智能试点学校、山东省教育厅思政课改项目学校、山东省“十三五”“十四五”教育科学规划课题立项学校、济南市新优学校、济南市首批百所家庭教育示范学校、济南市德育品牌学校、济南市学科教研示范学校、济南市绿色学校先进典型单位、济南市教育榜样、高新区教书育人先进单位（连续 4 年）、高新区家长满意学校（连续 4 年）等，学校多项科研成果被济南市评为教育科研优秀成果，典型经验做法多次在全国省市各级现场会中进行经验推介，获得广泛好评和赞誉。

高新教育体制机制改革的实施与推进，不仅鼓励各学校的优势发展和特色创建，实现各美其美、美美与共的群峰并起健康样态；更倡导各学校间的合作开放与友好共建，达到各强其强、强强联合的和谐共享智慧效应。学校多次迎来来自全国省市区各兄弟学校的领导及教师团体莅临跟岗观摩学习，与新疆喀什疏勒县第二小学、德州市夏津县实验小学以及甘肃、宁夏帮扶学区建立友好结对学校，多次开展线上线下研讨交流、典型经验举措分享共建活动。更有多位学校名优教师在各级各类活动中传经送宝，如学校尹怡华校长多次受邀参与山东教育卫视“养教有方”家长课堂、“家庭教育大家谈”采访录制等；刘彬老师多次为新疆、聊城、德州等地市骨干班主任进行培训指导、送课送研等。近几年，学校成长起一大批优秀骨干教师和名师，山东省教育厅优秀个人 1 人，山东省家庭教育指导名师 1 人，市级以上综合荣誉类教师 7 人，省、市级教学业务类大赛一等奖获得者 15 人。心有所信，方能行远！未来三年，奥龙小学将会在全面创建和优势发展基础上，乘着高新教育高地跨越发展大势和改革创新东风，继续打造学校优质品牌靓丽名片，提升辐射影响力，成优质教师，育优秀学子，为实现“济南教育看高新”总目标做出应有的努力和贡献！

（九）济南高新区凤凰路小学

济南高新区凤凰路小学以创新、绿色、开放、共享的发展理念，确立了“两课两育”发展重点，以深厚内涵的文化建设、充满活力的管理建设、专业有效的师资建设、科学合理的课程建设、开放民主的课堂改革、知行合一的活动建设、绿色生态的评价建设、高度融合的家校建设为发展路径，努力办好"老百姓家门口的好学校"，努力提升学校整体办学质量。"凤凰课程体系"建设是我校教育教学质量提升新的"生长点"。"凤凰课程体系"概括为"六类课程、三个进程、五个维度"，以国家课程为根本，分学段整合，最终实现学生全面成长、个性发展，教师素养提升、专业发展。丰羽课程，培养每一位学生，为学生发展奠基。学校根据国家"立德树人"的新要求，拓展出"知润""行润""雅润""品润"四维培养方向。展翼课程，发展每一位学生，为学生发展赋能。学校开设诗书乐韵、毛笔书法、萌豆动漫、英语辩论、网球、武术、毽球等四十余门选修校本课程，加强学生生活实践、劳动技术和体验教育，同时推进社区服务和社会实践活动，带领同学们走出校园，丰富知识，增长见识，增强学生社会责任意识。高翔课程，成就每一位学生，为学生发展领航。学校注重探索研究自己的传统和优势，形成教学浸润、专题开发和活动拓展相结合的"五课五节"模式。"五课"是指榜样课程、益智游戏课程、中医药课程等；"五节"则包括戏剧节、风筝节、对联节等。学校深入探究"学展课堂"教学模式，建立三级管理组织、双轨道校本教研体系：学校成立课改工作领导小组，成立课改工作核心组，各教研组长带领的教研组，确立语文、数学两个课改学科和实验教师，明确了课堂教学的方向和目标。确立以学为本、以生为本的统一理念，学生是学习的主人，把课堂让给学生，把讲台让给学生，让课堂成为师生共同展示才能的舞台；变课堂为生本课堂，体现师生互动，生生互动，能者为师，人人为师。以问题为媒，深究细研"六环节"教学模式激发了学生的学习兴趣，增加了学生的学习途径，提升了学生的自学能力，培养了学生的合作习惯，树立了学生的评价意识，也提高了学生的学习效率。

凤凰路小学围绕"核心素养"引导下的"关键品格和必备能力"下功夫，积极开发课程资源、搭建合作平台，发挥身边榜样作用，创建了"雏凤展翅，榜样助翔"榜样教育德育品牌，构建"学校—家庭—社区"三元一体的共育体系，遵循"学最好的榜样，做更好的自己"德育品牌教育理念，逐步构建起"学校—年级—班级—家校社"四位一体的课程蓝图，形成上下一体、多维联动的课程实施路线。学校成立艺体课程自选超市，"戏剧＋"艺术课程建设，全面深化学校美育综合改革，培养学生健康向上的审美趣味、审美格调；深入研究以"戏剧＋"为主题引领的艺术课程学习模式，丰富戏剧主题内容，推进以"戏剧＋"为显著特征的课程探索，全面拓展美育工作的综合化实施与评价，带来美育质量全面提升。学校将"戏剧＋"课程搬入艺术课堂，深度构建"戏剧＋德育""戏剧＋课程""戏剧+家社”“戏剧+评价”的全面育人实施模式。学校承担多项省市级规划、重点课题研究，其中《新优学校创建中校本课程整体建设研究》课题被确立为济南市教育科学“十三五”规划重大课题并顺利结题，济南市“十三五”规划课题《中国传统益智游戏在小学数学校本课程中的应用与研究》顺利结题，并荣获济南市基础教育课程改革项目一等奖，山东省教育教学研究重点课题《“戏剧+”项目化学习提升小学美育育人价值的实践研究》以及济南市“十四五”教师专项课题《小学课后服务提升中华优秀传统文化素养的实践研究》成功立项。

学校先后荣获全国数学文化学校、全国中华传统文化基地校、济南市文明校园、济南市首批新优学校、济南市基础教育教学改革成果一等奖、济南市德育品牌学校、济南市优秀少先队集体、济南高新区教书育人先进单位等称号，多次接待全国各地教育代表团的来访，已成为一所政府放心、专家认可、家长满意、师生热爱的新优质学校。

（十）济南高新区汉峪小学

济南高新区汉峪小学成立于2017年，正值高新区教育体制机制改革的初期，各项制度和规定的推行为新加入高新区的教师呈现了一堂态度第一、专业争先、高质发展、内涵卓越的入门课。2019年，提出打造“峪优”教育品牌的目标，细化完善“一四四六”学校文化体系，研究和实践一系列“峪优”教育特色项目。结合“教育就是服务”的办学理念，设定“让世界走进汉峪，让汉峪走向世界”的办学目标，形成“汉润‘峪优’四知通达”的特色校训，已具备“教师发展、学生快乐、家长幸福、社会满意”的良好教育样态。坚持立德树人为本，完善“峪优少年自治”成长机制，创建全员育人氛围，探索多元德育途径。以立德树人为本，完善德育课程建设，持续开展“德育一体化”研究，进一步提升全体教师的德育意识和德育能力，构建全员育人的良好氛围。创建“峪优少年自治”德育品牌，激发学生自我成长意识，培养学生自我发展能力。以“六维”峪优卡片为抓手，通过建立合理使用方法及准则，引导广大教师关注学生全面发展。树立德育教育在课堂的基本意识，逐步形成以班主任队伍为主、学科教师全员参与的全员育人机制。深入研究“峪优”课程体系，提高课程实施的质量和水平，促进课程建设向科学性迈进。完善“以儿童为中心”的“峪优”课程体系，积极推进富有学校特色，体现学校办学理念与学校文化，适应教师特长、学生个性发展的课程体系。同时，完善校本教材的开发与使用。以原有的劳动教育课程、AE课程、阅读课程等为基础，继续收集资料、修改完善，借助调研学生需求、评选精品课程等形式,使富有个性的校本课程和教材成为学校教育教学质量的核心竞争力。以有效教学的课堂实施为契机,重视学科教学研究,改进教学方法,努力提升教师整体教学水平。以"学术研究"为行动引领、以"D—P—O—D"为研修模式,形成了基于解决问题的"专题引领+课例研究""专家引领+课例研究""课题引领+课例研究"的教学研究样态。通过搭建形式多样、内容丰富的学习平台,营造有活力的校本教研,以研促教,以教辅研,保证学生在校高质量地学习。在"四环"研修团队磨课的同时,还为教师的个性成长搭建展示平台。积极落地"双减"政策,坚守规范办学,打造适合学生身心的健康生态。"双减"政策落地之前,学校已对家校边界的教育实现价值进行探索。2020年始,在课后服务模块中设定"学生作业指导"时间,增加校内辅导的实效性,探索差异化作业形式,切实给课堂要质量、给家长缓焦虑、给学生减负担。学校除提供延时服务外,还有早餐、午餐、午看护等贴心服务,参加延时服务的学生占在校生的比例基本保持在94.5%。学校关注学生的视力健康,开展"爱眼护眼"活动,做好近视防控工作。积极研究探索新时代家庭教育工作的新思路、新路径,用心建构学校、家庭、社区、社会"四位一体"育人场域,以学校教育引领社区教育,实现家校社优质共享、赋能发展。学校先后获评山东省中华诗文学会先进单位、山东省中小学校星级食堂学校、济南市新优学校培育校、济南市首批百所家长学校示范校、济南市家校共育未来榜样、济南市教育系统"一校一品"党建品牌培育校、济南市文明校园、济南市教育系统普法依法治理工作表现突出集体、济南高新区先进基层党组织等。分别获评山东省优秀校本课程设计案例一等奖、济南市教育科学研究优秀成果二等奖、济南市基础教育改革成果三等奖。先后获得山东省学生健康活力大赛小学组啦啦操第二名、济南市第十六届中小学文化艺术节一等奖等。

学校将继续以立德树人为核心,以师生发展为根本,弘扬"为而不争,登高博见"的中华精神,培养以胸怀家国、造福社会、开拓创新、国际视野、素质全面的人才为目标,着力打造全学科融合、全领域协同、全时段开放的高质量的教育体系,致力于建设"合格+特长、信息+开放、社区+全纳"的山东一流、中国特色的高品质优秀学校。

(十一)济南高新区金谷德艺小学

济南高新区金谷德艺小学成立于2019年。学校依靠高新区机制体制改革的政策力量,牢牢把握方向,发挥思想的力量,统一观念,引导全体教职工对机制体制改革的认同。借助 KPI 考核指标，充分发挥人(教师、学生、家长)的力量。学校鼓励干部、教师开展高质量的教育教学研究与实践，对于课程开发、课堂教学改革创新、课题实验、成果申报等给予绩效兑现，每个月都进行绩效考评，既关注干部教师工作的量，又重视工作的质。根据全年 KPI 成绩实现干部、教师的能上能下、能进能出、灵活交流，既鼓励教师勇立潮头锐意进取，又通过机制体制让干部教师树立危机意识，不进则退，有作为才会有岗位。教师展现出敬业、仁爱、博学的职业样态。学校围绕德艺 6+6+6 培养目标(德艺 6+育人总目标：一流好品格、一个好兴趣、一生好习惯、一项好技能、一种好思维、一品好审美。德艺 6+学科目标：一身好体魄、一手好汉字、一副好口才、一篇好文章、一项好才艺、一门好外语。德艺 6+养成教育目标：言行得体、协商互让、诚实守信、自律自强、勇于担当、尊重感恩)，开创了“健康生活、中国底蕴和国际格局”三大门类的 1+X 课程体系。课程体系又分为选修和必修，其中选修课程实行混龄走班制，涵盖外语与国际理解、语言与文学浸润、艺术与审美表现、科学与思维品质、运动与生命健康、实践与技术探究 6 大板块的 48 门课程。开发了基于学生特长的 36 个社团，同时积极尝试校企合作，开发了基于组织结构变革和泛在学习空间的 VR 技术、造物粒子、智能家居、现代通信等课程。

学校在整体课程构架基础上还打造了专属学生课程：德艺童心悦读吧、德艺秀场和德艺讲坛。开办了“中文童心阅读吧”“英文童心阅读吧”“师生阅读吧”“亲子阅读吧”。学校还开发主题化教育月课程，将一学年划分为十个主题教育月。学校积极申报了省市两级的课题研究，在济南市校本课程评选中获奖。55 名教职员工，已经有 20 余名教师在全国、省、市各级教育教学比赛中获奖，其中 1 人荣获国务院政府特殊津贴、省特级教师、连续两届济南市拔尖人才，2 人分别荣获济南市师德榜样、济南市教书育人楷模。学校对于学生的学业评价采用通关评价、嵌入式评价，实现了学习定制，使学业诊断与治疗相结合。在学生的价值观引导上，提倡微笑、感谢、赞美三名片，制定了包含奖章激励、荣誉激励、岗位激励、推优激励四大体系的《学生成长“红领巾奖章”评价激励制度》，学校整体学业水平名列区域前茅，943 名学生中近 300 余名学生在各级各类比赛中获奖，整体展现出健康友善乐学的生命样态。学校始终把教育定位为为社会提供公共产品，为家长、学生提供高质量的服务。学校只有打开围墙办教育，才能关注到家长的想法和诉求，通过家长开放月、校长信箱、校长接待日、智慧家长——我讲我的家教故事等举措，让家长体验教育的真诚和办学水平，学校努力与家庭、社会建立接口，实现沟通，提高黏度。学校将家长满意度、学生评教评学、家长实践课堂、班级家长学校均纳入KPI考评，建校至今历次家长满意度调查均为100%，名列全区前茅。学校先后荣获全国校园足球学校、山东省美育案例一等奖、济南市新优学校培育校、济南市文明校园、济南市健康学校、济南市首批劳动教育示范校、济南市融合信息技术教与学模式示范校、济南市艺术节手工作品第一名、济南市阳光体育大课间一等奖等。学校高起点、国际化的办学成果，全国、省、市各大媒体均给予了相关报道，疫情期间的空中课堂三次登上教育部网站。学校先后承接国家、省、市、区各界别的视导、参观、交流20余次，承办各级、各类会议、论坛40余场，承办了高新区首届名校强校战略校长论坛，建立起良好的社会声誉和口碑。

第二节　教育有了温度:居民幸福空前增强

2017年9月，高新区所有中小学率先在全市开展课后延时服务，以学生需求为导向，走心设置、精准服务，力求突破"校内校外""家里家外""线上线下"等壁垒，探索出了"学长制""坐诊式"等课后服务模式。高新区共有41所中小学，全部开展课后服务工作。

一、全力保障双减下的教育温度

每学期新学期开始，各学校进行调研，调研对象为全体学生和家长，调研内容是课后服务需求。通过调研，找准学生认知点和兴趣点，以家长的困惑为切入点，全面了解家长需求及学生意愿，并进行梳理汇总，为学校开展课后服务提供依据和指导。然后再深入挖掘学校、家委会、社会资源，通过开发课程等途径，本着自愿的原则，让有服务需求的学生100%得到满足。

全市率先开展课后延时服务，覆盖率100%。每学期至少进行两次大调研，以问卷调查和老师座谈的形式，对每个孩子从心理、兴趣、习惯、态度四个角度进行学习的归因分析，然后为每个学生开具学业发展处方，再利用课后服务时间进行1对1个别化辅导，收效甚佳。同时，学校赋予了教师充分自主权，将课后服务的时间安排和内容设计交给了教师。开学初，教师将开展课后服务的计划向全体学生公示，学生根据自己的兴趣进行选择，学校将学生数和服务质量纳入教师的绩效考核。学校缺乏资源无法满足学生兴趣需求的，则以购买服务的形式补充。

济南高新区教育体制改革前(2016～2017年)，全区共19所学校，其中家长满意学校达标的只有 9 所，占比仅为 47%。随着高新区教育体制机制改革不断深化，教育教学质量持续提升，高新居民对教育的获得感和幸福感与日俱增，自 2018 年开始，已经连续 4 年保持全区家长满意学校达标率为 100%（家长对学校的满意度达到 90%，即视为家长满意学校）。

二、全力保障学生舌尖上的安全

2016 年，全区仅有 6 个学校有食堂，大部分学校无配餐。为更好地满足学生就餐需求，解决家长中午接送难和学生在外就餐食品安全问题，2017 以来，高新区将食堂＋集中配餐服务列为民办实事项目之一，对全区未建食堂的 30 所学校进行集中配餐服务，受到广大学生家长的欢迎和社会各界点赞。

中小学校、幼儿园食堂＋配餐实现 100%。截至目前，全区已有 80 个学校幼儿园自建食堂，67 个学校幼儿园开展了配餐服务，服务学生 4 万余人，占全区在校生总数的 78%。济南高新区教育系统把做实学校幼儿园食堂＋集中配餐作为践行初心使命的具体行动，实现了城乡、学段、学生“三个全覆盖”。

一是城乡全覆盖。在城区和街道及以下所有未建食堂的学校幼儿园全部开展配餐服务。通过公开招标具备工厂化、标准化生产规模和资质的配餐公司对未建食堂学校进行集中配餐。

二是学段全覆盖。将未建食堂的 67 所学校（包括幼儿园）一次性全部纳入配餐服务的范围，分期分批有序开展配餐服务，实现了义务教育学前教育学段全覆盖、学生全覆盖。

三是实现了有需求的学生 100%覆盖。各学校新学期开学前，通过一封信、调查问卷等方式，向家长和学生介绍了配餐形式、菜谱、价格等，征集了群众的需求、建议，按照自愿参加的原则，摸底统计了有意愿在校就餐的学生数量，并及时与配餐企业或学校沟通，确保配餐数量充足，实现了有需求的学生全部覆盖。首先，让管理更严格。组织学校寒假期间对食堂进行整修，配置就餐设施设备，制定配餐方案、应急预案等相关规章制度。严格要求配餐企业采用严实密封、卫生安全的保温配餐箱、保温桶等，避免配送过程污染，并提高配送效率，确保学生每顿都能吃上热乎饭。实行午餐陪餐制度，教师与学生同区域就餐，校长、班子成员、食堂厨师长每周轮流陪餐，及时解决发现的问题。教育和市场监管部门密切配合，常态化开展督导检查，全面保障师生就餐安全。其次，让饭菜更营养。学校和配餐企业充分考虑学生的身体发育需求和季节特点，每周提前制定并公布营养午餐食谱，每日食材根据食谱统一定点采购，提供品种多样、数量充足、营养丰富的饭菜，满足学生成长需求。最后，让配餐更透明。分批组织配餐，组织学校教师代表、家长代表、人大代表和政协委员到配餐企业进行参观、考察、试吃，提出改进意见。组织学校通过钉钉群、微信公众号、调查问卷宣传学校配餐服务工作，让家长充分了解学生在校就餐、午休、课后服务的具体情况，及时答复家长的意见和建议，架起家长、学校、企业无缝对接的桥梁，提高了配餐过程的透明度。自实施食堂＋配餐全覆盖以来，高新区师生不用回家就能享受到家庭的美食服务，上班的家长再也不用为孩子如何就餐而发愁了，不定期的联合督查抽查也确保了师生舌尖上的安全。

大宗食材统一配送率100％。2021年1月，济南高新区教育系统积极探索出一条高新特色的学校食堂大宗食品定点采购统一配送之路，按照省市关于大宗食材要以区县为主实现统一配送的要求，通过竞争性磋商，对米、面、粮油、水(海)产品、肉类、蛋类、豆类及调味品实行统一招标采购，确定16家供货商为全区80家学校幼儿园食堂提供大宗食材供货服务，切实保障了学生舌尖安全，为学校食堂管理高质量发展再助力。“统一配送”打破“固有”模式。我们打破常规大宗食材单体多商的固有思维，探索大宗食材货比三家、综合体招标模式，最大限度降低大宗食材采购和配送成本，既解决了困惑我们多年的食品安全问题，实现了流通各环节的索证索票、购销台账的电子化，形成了来源可追溯、去向可查证、责任可追究的质量安全追溯体系；又解决了学校食堂管理人员不足、管理经营能力欠缺的问题。创新考核，建立进出机制。学校食堂大宗食品定点采购统一配送管理工作，坚持动态管理、优胜劣汰的原则。高新区教育部门制定了《高新区学校食堂大宗食材定点采购统一配送考核细则》，每月5日前，学校上报上个月的供应企业大宗食材定点采购统一配送工作考核结果。高新区教育部门联合市场监管部门不定时督查，检查情况同时纳入对供应企业的年度考核。学年度考核得分80分及以上的定点采购统一配送企业将不需要再参加下一年的招投标活动，直接入选下一学年度高新区学校大宗食品采购项目的定点采购统一配送企业；学年度考核得分65分～80分的定点采购统一配送企业，采购配送期间无质量问题退货行为，可参加下一学年度的招投标活动；学年度考核得分65分以下的定点采购统一配送企业没有资格参加下一学年度的招投标活动。大宗食材统一配送以来，既实现了对大宗食材的统一管控，又实现了食材源头可追溯，保障了师生舌尖上的安全。

互联网＋明厨亮灶覆盖率100％。为确保食堂操作过程可控，确保食堂食品安全，2019年以来，济南高新区80所学校幼儿园建成了校园食堂“互联网＋

明厨亮灶”智慧监管系统，实现了全区中小学、幼儿园食堂智慧监管全覆盖，学校食堂将“晒”在网上，方便社会各界监督，让家长放心，更好地保障师生们“舌尖上的安全”。校园食堂“互联网＋明厨亮灶”智慧监管系统包括监管模块、自律模块、共治模块和大数据分析模块，运用先进的 AI 智能抓拍功能、数据分析，对从业人员晨检、餐用具消毒、食品加工制作等进行监管，适时对不规范操作行为进行抓拍、记录，做出预警并要求整改，助力学校落实食品安全各项制度，实现了严防、严控、严管。家长通过下载手机 APP、扫描二维码等方式均可查看校园食堂的资质证照、食材抽检等信息，在线实时观看食品制作加工过程。

三、全力保障学生上下学交通安全

2017 年，高新区孙村街道和巨野河街道没有一辆正规校车。学生上下学都是家长自驾电瓶车、三轮车接送，有些家长因为工作无法接送，就让孩子乘坐无营运资质的面包车和客车上下学，由于山区和经十路、世纪大道等主要道路大货车往来较多，所以存在很大的安全隐患。高新教育联合交警大队急群众之所急、想群众之所想，通过到学校实地调研，与校车公司多方磋商，本着不额外增加学生乘车负担的原则，制订了 3 公里以外学生只要乘坐正规校车就给校车公司补贴 3 元的优惠政策。2018 年秋季，孙村街道和巨野河街道终于开通了校车，从此结束了该地学生挤乘农用车上下学的历史，解决了困扰家长、困扰学校学生上学的安全问题。

偏远地区校车服务覆盖率 100%。目前，全区共投入运营校车 34 台，开通线路 40 条，覆盖了全区偏远乡村，彻底解决了农村孩子们上下学交通不便的问题，获得了家长、师生们的一致好评。

校车严管杜绝安全隐患 100%。在校车管理方面，高新区突出“三严”，杜绝安全隐患。“严查”，在年审的基础上，我们会同交警部门在城区各主要路段设点集中检查，对于不符合要求的车辆一律停运，坚决杜绝车辆“带病”上路。“严审”，即严格审查驾驶员的资格，主要包括：驾驶证是否与车型相符，是否具有 3 年以上驾驶同类车型的经历，有无犯罪记录，有无重大交通责任事故等，对不具备驾驶资格的驾驶员一律清除驾驶队伍。“严管”，即严格路面管控，由区安委会牵头成立校车安全管理工作领导小组，分别从教育、交通和交警部门抽调部分同志组成校车安全督查小分队，对重点时段进行不定期督查，对存在超员等违法现象的车辆一律交由交警部门查扣，并严肃处理。

四、全力保障中小学免费校服惠民工程

免收义务教育阶段学生校服费用是政府重要的惠民工程。为使高新区广大市民能享受当地经济社会快速发展带来的实惠，高新区管委会顺应民心所向，积极调整惠民政策，进一步加大教育惠民力度，经管委会研究决定于2019年9月开始实施义务教育阶段免费校服发放政策。

义务教育免费校服发放覆盖率100%。一般小学阶段每三年发放一次，初中阶段发放一次；每次每生发放免费校服三套，分别为夏季制服、春秋制服、春秋运动服各一套；该惠民政策至今已经执行三年，累计投入资金达1932.5万元，惠及学生63470余人。高新区免费校服的落实使广大学生家庭享受到了高新区经济发展带来的红利，提升了高新教育的温度，得到社会的广泛认可与称赞。

五、全力保障学生在校安全

2018年以来，高新教育创新安全隐患排查治理方式，通过购买专家服务对全区所有学校幼儿园进行全覆盖初查和复查。期间进行问题反馈培训。同时深入开展专家进校园安全指导服务，压实学校安全生产主体责任，织密学校安全风险防控网，持续提升学校安全水平。

安全专家入校指导覆盖率100%。专家会诊，全科式体检服务。安全指导服务突出服务本质，其检查结果不作为执法检查处罚的依据，切实消除学校顾虑，也摸清学校安全生产的真实状况。同时，由省、市知名专家组成专家组，从管理制度、应急演练、校舍设备、消防与校车、食堂管理等方面，对学校的安全生产情况进行全面体检，把脉问诊，确保指导服务不留死角。

清单式标准统一隐患排查100%。根据高新区教育实际，制定《高新区教育系统360条风险隐患防控指南》，涵盖了学校安全的各个方面。专家进校园严格对照检查表的检查项目，动真碰硬深入学校找问题，通过与学校主要负责人、安全管理人员和从业人员座谈、查阅台账资料、现场检查等方式，逐项排摸力求精准，并做出安全生产隐患排查记录表，下发整改意见书。

靶向式消除短板培训100%。针对排查出的问题隐患，专家组与学校管理人员进行深入交流，从专业角度提出了意见和建议，并分享隐患排查先进经验，现场对安全管理人员进行针对性的培训与解惑，帮助他们提升隐患排查治理能力。同时，每一批次指导服务结束，专家组就进行梳理分析并集中向学校反馈

问题隐患，积极提出整改意见和建议，针对学校的安全管理薄弱环节进行安全生产业务培训，提升企业安全管理水平。

闭环管理销号式整改100%。针对发现的问题，专家组要求学校逐一到岗到人签字确认，形成问题清单；提出管控措施和整改建议，制定个性化指导方案，形成整改清单；督促学校履行安全生产主体责任，将整改工作落实到学校的具体部门具体人，形成责任清单。严格实行问题销号制度，问题整改一项销号一项，闭环管理，最终实现问题隐患清零，提升学校安全生产条件。自实行安全专家进校园服务以来，高新区教育系统安全风险实现了精准防控，安全制度和应急预案趋于完善，安全条件大大提升，在全市安全综合考评中，高新区连年稳居前三名。2021年度，高新区荣获全市安全生产月先进单位，全省安全工作先进单位。

封闭化管理达标率100%。封闭化管理是一个校园最起码的底线要求。自2019年以来，济南高新区就严格按照省公安厅、教育厅的要求，在门口设置升降柱等防冲撞设施，围墙不低于2米，设置安保巡更点，且安保一日5次巡查，确保校园封闭化管理。截止到2021年底，高新区学校幼儿园共投资300万元，设置防冲撞设施135个，围墙加高1万平方米，电子围栏6万米，为学校筑起了一道铜墙铁壁。

专职保安配备覆盖率100%。2016年以来，高新区中小学实现了专职保安配备，但多数幼儿园存在无专职保安以及保安无证上岗的严重问题。高新区发展保障部联合高新公安分局严格检查，通过召开会议、幼儿园保安补贴、加强安保培训等方式，积极充实安保队伍。截止到2020年，为公办幼儿园和农村集体园安排60名正规保安人员。同时制定学前教育实体化改革方案，加大补贴力度，实现了全区107所幼儿园全部配齐正规保安人员。截至目前，全区中小学幼儿园正规保安人员为456名，有力保障了学校幼儿园的安全稳定。

一键报警和视频监控联网覆盖率100%。自2020年以来，高新区管委会发展保障部联合区公安分局制订了视频监控联网方案，通过招投标确定联网公司，经过实地勘察、监控更新、设备整合，为全区147所学校幼儿园安装了视频监控并与公安机关大数据平台联网，同时，对一键报警进行了检修。截止到2021年底，全区147所幼儿园全部实现了一键报警和视频监控与公安机关联网，实现了校园联防联控，长治久安。

护学岗覆盖率100%。2020年以来，高新区加大护学岗执勤力度，在早中晚上下学高峰期，有学校执勤领导、执勤教师、保安、家长志愿者和公安在校门口执勤，在学校门口演绎了一条爱心护学的风景线。

消防控制室持证上岗率100%。2019年以来，高新区新建学校幼儿园数量以每年10所的速度增加，且新建学校幼儿园大都具备消防自动化设施，校内有消防控制室。按照消防法要求，消防控制室需要每班2人持证上岗且24小时值班。结合全省消防安全专项整治，全区摸清底数，经过专家论证，确定了有具备消防资质服务的安保公司为学校幼儿园提供安保消防服务。2021年，通过招投标确定了服务中小学的振邦保安公司和服务于幼儿园的兴达保安公司，两家公司在为中小学和幼儿园提供安保服务的同时，也为有消防控制室的单位提供同时具备安保和消防资质的安保队员。至此，有消防控制室的全区20所中小学实现了安保消防一体化，为学校安全增加了消防"安全门、保护锁"。

六、全力保障学生健康成长

近年来，济南高新区高度重视学生体质健康，以《国家学生体质健康标准》为依据，凝聚教育合力，保障学生体质健康测试相关设施配套，加强教学指导和思想引领，规范开展学生体质健康测试。

体质测试覆盖率100%。严格执行中小学《体育与健康课程标准》，确保开齐开好体育课，确保每个学生均掌握基本的运动技能，让每个学生都能拥有自己喜欢的体育课程或1～2项体育运动项目。全面落实早操、大课间和每天一小时校园体育活动制度，切实保障学生校内体育锻炼时间，加强体育教育教师队伍建设，引导学生重视自身健康，积极参加体育锻炼。2020年，在济南市学生体质健康测试抽查复核中，济南高新区学生体质健康水平同时创下4个全市第一，即总平均分排名第一、合格率排名第一、优良率排名第一、优秀率排名第一。

学生视力建档覆盖率100%。孩子的光明未来，离不开明亮的双眸。习近平总书记强调："全社会都要行动起来，共同呵护好孩子的眼睛，让他们拥有一个光明的未来。"近年来，济南高新区将儿童青少年近视综合防控工作完成情况纳入对学校（幼儿园）、医疗卫生机构的绩效考核，组织成立高新区儿童青少年近视防控一体化中心，为近视防控提供技术指导、业务咨询和科普宣教服务。减缓低龄近视趋势，将视力保护工作关口前移至学前儿童，做到早监测、早发现、早预警、早干预。2021年，济南高新区投入70余万元，通过招投标方式采购医疗卫生机构的第三方服务，为全区中小学、幼儿园学生免费进行每学年2次视力筛查，建立儿童青少年视力健康电子档案，按照"一人一案"原则，对视力不良学生提供综合干预技术指导及后续跟踪管理服务。2021年，济南高新区投入

860余万元，为全区中小学900余间教室进行了护眼灯提升改造工程，惠及高新区3万多名师生。委托第三方专业检测机构，对学校采光照明条件进行“双随机”抽检，督促各校严格按照国家标准，落实教室、宿舍、图书馆(阅览室)等采光和照明要求。各中小学校根据学生座位视角、教室采光照明和学生视力变化等情况，每周调整学生座位，每学期根据学生生长发育变化，对课桌椅高度进行个性化调整。

在6月6日全国“爱眼日”期间，各校举行爱眼护眼的“八个一”主题活动，即开展一次健康教育启动仪式、进行一次国旗下讲话、组织一场专题讲座、进行一堂主题班(团、队)课、开展一次眼保健操比赛、进行一次视力监测分析、征集一次爱眼护眼主题宣传画、发放一批视力表活动，提高学生视力保护能力，为预防近视发挥了积极作用。

第三节 教育有了厚度:内生创新激发蜕变

一、改革激发内生动力，教师队伍有了厚度

创新之道，唯在得人。得人之要，必广其途以储之。近年来，济南高新区持续面向高校选聘优秀毕业生，改革选拔模式，提高选拔质量。高新区2411名教师中，本科以上学历2237人，占92.78%，其中，“双一流”高校毕业生占比接近30%。2021年，全区新招聘教师共304人，99名教师在县(区)管校聘中经过双向选择落聘后通过再次竞聘上岗，在岗位竞聘中选拔了一大批优秀的教育管理者，也有数十位学校管理干部离开本岗位，真正实现了能上能下、能进能出的灵活用人机制。创新教师培养模式，加强教师培训，积极探索以校为本的教师培训新思路、新方式，形成教师“自主培训、自我进修、自觉成长”的“三自培训新模式”。2021年暑期，高新区组织开展了包括全员通识研修、体音美教学技能研修、校长研修、新教师研修、教研(备课)组长研修、班主任研修等系列培训，覆盖全员、全学段，参训人数达3000人次。

二、改革虹吸了名师名校长，优秀人才有了厚度

济南高新区开辟人才引进“绿色通道”，引进和培育高层次教学骨干和高级教育管理人才。成功引进齐鲁名校长4名、特级教师3名、市级骨干30余名。以新秀教师、骨干教师、卓越教师、教育家型教师为基本梯队。通过名师工程，

培养一大批高素质专业化的教学专家和名师团队，从 2021 年起到 2024 年，我们将培养和评选教育家型教师、卓越教师、骨干教师。实施名校长工程，从 2021 年起到 2024 年，我们将培养和评选卓越校长、教育家型校长。成立"名师工作室"和"名校长工作室"，发挥名师示范引领作用，给全体教师特别是中青年教师提供个人成长和职业发展的平台。发挥名校长的示范引领作用，加快名校长梯队建设，为高新区教育优质均衡和持续发展奠定人才基础。

三、改革引入智库，内涵发展有了厚度

2021 年，济南高新区引进国内顶尖水平教育研究院，组建高新教育发展智库，选用专职高水平教育专家进驻，做好高水平的区域教育发展规划、师资培训、课程开发、课题指导、成果转化等。引领高新教育向高层次发展，教科研水平和能力得到极大提升。定期开展教育论坛，包括校长论坛、名师论坛、班主任论坛等，每月召开全区教学现场会，面向全网直播，提升教师职业幸福感和价值感。鼓励教师基于教学现实问题申报课题，推动课堂教学改革，形成人人有课题、校校有成果的良好教研氛围。

一大批"国字号"招牌落户高新区学校。雅居园小学荣获"全国国防教育特色学校"，春晖小学荣获"全国特色学校""全国绿色教育创新学校""全国环境教育示范学校"，奥龙小学荣获"全国生态文明教育示范学校"，伯乐实验学校荣获"全国生态文明教育特色学校"，丰奥嘉园小学等 9 所学校获评"全国青少年校园足球特色学校"，第一中学荣获"全国教育信息化示范基地"，第一实验学校荣获"全国家校共育创新实验校""全国五四红旗团总支"。

一支德才兼备的高素质教师队伍频繁站上全国、省级领奖台。凤凰路小学王冰《火车开啦》获部级"优课"，章锦小学韩世平《轴对称图形》获部级"优课"，第一实验学校陈文群《体操技巧》获省级"优课"，科航路学校贾晨玲《图形的放大和缩小》获省级"优课"，汉峪小学赵莹《数独》获省级"优课"，第一中学王国庆《金属的化学性质复习提升课》获省级"优课"，奥龙小学苏舒婷《综合性学习——走进信息世界》获省级"优课"，实验中学田延东《铁及其化合物》获省级"优课"，春晖小学高正《少儿编程》获省级"优课"，东城逸家初级中学董梅《寄情山水》获省级"优课"，奥体中路学校韩璐《A 大调(鳟鱼)钢琴五重奏(第四乐章)》获省级"优课"，丰奥嘉园小学董娇《两小儿辩日》获省级"优课"，河套小学孟祥峰《快乐的长鼻子》获省级"优课"，凤凰路学校赵蕊《巴西》获省级"优课"，凤凰路小学吕云菁《寒号鸟》获省级"优课"。

教研引领力持续提升，实现“人人有课题、校校有成果”。济南高新区《义务教育阶段“两翼多层”发展性教学评价研究》入选省级课题，东城逸家中学《基于德育渗透的STEM校本课程开发与建设研究》获国家级课题评审立项，奥龙小学《校本化教师专业发展共同体建设机制研究》入选省级规划课题，第一中学《提高学生课堂学习专注力的研究》入选省级专项研究课题，奥龙小学《基于内涵发展的新优学校创建研究》入选市级“十三五”规划重大课题项目。

第四节　教育有了热度：百家同道携手共进

短短几年时间，济南高新区的教育质量从全市公认的教育洼地，转变为当前交口称赞的教育高地。济南高新区立足于创建立德树人、五育并举、双减增质的整体育人课堂变革，敢于创新、勇于担当，用改革激发活力，迸发出教育的生命力，努力打造高品质教育。

一、教育助力经济发展

2020年，济南高新区国内生产总值(GDP)实现1291.5亿元，在国家级高新区综合评价中位列山东省高新区第一位。共有齐鲁软件园发展中心、高新技术创业服务中心、生命科学城发展中心、智能装备产业发展中心、临空经济区发展中心、财政性投资项目推进中心六大园区。重点发展新一代信息技术、装备制造、生物医药三大主导产业，具有数据与信息服务、金融和科技服务为重点的两大现代服务业产业集群，拥有量子科技、人力资本、区块链与网络空间、医养健康、商业航天等一批战略性新兴产业。截止到2021年底，高新区聚集省级以上研发机构超过270家，高新技术企业超1600家。

济南高新区教育紧紧围绕全区经济社会发展的中心任务，通过教育改革真正实现教育事业发展与高新区经济社会发展相互匹配、相得益彰。全区统筹考虑辖区村(居)民、外来客商和企业用工人员的教育需求，着力打造了一批高新区教育品牌，培养造就一批名师、名校、名校长。济南高新区党工委、管委会一直把教育作为一项最重要的社会事业来抓，并以此为突破口实现全区经济社会协调发展；坚持把教育作为一项最大的民生工程来抓，努力提高办学水平、惠及千家万户；坚持把教育作为一项重要的投资软环境来抓，实现了以高品质的教育助力双招双引，成为高新区吸引优秀外来客商安居乐业的必要条件，并为高新区产业发展提供强有力的人才和智力支持。近年来，济南高新教育服务高端人才引进,为众多5150高层次人才、泰山学者海外特聘专家等高端人才解决子女入学问题,让他们能安心、舒心、放心在高新区干事创业。同时,济南高新区高质量的教育也让许多的优秀企业纷纷到高新区投资建设,为重点企业职工子女解决就近入学的问题,打造了良好的营商环境。

二、教育改革成果分享

在2019年中国教育学会年会上,济南高新区就教育体制机制改革做典型发言;在2020年教育部招生工作会议上,济南市教育局主要负责人就济南高新区教育改革做经验介绍;在2021年全国"立德树人落实机制"优秀案例研讨会上,济南高新区做了重点发言。济南高新区《从"教育管理"走向"教育治理"》的改革案例入选山东省基础教育改革典型案例。

社会各界对高新区的教育改革高度关注。2017年9月11日,《济南日报》以《济南高新区打响中国教师编制改革"第一枪"》为题报道了高新区的教育改革,并开辟"高新教育体制改革'样本'观察系列学校报道"专栏,对高新区各学校实行改革后发生的变化进行了系列报道,引起社会的广泛关注。评论员在文章中写道,体制就像一座围城,围城外的人想进来,而围城里的人正在走出去。今年9月10日是第33个教师节,1700多名教师从围城里走出来了,从获得感来看,岗位聘任改革是济南高新区送给他们最昂贵的"节日礼物",因为改革让他们看到了"未来和希望"。体制活了,积极性就有了,砸了"铁饭碗",靠自己的能力捧上"金饭碗"。济南高新区的这项改革不仅是中国"独一份",更堪比——教育领域的"小岗村试验"。济南高新区敲开了中国教育体制改革的大门,正处于一次对自身命运的主动探求与迈进中,同时,也为身处体制围城内的中国教师探索着改革发展的方向。

2019年6月27日,《大众日报》以《济南高新区教育改革向纵深推进》为题宣传报道济南高新区教育改革。文章中介绍,济南高新教育积极探索教育体制机制改革,推动了高新区教育实现快速发展。高新区的教育体制机制改革,教师编制改革首开先河,使教师专业发展内驱力全面激发。时任济南市教育局党组书记、局长王品木认为,这场改革实现了管办评分离,理顺了政府与学校的关系。打破了编制限制,形成了能上能下、能进能出的灵活用人机制。改革后教师职级晋升实行积分制,破解了教师职称评审困扰。同时建立了干部与教师相对独立的绩效体系,化解了干群矛盾。

2020年4月13日,中国教育学会官方网站刊登了《如何从"教育管理"走向

“教育治理”》的文章，全面介绍了高新教育改革后的成效。文章中指出，始于城乡接合部的高新教育，农村学校占据大半壁江山，师资力量薄弱，教育质量持续在全市低位徘徊。为了在“七零八落”的教育布局中找到发展的“最大公约数”，全面快速提升教育质量，济南高新教育着力在教育管理体制机制优化上下功夫，推进“教育管理”走向“教育治理”。解决教育发展动力不足问题，就必须把每一个育人环节都装上“动力系统”，即让教育行政部门、学校、老师、学生、家长组成“动车组”，形成一个教育治理共同体，围绕一个目标，共同参与、协调互动。真正实现学校“办学自主、用人自紧、指标自定、成果共享”，促进教师“自我发展、主动成长”，实现了区域教育公平、优质、持续发展的目标。

2020 年 6 月 15 日，《中国教育报》以《教师编制“铁饭碗”封存之后》为题深入报道了高新教育改革后的各种变化，对改革的各项措施以及取得成果进行了全面翔实的报道。报道中介绍，济南高新区教育系统的这项改革，以人事制度改革为突破口，全面开启了教育体制机制改革，打破编制“紧箍”，推动“管办评”分离，推行教师职级晋升积分制，破解职称评审难，调试教育评价“指挥棒”破解“五唯”难题，从“教育管理”走向“教育治理”。随着改革的持续深化，济南高新区学校办学自主权不断增加，学校的办学特色更加明显，全区教育走上了“快车道”，发生了新变化，逐步形成了教育行政部门、学校、社会等多元主体共同参与的教育治理格局，全区教育在全市逐步从“后进生”迈入“学优生”序列。

在《教育家》2021 年第 4 期中，刊发了题为《不断增强教师的获得感、幸福感、安全感》的济南高新区教师队伍建设改革调查。调查中讲到，深化新时代教师队伍建设改革，需要一系列建设高素质教师队伍的政策举措。为造就一支政治素质过硬、师德师风高尚、业务能力精湛、育人水平高超的新时代教师队伍，近些年来，济南出新招、出实招、出硬招，调动教师教书育人的积极性、主动性和创造性。改革感受如何，第一线的教师最有发言权。在普通教师参与占比 81.11%的问卷中，77.59%的教师收入提高了，66.81%的教师表示对收入满意，工资水平高于其他区县。统计数据显示，56.27%的教师一个月实发到手的工资在 6000～7000 元，17.63%的教师能拿到 8000～9000 元。总的来说，81.54%的教师每月就实实在在地有 6000 元以上的工资进自己的“钱袋子”。问卷调查中，70.83%的教师认为教师职业让他们收获比较高的职业幸福感，86.62%的高新区教师对所在学校有较高的归属感。不仅如此，通过调查问卷，记者发现，同工同酬教师的归属感更为强烈。高新区的行政管理体制改革，转变政府职能，不缺位、不越位、找定位，转身成为“服务方”。84.16%的教师鲜明地表达了对高新区教师队伍体制机制改革的认同。对于高新区教育未来发展，则有92.51%的教师表示对此有信心。

2021年9月27日，《山东教育报》以《催发教师竞相成长的内生力量，济南高新区这样做！》为题对济南高新区教育改革后激发教师活力进行了翔实报道。文章中写道，济南高新区紧紧抓住教师这一教育发展要素，积极探索建立助推教师成长发展的机制，激发了教师的内驱力，推动了全区教育的快速发展，有效提升了教育治理水平、教育教学质量和学生综合素养。能者勤者上，庸者懒者下，成为激发干部教师专业成长发展内生力的新引擎。改革让教师收获更多，多劳不止多得，优劳也不仅仅只是优酬。更为重要的是教师师德水平得到了提升，专业发展的主动性、积极性更加高涨。

《半月谈》2021年第24期刊登了题为《一个"聘"字，让学校管理工作与以往发生很大变化》的宣传报道。文章中写道，2017年以来，山东省济南市高新区以教师编制改革为突破口，持续优化教育体制机制。一系列改革措施落地后，基层校长责任更重、压力更大，但也被赋予更加灵活的办学自主权，一线教师"铁饭碗"被打破，教学教研热情得到充分调动，教育事业面貌一新。改革之后，老师要不停地长本事，才能适应岗位。校长则要打造一支可以胜任责任、承担压力的管理团队。2019年，济南高新区在全市率先成立教育"人才超市"，优化人才选聘机制，2020年全力推进"区管校聘"，推进教师队伍改革走向纵深。为了办优质教育、办群众满意教育，济南高新区下大力气发展教育事业。2018年高新区教育投入达5.5亿元，2021年教育总预算突破10亿元。普惠性幼儿园覆盖率达93.61%，初中学业水平连续3年提升。从显性指标来看，高新区教育水平已获得长足进步。

三、来访考察学习

"梧高凤必至，花香蝶自来。"正是由于高新教育先行改革，产生了教育活力，取得了突飞猛进的变化，才引得一批又一批省内外教育同仁不远千里来高新区"取经"，全国来访、学习者络绎不绝，在省内外多所学校落地生根。

2018年4月10日，陕西省榆林市高新区教育局一行8人到济南高新区考察调研教育改革工作。会上，双方围绕教师编制改革、校长聘任制、教育管理体制及办学模式等方面的问题进行了交流沟通。同时，围绕教育发展等方面交换了意见，考察团一行对高新区先行先试、勇于创新的精神表示钦佩，对高新区改革以来取得的变化表示祝贺，也表示将与济南高新区建立长期联系，共同推进高新区教育发展。

2018年4月16日，青岛市教育局一行8人到济南高新区考察调研教育改革工作，济南市教育局有关领导陪同参加。会上，高新区从改革背景、改革目标、案例实施过程及成效、改革反思等方面进行了交流探讨。青岛市教育局就师德师风建设、管理体制创新、教师编制改革、岗位聘任、教师培训等方面提出了问题，高新区有关人员进行了一一解答。考察团一行表示收获很大，高新区教育改革的经验值得学习和借鉴。

2018年5月15日至16日，河北省唐山市丰润区教育局一行12人到济南高新区考察教育改革工作。考察团先后参观了济南市奥龙小学、济南高新区第二实验学校、济南高新区科航路学校、济南高新区第一中学。各学校校长汇报介绍教育改革基本情况，考察团就改革的相关问题进行现场咨询。

2019年4月3日，济南新旧动能转换先行区一行4人到济南高新区考察调研。主要围绕教育办岗位设置、教育改革方案、合作办学情况等内容进行了全面调研。双方结合各自教育发展实际介绍了有关情况，高新区重点介绍了教育改革及合作办学等相关情况。新旧动能转换先行区就相关问题进行了咨询，考察团一行表示开阔了眼界，开拓了思路，努力学习高新区先进经验。

2019年3月21日，烟台高新区社会事务局学习考察团一行4人到济南高新区考察调研。双方主要围绕教育系统人才引进及教师队伍创新管理、进行园区管理体制机制改革的同时教育体制改革工作的开展情况、教师待遇保障工作的经验做法、小区配套幼儿园管理模式及普惠性民办幼儿园扶持政策、学校管理经验(初级中学)等五个方面进行了深入交流，烟台高新区社会事务局对高新区教育的快速发展表示赞扬，学习了很多新经验、新方法，学习考察团一行受益匪浅。

2020年4月17日，河南省渑池县第二高级中学一行26人慕名到济南高新区实验中学进行了为期3天的学习交流。旨在学习高新区实验中学“三自教育”育人理念和“导学用大课堂”教学模式，以新方法教学，以新思路育人。

2020年11月25日，来自广东省茂名市第一中学的80余位教育同仁；11月21日，来自内蒙古教育系统的160余位教育同仁；11月22日，来自沈阳市教育系统的40余位教育同仁，先后来到高新区参观学习，走进学校进行交流，学习学校的先进办学理念、育人思想及教学方法，了解高新区教育改革的新举措、新方向。

2020年11月29—30日，北京、湖北恩施、广西南丹、云南楚雄、河南温县等地教育同仁齐聚高新区参观学习，参加一场有温度的“思想”盛宴，解密“三自教育”背后的深层内涵，看一看学生真正需要的教育是什么，探索高新教育改革的魅力。

2021 年 4 月 19—22 日，济南高新区迎来陕西名校渭南市尚德中学参观团，20 余位教育同仁前来指导交流。到访者走入济南高新区实验中学校园，在学校领导的带领下观摩学生高效自习。参观教师们对高新实验课堂的高效性、教学内容的精准性表示惊讶与赞叹，纷纷询问提升课堂效率的“秘籍”。教育同仁们纷纷表示，济南高新区实验中学跨越崛起的成功经验给他们带来很多有益启示，回校之后一定要将其运用到教育教学实践中，推进学校发展。

经过多年的付出和努力，济南高新区教育体制机制改革已大有作为，在今后改革的路上，济南高新区教育系统将继续大步向前。在教育事业发生着巨大变化的今天，唯改革者进，唯创新者强，唯改革创新者胜。在未来的征程中，我们将以“敢为天下先”的勇气，深化改革，创新发展，积极探索适合济南高新教育发展需要的新道路、新范式，为经济社会发展贡献济南高新教育力量。

第七章　回眸与展望：区域教育，走出“深水”是高山

由于编制、人事等种种因素，也由于历史积淀原因，“县管校聘”工作涉及面广，难度大，矛盾多，被称为“基础教育改革的深水区”。我们在高新区党工委、管委会的大力支持下，创新式引入企业管理的KPI绩效考评办法，落实了学校办学自主权，促进了教师流动，激发了教师队伍活力，达到了推动义务教育优质均衡发展的预期目标，消除了我们一直“堵心”的工作机制障碍。但是，通过深入学习习近平总书记关于教育的重要论述和党的十九大明确的教育高质量发展的蓝图，并没有“三军过后尽开颜”的轻松感。《中国教育现代化2035》向我们展现了总体实现教育现代化的壮丽前景，我们要以更大的担当精神和更大力度的创新实践，以高质量的区域教育，与全国人民共同攀登中华民族屹立于世界的高山。

“筚路蓝缕启山林，栉风沐雨砥砺行。”多年来，济南高新教育为全面提升教育质量，满足人民群众对优质教育的美好期盼，落实高新区党工委、管委会的改革政令，以四个高地建设为着力点，以岗位聘任为突破口，以绩效考核为杠杆，以绩效薪酬改革为驱动力，在全国率先启动教育体制机制改革，实现从教育管理向教育治理转变，由内涵提升到特色发展，由鲜为人知到品牌蝶变，创出了“内涵提升、特色发展、品牌蝶变”的教育改革新路径，走出教育体制机制改革的“深水区”。这是几代高新教育人奋发图强、开拓创新，使高新教育从起点低、底子薄、优质资源少走向辉煌的奋斗史，称得上“筚路蓝缕启山林”。展望未来，如何进一步落实习近平总书记有关深化教育体制改革、全面落实办学体制和教育管理改革的指示和中共中央办公厅、国务院办公厅下发的《关于深化教育体制机制改革的意见》，我们还必须继续坚持“栉风沐雨砥砺行”，以更大的担当精

神、创新意识，全面深化教育综合改革，全面实施素质教育，全面落实立德树人根本任务，系统推进育人方式、办学模式、管理体制、保障机制改革，提升教育改革进行了顶层设计和要求，推动高新教育迈入高质量发展的长久轨道。

一、再出发：弘扬高新教育人的创业精神

2020年底，济南高新区党工委、管委会在“十四五”规划中提出了“建设高质量教育体系”战略要求，具体包括以下几点。一是全面提升教育服务区域发展战略水平。统筹区域发展，聚焦民生热点，结合高新区城市空间布局、人口分布特点等，优化教育资源配置，有序推进基础教育设施建设，持续增加学位供给。优先配套建设中小学、幼儿园等教育设施，确保“十四五”新建50所中小学、幼儿园。二是全面实施“教育强区”发展战略。研究探索学区制管理改革，实行集团化办学，通过“强弱联姻”“校际联盟”“新老联体”等形式，执行共享式发展、捆绑式评价的发展模式。调整合作办学方向，优化遴选对外合作办学，着力培养自有教育品牌。以实现教育高位优质均衡发展为目标，以高中教育为龙头，以体制机制改革为杠杆，以提高教育质量为中心，以打造名师名校为突破口，努力打造教育体制机制改革高地、高位优质均衡发展高地、教研强区教育质量高地、信息化与教育融合高地，加快高新教育高质量发展。三是全面推进教育治理现代化。全面实施“管办评”分离，引入知名教育研究院团队，建立教育发展智库，做好高水平的区域教育发展规划、师资培训、课程开发、课题指导、成果转化、教育评价、教育督导等工作，引领高新教育向高层次发展。

“十三五”期间，高新教育投入持续增加，各级各类学校特别是农村学校办学条件有较大改善；教师队伍规模、素质和结构进一步优化。教育体制机制改革取得重要进展，办学体制、管理体制和人才培养体制改革得到全面深化，《从教育管理走向教育治理》的改革案例入选山东省基础教育改革典型案例。服务师生实现五个100%，即中小学校、幼儿园配餐服务覆盖率100%，义务教育免费校服覆盖率100%，偏远地区校车服务覆盖率100%，建档立卡贫困家庭学生资助覆盖率100%，全区学校家长满意度达标率连续三年保持100%。高新教育发展实现了新跨越，特色鲜明，亮点纷呈，在全市、全省，乃至全国产生了一定影响，成为助力全区经济社会发展的“智慧引擎”，为“十四五”的教育改革与发展奠定了良好的基础。应该说几代高新人的努力成就巨大，具有划时代的标志和意义。

但是，十余年前的“上海PISA现象”告诉我们，高新教育的明天与上海的昨天还是有差距的。上海连续两次参加国际学生评估项目(PISA)，阅读、数学和

科学三项都名列前茅。上海教育人在如此骄人的成绩面前，始终保持理性，更多地是以成绩作为坐标系，不断审视上海基础教育工作的成效与不足，提出上海基础教育内涵发展正处于“深水区”，要坚持以改革去攻克种种难题。① 因此，对照国家和省市区的十年《教育规划纲要》、袁振国先生当初指出的挑战和阻力以及上海教育对“深水区”的理解，教育改革“深水区”的深度和宽度不能简单地定义，应该说教育改革是由多个深度和宽度不一的“深水区”组成，不同时期要克服不同的“深水区”，我们只是走出一个或两个“深水区”，今天的成就并不意味着前方会有想象的平川和坦途，与中国教育实现由大变强的路径一样，高新教育的明天也一定是在不断克服艰难困苦中闯出来的。

我们的基本目标是，到 2025 年，围绕为高新区创建世界一流高科技园区提供有力人才保障和智力支撑，高新教育要基本构建起创新型开放式现代化区域教育发展体系，完成“教育体制机制改革”“绿色教育质量发展”“教师队伍建设”“教育信息技术应用”四个高地建设，实现区域教育现代化，形成区域教育优质均衡发展的济南高新现象。主要目标可以概括为以下四点。

第一，教育规模与结构更加合理。学前教育、义务教育、普通高中教育、特殊教育规模与城市人口发展，学位需求相适应，优质教育资源显著扩大，终身教育满足学习型城市建设需求。

第二，基本公共教育服务更加均等。有效建立教育公共服务一体化。适应社会各群体多样化教育需求，实现人有所学，学有优教。学前教育公益普惠性进一步增强，优质均衡的义务教育公共服务体系更加健全，保障驻区企业员工随迁子女、残疾儿童，家庭经济困难学生等适龄青少年能够平等接受良好的义务教育。

第三，教育引领与服务能力显著增强。人才培养能力进一步提高，教育对城市经济转型、产业发展和技术创新的引领和服务能力进一步增强，适应市民终身发展和个性化发展的多样化需求，成为城市现代化国际化的重要标志。

第四，教育保障更加有力。教育法规体系更加健全，依法行政、依法办学全面落实。教育经费投入依法、足额、优先保障。教育用地、校园安全、教师编制、教师待遇得到优先保障。教育队伍专业化、教育信息化优势进一步增强，建设“互联网＋教育”的新模式。

因此，未来会有更多更深和更宽的“深水区”在等着我们，我们要一如既往地发扬高新教育人的创业精神，勇敢地闯进和走出一个又一个“深水区”。全区教育

---

① 参见尹后庆：《解读在教育内涵发展的“深水区”攻坚克难》，《上海教育》2013 年第 12 期。

系统将紧紧围绕新时代教育现代化、高质量发展目标,深化教育改革,努力构建体现时代要求、彰显区域特色、具有竞争力的高新教育高质量、高品质发展体系,全面提升高新教育治理体系和治理能力现代化水平,重统筹促协调,夯实教育发展基础,为建设学习型社会和人力资源强市提供坚强人才支撑和智力保障。

一是着力抓好教育基本建设。加快推进高新东区各级各类学校建设,深入推进城镇小区配套幼儿园治理,呼应5G网络、“互联网+”国家重大战略和“智慧教育”工程,深入推进“智慧学堂”建设,扎实提升“深度应用指数”和“日均活动度”。二是深入推进教育综合改革。在学前教育阶段探索推广集团化办学模式的实践和创新,以优质园带动新建园,整体提升办园品质。打造学校发展共同体,积极探索联盟化、一体化办学新模式,持续提高集团办学效益。鼓励薄弱学校构建教育联盟,探索协同发展路径,实现互惠共进。优化义务教育教师“县管校聘”制度,深化中小学校长、教师交流工作,优化资源均衡配置,进一步缩小区域、城乡、校际办学水平差距。三是统筹发展各级各类教育。探索实施城区幼儿园招生服务区制度。以课程游戏化区域推进为抓手,全面治理幼儿园教育“小学化”倾向。加大优质资源建设力度,创建省优质园,支持高新中学创建省高品质示范高中。借鉴先进地区经验,引进省内外名校资源,探索普通高中集团化合作办学模式。做好高中学生选科指导与评估、综合素质评价管理,提升学生综合素质,推动育人方式改革。

二、敢担当:担起办人民满意教育的使命

坚持党的领导,以人民为中心的政治逻辑掌控教育改革,是应对“深水区”的根本保障。作为社会主义国家,教育体制的改革与发展要通过办人民满意的教育来激发全民活力,发展为人民的政治理念是教育体制改革目标确立的政治学立场。“深水区”理论的一个核心内涵就是风险意识,防控风险成为第一原则。在社会主义市场经济背景下,教育的风险掌控不能局限在官员和专家范围内论证与设计,还要扩大到公共领域与公共生活,引导有关利益群体参与。这种公共参与和论证的过程,实质上是分化传统政治权力的决策功能的举措,但是当下的教育体制改革尚未完全适应社会市场运行机制,要解决人民群众关心的热点和难点问题,同时抑制功利化集团和短视社会观念。教育是培养人的实践活动,教育体制的改革必须摆脱教育工具性、功利性的影响,回归促进人发展的教育本质,这是教育体制改革目标确定的教育学基础。因此,“一放了之”的简单放权会导致基层出现“接不住、管不好”的问题。回望中国教育改革的实

践,《面向21世纪教育振兴行动计划》和《国家中长期教育改革和发展规划纲要(2010～2020年)》都是党和国家代表人民意志发布改革蓝图,教育改革行动始终是在中国共产党的领导下进行的,党是教育改革的领导者,是教育改革的主导力量,是有力推进教育改革的核心政治因素。

这与公共教育治理改革的共同追求在内涵上是一致的:“更小的政府、更好的服务、更广泛的社会参与、更公平和有效的教育。”①“十四五”期间重点任务要求我们重服务、促正风,加大办好人民满意教育的力度,这是我们一如既往的目标。

(一)加强教育系统党的建设

坚定不移把党的领导贯穿到教育工作全过程,坚持正确的政治方向,着力加强教育系统党的政治建设、思想建设、组织建设、作风建设,发挥基层党组织的战斗堡垒作用和党员的先锋模范作用,为推进教育改革发展,落实立德树人根本任务提供坚强的政治保证和组织保障。加强教育系统思想政治建设,坚决落实意识形态工作责任制,牢牢掌握意识形态工作领导权、管理权和话语权,切实维护教育系统和谐稳定。

(二)促进各类教育协调发展

全面推进教育公平,高水平实现学前教育全覆盖,城乡义务教育一体化和优质均衡发展,巩固提升高中阶段教育,发展职业教育及特殊教育,确保每个孩子都能享有公平而优质的教育。力争第一批通过全国义务教育优质均衡发展县(区)的验收。

1.学前教育普及普惠发展

坚持学前教育的公益性,以政府投入为主,扩大学前教育资源,加强公办幼儿园建设,提高学前教育普及水平。到2023年,全区所有幼儿园将达到省定基本办园标准。确保适龄儿童公平、顺利入园,着力保证外来务工人员随迁子女入园。支持集团化办园改革,促进园所均衡发展。加强保教队伍建设,持续选聘公办教师,大力推进“以游戏为主”的学前教育模式改革,克服“小学化”倾向,让所有儿童健康成长。

2.义务教育优质均衡发展

统筹区域发展,聚焦民生热点,结合济南高新区城市空间布局、人口分布特

---

① 葛孝亿:《教育改革的公共理性:“深水区”之后的省思》,《现代教育管理》2013年第12期。

点等，优化教育资源配置，有序推进基础教育设施建设，持续增加学位供给，确保入驻高新区企业职工随迁子女和外来务工人员子女在高新区平等接受义务教育。

坚持公平、优质的价值取向，通过学区制改革、集团化办学，合理配置公共教育资源，缩小城乡之间、区域之间，特别是学校之间的办学水平差距，实现优质均衡发展。

3.普通高中教育多样化持续发展

推动公办教育、民办教育、国际教育协调发展，发挥普通高中在基础教育改革发展中的龙头作用。加快济南高新区实验中学基础设施建设，扩大办学规模。2023年完成校区扩建，容纳在校生3000人。引进与培养相结合，优化高中教师队伍，3年内完成教师总量30%的换岗交流，大幅提高教师整体素质。

在全面实施新课程改革和高考制度改革背景下，深化“三自教育”改革，强化“导学用大课堂”的育人功能，持续提升学生自主学习水平和自我教育能力，在培养拔尖创新人才和大面积提升教育质量方面，不断取得新突破。

4.职业教育创新发展

为适应人才战略，打造齐鲁国际会客厅和国际人才港，高新区职业教育要创新人才培养机制，为企业培养高素质劳动者和技能人才，提供更多人力资源保障。

政府加强对职业教育的领导统筹，将职业教育纳入经济社会发展规划。鼓励行业加大对职业教育的指导，鼓励企业参与举办职业教育，不断完善校企合作机制。树立正确的人才观和劳动价值观，积极营造尊重劳动、重视技能、重视技能人才的社会风尚。

针对高新区经济社会发展对技能型人才的需求，积极调整专业结构和课程设置，进一步提高职业教育与高新区经济社会发展需求的融合度。通过强化实践性教学，完善校企合作、工学结合机制，着力培养技能型人才的实践能力和创新能力。改善职业教育评价体系，引导学业评价向就业导向和行业企业评价转化。

5.终身教育广泛开展

树立终身教育观念，广泛开展社区教育、网络教育，发展教育培训服务，构建“人人皆学、时时能学、处处可学”的学习型社会。建立职前和职后教育相互融合、学历和非学历教育协调发展、灵活开放的继续教育体系，构建人才成长的“立交桥”。调动全社会发展继续教育的积极性，充分发挥学校教育、行业企业教育、社区教育、现代远程教育的作用，促进各种教育资源的整合与共享，构建社会化、信息化、覆盖城乡的继续教育网络，使城乡劳动力和社区各类人群都能得到生活和发展所需要的教育服务。重视老年教育发展,加强老年教育机构建设,满足老年人继续教育的需求。

(三)深化教育体制机制改革

1.推行学区制改革

研究探索学区制管理,把全区划分为 1 个高中学区、4 个义务教育学区和 4 个学前教育学区。加强教研协作和集体研备,学区各年级各学科确定集体教研时间,共同研究优化教学流程、教学方法,提高课堂教学效率,促进学校间教育教学均衡发展。

2.深化校长职级制改革

全面实行校长、园长竞聘制。全区公办中小学校长、公办幼儿园园长采取竞聘、公开招聘的方式产生。

3.深化区管校聘改革

实施教师与学校"双向选择"聘任工作,建立教师准入、退出、转岗、交流等机制。

4.优化 KPI 考核改革

坚持教育评价从教育本质出发,持续优化 KPI 考核指标设置,引进第三方评估,让教育评价更加客观、科学。提高教师地位,改善教师待遇,重新核定学校绩效工资职级等次,提高偏远校区基本工资标准,建立薪酬定期调整机制。调整各学段绩效标准。

5.实施学校扁平化管理

学校内部实行年级管理实体制,原有的教育、教学、科研等管理部门转变职能,淡化行政管理职能,突出服务与协调职能,权力下放,重心下移。通过扁平化管理,实现责、权、利统一,增强执行力,落实精细化管理,提高管理效率。

6.推行第三方评价

委托第三方教育评价机构组织针对学校德育工作、课程建设、自我教育、课堂教学、学校文化建设、安全工作等专项督导评价活动。组织年度中小学办学水平综合督导评估。

(四)加强高素质教师队伍建设

1.加强师德师风建设

将师德师风作为高素质教师队伍建设的首要内容和基础性工作,使全体教师明确“培养什么人、怎样培养人、为谁培养人”的根本问题;秉持“态度第一,业务第二”的理念,大力培育教师敬业精神,强化教师服务意识;以社会主义核心价值观引领教师职业成长,以社会主义先进文化濡染教师灵魂,通过教师的言传身教把正确的价值观传递给学生,实现价值引领、文化育人。按照“四有好老师”标准,建设高素质专业化教师队伍。

定期评选各级各类师德标兵和优秀教师,加大优秀教师表彰力度,努力提高教师的政治地位、职业地位和社会地位。

2.加强优秀人才引进和新教师选聘

进一步优化教师结构,深入推进“强师兴教”战略,加快人事制度改革。开辟人才引进“绿色通道”,引进和培育高层次教学骨干和高级教育管理人才。发挥人力资源产业园的功能优势,通过知名人力资源公司定向、专项进行人才招揽。持续面向高校选聘优秀毕业生,改革选拔模式,提高选拔质量。

3.加强教师培训

教师培训工作面向全体教师,包括入职培训、岗位培训、制度培训、技能培训、理论培训等。积极探索以校为本的教师培训新思路、新方式,形成教师“自主培训、自我进修、自觉成长”的“三自培训”新模式。以问题为导向、课题为引领,校本培训为主、校外培训为辅,采取项目式培训,提高培训的针对性和实效性。校外培训主要选派优秀教师和管理骨干到高校学习进修,到教育发达地区和名校挂职锻炼。5 年内组织教师全员外出学习不少于两轮。

4.加强管理梯队建设

坚持“突出重点、持续培养、全面锻炼”的原则,切实加强幼儿园、中小学领导干部梯队建设,通过挂职锻炼、跟岗学习、专家引领、青蓝结对等方式,加速领导干部成长,建立管理干部人才储备库,形成“培养一批、成熟一批、使用一批”的孵化新模式。加强干部交流,通过干部交流、多岗锻炼等方式,培养孵化素质高、能力强、经验丰富、成绩突出的管理干部,并及时大胆提拔使用。

5.实施名师名校长工程

以新秀教师、骨干教师、卓越教师、教育家型教师为基本梯队,通过名师工程,培养一大批高素质专业化的教学专家和名师团队;通过名校长工程,培养造就一批具有现代教育理念、现代管理理念和创新精神的卓越校长和教育家型校长。成立“名师工作室”和“名校长工作室”,发挥名师示范引领作用,给全体教师,特别是中青年教师提供个人成长和职业发展的平台;发挥名校长的示范引领作用,加快名校长梯队建设,为高新区教育优质均衡和持续发展奠定人才基础。

(五)加快教育信息化建设

1.建设全区教育云平台

建设全区教育专网和“互联网+教育”大平台,实现宽带网络校校通。中小学固定宽带网络万兆到校、千兆到桌面。建设网络空间和物理空间相融合的新校园,拓展教育新空间。开发教育创新应用,支撑教育流程再造、模式重构。提升全方位、全天候的安全防护能力,保障广大师生切身利益。

2.建构智慧校园

加强终端建设、网络建设、空间建设、资源建设,实现智慧校园全覆盖。升级校园网络,保障校内资源与应用的高速访问。实现校园无线网络全覆盖。支持建设校园物联网,推动安防视频终端、环境感知装置等设备联网。

3.学校管理智慧化

深化信息化管理应用,推动全区教育管理特别是学校管理智慧化,普及线上协同办公、移动办公等新形式。实现大数据支持下的实时监测和精准评估。开发教师能力评估应用,实现伴随式数据采集与过程性评价,为教师改进教学提供依据,提升教学能力、优化教师管理。全面记录学生学习实践经历,改变以单一考试成绩为标准的学生评价模式,客观分析学生能力和综合素质,支撑各年级、班级全过程纵向评价和德智体美劳全要素横向评价。积极探索推行规模化在线考试、无纸化考试。

4.教育教学智慧化

探索新技术条件下的混合式、合作式、体验式、探究式等教学方式,推动“三个课堂”等应用,扩大优质资源覆盖面。开发基于大数据的智能诊断、资源推送和学习辅导等应用,创新信息化评价工具,促进学生个性化发展。开发基于人工智能的智能助教、智能学伴等教学应用,实现“人机共教、人机共育”,提高教育教学质量。

5.教研科研智慧化

开发教研支撑应用,开展基于教学能力智能诊断与分析的自适应学习和网络教研,促进教师专业化发展。开发教师培训应用,提供模拟实训环境,提升教师信息化服务运用能力。

6.教育服务智慧化

优化资源供给服务。汇聚数字图书馆、数字博物馆、数字科技馆等社会资源以及各种个性化资源,建立教育大资源服务机制。系统梳理各学科知识脉络，明确各知识点间的关系，分步构建国家统一的学科知识图谱。对现有资源进行分类标识，匹配学科知识图谱。通过平台模式为师生提供海量的优质资源和精准的资源服务探索渠道。利用智能技术开发自动化办事应用，创新管理服务模式。

(六)全面提高绿色教育质量

1.全面发展素质教育

坚持"五育"并举，突出德育实效，深化课程育人、文化育人、活动育人、实践育人、管理育人、协同育人。提升智育水平，着力培养认知能力，促进思维发展，激发创新意识。强化体育锻炼，开齐开足体育课，开展好学校特色体育项目，让每位学生掌握1～2项运动技能。增强美育熏陶，严格按照要求开展音乐、美术、书法等课程，广泛开展校园艺术活动，使每位学生学会1～2项艺术技能。加强劳动教育，制定劳动教育指导纲要，加强学生生活实践、劳动技术和职业体验教育。

2.加强学校课程建设

根据国家课程计划开齐开足国家课程，创新国家课程实施路径。按照国家课程方案和培养目标，结合学校实际，开发校本课程，构建学校课程体系，推进课程融合。加强体育、音乐、美术、科学和劳动教育，创设选修课程和实践活动课程，激发学生学习兴趣，培养学生个性、爱好、特长，丰富校园生活，促进学生德智体美劳全面发展。

3.打造高效课堂范式

深入研究教学规律、学习规律、课程标准和中高考命题规律，精简优化教材内容；精心设计高效课堂的基本结构和操作流程，充分体现问题引领、主动思考、合作探究、深度理解、学以致用的基本要求；强化集体备课的过程监控与评价，调动教师全体参与，凝聚群体智慧，打造成熟的学科样板课；通过示范引领、评价导向和及时激励，促成全员达标，实现高效课堂模式的全面覆盖。

4.做好"双减"工作

贯彻国家义务教育质量标准，建立义务教育质量监测评价制度。整合学校、社会、家长等各方力量，做好延时服务，落实"双减"工作，减轻学生过重的课业负担。

5.实施自我教育

自我教育是实施强校战略的重要前提和基本内涵。没有自我教育就没有真正的教育。大力开展班级自我管理竞赛和小组学习竞赛活动，促进学生主动发展，提高学生自我教育能力。

6.推进教育科研

教体办印发《教育科研课题指南》，指导全体教师积极参加教育教学课题研究。对学校申报的重要教育科研课题实行项目制管理，从立项论证、组织实施、鉴定结题等方面进行全程指导和评估，保证科研项目扎实推进，做到“出成果、出人才、出效益”。提倡学校开展小微课题研究、实践性研究，形成校校有课题、人人搞研究的局面。定期举行全区科研创新大会，对教育科研成果实施奖励。

7.改革教学评价

加强过程性评价、发展性评价、增值评价和捆绑评价，做到及时评价激励，持续调动全体师生员工的积极性、主动性和创造性，最大限度地提高工作效率、教学效率和学习效率。

8.创新学校文化

建设高品位的物质环境文化，丰富生态文化、励志启智文化、优秀传统文化、本土文化内涵，落实环境育人；完善制度文化，体现先进的管理理念，建立科学高效的内部管理体制和组织结构，制定激励性规章制度，形成发展性奖惩激励机制；提升学校精神文化，凝练学校办学理念、一训三风、教育目标、发展愿景，形成全校师生共同的价值追求。通过督导评估与经验交流，推动学校文化的建设创新。

9.促进家校合作

充分利用家长委员会、家长学校、家庭教育论坛、家访制度、家长开放日和“家长进校月”等各种平台，促进家校交流和沟通，不断更新家长的教育观念和教子理念，改善家庭教育环境和方法，营造家校共同育人机制和良好氛围，使学校与家长之间建立起通力合作的关系，实现良好的家校共育局面。

(七)扩大教育开放

1.“走出去”

分期、分批组织教体办干部、学校领导和骨干教师到高校和科研机构学习进修，到名校或教育主管部门挂职锻炼，到教育发达地区考察交流。鼓励名师名校长著书立说，外出讲学，参加各种学术团体以及各种教育教学竞赛。鼓励学校积极参加国内著名教育团体、机构和教育名家组织的有较大影响的教育实验项目。同时，积极创造条件到国外考察学习，拓宽视野，借鉴国外先进教育经验。

2.“请进来”

经常邀请国内知名教育专家、名师来高新区讲学指导;通过政府采购引进国内顶尖水平教育研究院,组建高新教育发展智库,选用高水平专家小组进驻高新区,做好区域教育发展规划、师资培训、课程开发、课题指导、成果转化、教育评价、教育督导等工作,引领高新教育向高层次发展。

3.举办教育论坛和改革现场会

定期举办高新教育论坛,为全体校长和名师提供展示、交流的平台;邀请区内区外、国内国外的教育名家聚集高新区,开展教育争鸣,共商教育改革大计。适时召开教育教学改革现场会,促进学校不断加大改革力度,总结提升改革成果。

4.创立高新教育联盟

积极联络各地国家级高新技术开发区,牵头成立“全国高新教育联盟”,定期召开年会和专题研讨会,探讨全国高新区教育改革发展面临的共同问题,交流教育改革创新经验,互相借鉴,资源共享,优势互补,共同提高。

这些重点任务,要求我们一如既往地深化政府与学校关系的体制机制改革,扎实深入地提升教育治理水平。一是加强党的建设。坚持把党的政治建设摆在首位,常态化开展“不忘初心、牢记使命”主题教育和党史学习教育,引领广大党员教师做新时代卓越教育的实践者。实施基层学校党建质量提升行动,为教育改革发展提供坚强的政治、思想和组织保证。推进教育系统全面从严治党,持之以恒正风肃纪,逐级压实全面从严治党和管行风抓系统的主体责任。二是突出安全稳定。推进平安校园建设,常态化推进校园和校车安全整治行动,强化系统综合治理和法治安全工作,重点关注食品卫生、消防安全、交通安全、心理健康教育、防范校园欺凌等热点问题,保障学校及周边安全有序。健全教育系统公共卫生管理体系,加强疫情防控、传染病防治、食堂食品卫生、卫生健康教育等方面管理监测及部门联动协作等体制的构建,切实保障师生身体健康和生命安全。三是服务民生发展。聚焦精准扶贫,加强职业教育品牌建设,切实提升学生就业质量。充分关注困难学生、特殊儿童群体,实施帮扶助学“N+1”行动,为建档立卡低收入农户子女和家庭经济贫困的农村留守儿童免费提供牛奶,健全教师培训机制、特殊学校专任教师巡回指导机制、重度残疾儿童送教上门机制。不断扩大义务教育学校课后延时服务覆盖面,在创新模式、丰富内容、提高质量上常抓不懈,不断提升人民群众对教育的获得感和满意度。

三、强机制:依法创新教育体制机制改革

制度无疑是重要的,制度是帮助人们理解世界意义并促进社会稳定的重要基础。区域教育改革同样需要有制度基础,需要制度创新,因此,建构一种适合于区域教育改革发展的制度体系显得尤为必要,这样才能够激发教育综合改革的活力,才可能更有序、有效地推进区域教育改革。[①] 领导制度、干部成长制度、教师发展制度及科研管理制度等的建立与创新发展才能保证区域教育在纷繁复杂的工作头绪中,找出并抓住主要矛盾,善于牵“牛鼻子”,统筹协调好重点工作与其他工作的关系。坚持解放思想,以市场机制激活公共教育体制发展的活力,是教育公益性与长效性的保证。高新教育发展的经验告诉我们,只有坚持制度创新在教育体制改革中的核心地位,才能激发参与主体与市场资源的生机和活力,才能在党组织的领导下依法强化各种维护教育高质量发展的保障措施。教育高质量发展的保障措施,重点是创新教育体制,以创新引领改革,以改革保障促进教育高质量发展。通过制度、机制的创新发展大力推进教育理念、体系、制度、内容、方法的改革,从而赋能治理体系和治理能力的现代化。[②] 但是,要处理好教育的公益性与市场化之间的矛盾。

继续加大政府办教育引入市场机制的力度,同时要坚持“公益性定位”,将“市场化运作”限制在调动社会资源与激发工作绩效的治理机制之中,在教育改革过程中要始终防止公益性的丧失。因此,要坚持依法治理,提高教育法治化水平,进一步释放办学和管理主体的活力,为教育体制改革成功保驾护航。

(一)强化组织保障

成立领导小组,教体办党委书记任组长,办公室主任任副组长,党委委员和相关科室负责人任成员。领导小组下设专项工作组,分别负责工作落实。

(二)加强经费保障

针对六大任务和相关改革举措,各专项工作组做好财务预算,教体办及时向保障部和管委会提出预算申请,争取资金及时足额拨付,并加强资金收支管

① 参见徐金海:《区域教育改革的内涵、特征及实践策略探析》,《天津师范大学学报》(基础教育版)2015 年第 3 期。

② 参见陈殿兵,毋磊:《充满活力教育体制的综合改革:行动、成效与展望——〈教育规划纲要〉十年回眸与展望之六》,《中国教育学刊》2021 年第 1 期。

理,切实保障改革顺利进行。

(三)加强工作协同

建立规划实施责任制。对改革和发展的重点任务制定时间表、路线图、任务书。强化与年度计划和各级教育规划的有效衔接,科学制定政策和配置公共资源,精心组织实施重大工程项目,将规划提出的目标、任务、政策、举措落到实处。组织对规划实施情况的中期评估和跟踪监测,定期发布教育改革发展动态,加强规划实施的监督检查。

(四)加强教育宣传

由教研室主持,每月编印一期《教育强区战略工作简报》,及时通报全区重要教育活动情况,介绍各校改革创新的最新动态。定期举办向媒体和社会开放的"高新教育论坛",为名师、名校长提供展示交流思想与成果的平台。促进全区教育系统形成改革共识,凝聚改革力量,激发改革斗志。

(五)加强督导落实

委托相关教育智库组织,对六大工作组落实情况进行督导评估,专项督导和综合督导相结合,过程性督导和终结性督导相结合,以评促建、以评促改、以评促发展。

进入新时代,面对百年未有之大变局,教育体制改革也进入重要的战略机遇期,制约教育向更好、更深层次发展的矛盾更加凸显,要进一步释放教育活力就要坚持系统化、生态化的思维。因此,要加强组织,明确责任分工,形成责任区、实施责任制,协同治理。从我们的教育改革实践来看,坚持和完善教育法治体系,提高依法治教的能力,建构权责明确、依法运行的治理体系,将教育体制改革的重大成果法定化,为教育体制改革提供了规范、支撑和保障作用。一是要确立教育参与者的法治意识,提升治理效率。二是要健全教育法律实施和监督机制,提升规范、制度的执行力,做到用制度管权、管事、管人,以全面深化教育综合改革为抓手推进依法治教,用法治思维和治理方式深化改革、化解改革中的矛盾。三是坚持生态治理、协同治理的理念,激发全社会参与教育治理的活力。

四、抓升级:深化教科研学升级教育体系

济南高新区制订的"十四五"规划提出,高新教育要"建立现代学校管理制度，实现依法治校。落实立德树人根本任务，坚守为党育人、为国育才”，并指出：

> 完善教育体系。坚持优先发展教育事业，着力固根基、扬优势、补短板、强弱项，推动教育实现高质量发展，满足人民对教育的美好期待。推进新时代教师队伍建设，提高教师地位，改善教师待遇，建立薪酬定期调整机制。实施区管校聘，实现教师与学校“双向选择”，建立教师准入、退出、转岗、交流等机制，建立名师工作室，加强青年教师培养工程，扩大骨干教师储备。进一步完善校园安全标准，建设智能平安一体化模式，为师生提供安全绿色健康的教学环境。
>
> 学前教育普惠健康发展，推进标准化工程，实施学前教育“雁阵式”发展。支持公办幼儿园以联合办园、办分园、设办园点等多种形式集团化办园，强化优质园辐射引领、资源共享，做强“雁阵式”发展品牌。组建若干个幼教集团，在集团内统筹教育资源，在管理模式、教学科研、师资培训、文化建设和品牌塑造等方面共建共享，从幼有所育走向幼有优育。
>
> 义务教育优质均衡发展，加快教育信息化与因材施教深度融合，注重学校内涵发展，打造一校一品，提升学校办学能力，实现全区教育高位优质均衡化发展。
>
> 高中教育特色化发展，深化新时代育人方式改革，加快高中基础建设，提高生源质量，加速高中师资力量更新。高等教育跨越式发展，支持园区内企业设立科研机构培养产业所需的专业技术人才和智库。
>
> 职业教育融合发展，对接产业发展需求，搭建校企平台，为企业培养高素质劳动者和技能人才。民办教育和继续教育规范发展，健全风险防范和化解机制，推进课程资源建设和信息化建设，加快学习型社会建设。

如何实现高新区党工委、管委会的教育战略，升级我们的教育体系？那就是要向先进地区学习，深化教科研学，为教育体系升级提供平台。杭州下城实验区通过国家级课题研究、国际教育创新教科研大会（文晖论坛）及教育学术之区等平台建设，极大地提升了区域教育科研质量水平；宁波鄞州实验教科研区以国家级课题研究为统领，以科研行政一体化为教科研手段，实现了区域教育行政思维的转型及教育品质的提升。① 教育教科研是社会文化、科技发展和经

① 参见徐金海：《区域教育改革的内涵、特征及实践策略探析》，《天津师范大学学报》（基础教育版）2015年第3期。

济进步的重要组成部分,也是衡量一个区域内整体教育质量的重要标准。区域教科研是对传统教科研工作的创新和发展,它可以转变学校领导的教科研理念,促进教师的专业发展,提高区域内的整体教学质量。区域内推进中小学教育教科研必须采用正确的推进策略和方法,以区域教育发展实际为前提,明确推进模式,完善制度保障,构建教科研平台,建立以学校为基础的教科研发展基地。教育教科研融入中小学教育教学中,为区域义务教育的发展提供内动力,让教育教科研形成一种思维意识贯穿到中小学教育中,提升中小学教学的内涵,让教育教科研的先进成果推动中小学教育走向科学化和创新化。

中小学教育教科研推进的重点在于教育教科研创新,关键在于观念的提升,难点在于打造一支高水平的教育教科研团队。教育教科研指的是以教育科学理论为指导,对教育问题和现象进行研究,以其探索教育发展规律的创新性认识活动。

一是教育教科研能推动教育改革信息技术的大力发展和全球一体化的进程,对人才培养和教育教学也提出了更高的要求。新时代的人才不仅需要具备知识和技能,更应当具备创新意识、国际意识和终身学习意识。中小学是我国教育教学体系的基础环节,也是关键环节,在中小学中推进教育教科研能够深化中小学教学改革,为中小学教学的科学发展提供保障。

二是教育教科研能提升教学质量。推动素质教育是中小学教学改革的重要内容,而要提高教学质量就需要对教育理论和实践进行探索研究,运用科学理论分析各种教育现象,进而探讨出更高效的教学方法,改进落后的教学方法,促使感性教学经验升华为理性教学认识,推动区域内中小学教学在理论和实践两个层面共同进步,最终推动区域内教学质量的提升。

三是以课题研究推动中小学教育教科研发展,推动龙头课题研究。区域中小学在教育教学改革中必然会出现一些问题,将这些问题进行整理、归纳和总结,提炼出具有教科研价值的重点和热点问题,对其进行科学设计,使之成为区域龙头教学改革课题,围绕课题开展科学研究。如推进提升区域内中小学教师专业执教能力的问题、推进解决中小学教学现代化的问题、推进提升中小学生创新意识和能力的问题等。

四是发挥教育教科研的引领作用,推进教育教科研均衡化发展。在部分城镇区域的中小学教育教科研活动中,解决普通学校、边远学校的教育教科研薄弱现象,开展教育教科研帮扶工作。组织一线教育专家深入到办学力量薄弱的学校,指导开展教科研工作;集合乡镇、农村中小学的教科研力量,共同提出问题，解决问题，为薄弱学校的教育教科研相关课题活动提供教科研支持。

五、重品质：以人性的力量发展教育内涵

“立德树人”代表的是国家意志，如果教师对此没有深刻的认知，就不会有坚定的信心和自觉的行动，因此，要将“立德树人”落实在课堂教学改革中。构建高质量的育人体系，最终要落实到课堂教学里和学校文化中。课堂教学的质量决定着教育教学的基本品质，学校文化滋养学生整体素养的活力，决定这一切的是教育者与学生的人性力量。

有学者提出，新时代课堂教学改革要关注四个问题：一是要研究课堂教学的根本问题，即课堂教学的根本任务是什么；二是要研究课堂教学的基本问题，即关于教学过程中的基本关系，从基本关系中抽象出教学的基本规定性，用基本规定性来折射教学的基本规律；三是要研究课堂教学的关键问题，即当下和今后的课堂教学改革究竟以什么为导向；四是要研究谁来培养人的问题，即教师专业发展的问题。① 我们认为，这四个问题看得很准，非常有深度。但是，仅此还不够。培养什么样的人，怎样培养人，谁来培养人，这些问题提醒我们必须要反思和发挥人性的力量。

2005 年 6 月和 7 月，《科技中国》刊登了法国当代著名思想家埃德加·莫兰(Edgar Morin)的《未来教育所需要的七个知识》，这是作者应邀为联合国教科文组织撰写的一份建议书。文章提到了“教育的七个黑洞”，意在告诉人们：知识需要传授，课程改革、教学改革不要忽略知识；但在传授知识中存在着“黑洞”。其中，最发人深省的是最后一个黑洞——人的伦理问题：一个人类的伦理尽管首先是一个个人的伦理，但是，它同时也是一个社会的伦理；一个公民应能感到与他人休戚相关，并对他人负有责任，因此，有一部分伦理是社会的；今天，地球既是一个整体，又处于四分五裂的状态，应有一个全人类的伦理，也就是说，努力使我们超越这种混乱的状态、战争的状态，并开始让我们的地球文明起来。②

文章的按语说，这是国际治理思潮与现代中国治理思想的首次碰撞和接轨。其实，这是西方思想在向以儒家为代表的伦理人格的靠拢。“仁者爱人”，中国自古强调集体伦理精神，这是人为人的人性基础。中国的先人崇尚集体伦理，也不忽略个体，儒家强调君敬臣忠、父慈子孝，道家更是主张个性自由。新冠肺炎疫情中美国等所谓现代工业文明高度发达的国家在人民生命安全面前

① 参见成尚荣：《新时代课堂教学改革应当关注四个问题》，《教育视界》2021 年第 31 期。

② 参见[法]埃德加·莫兰：《教育的七个黑洞》，陈力川译，《科技中国》2005 年第 2 期。

表现出来的无奈和冷漠,更反衬出5000年连续文明古国集体伦理人性力量的魅力与强大。

教与学是教学中的基本问题。处理这一问题,如果不尊重人性的力量,会使教学发生异化。陶行知先生曾说过这样一段意味深长、令人深思的话:“论起名字来叫‘学校’,但是讲起实在来又变成了‘教校’。原因就在于,太过注重教了。”[①]学校是学习的地方,应该以学习为主,以学习为中心,应该以培养学生的主体学习精神为重。但是,放眼现在的课堂,这些理念还没有真正地在课堂上得到很好的落实。之所以出现这样的问题,主要是有些教师没有正确认识教学的本质和核心,总以为教学就应该以教为主,而且在实践中缺少具体办法。另外,在处理教与学关系的过程中,还出现了一种倾向,那就是“去教学化”“去教师化”。这种做法与想法,其实忽略了学校教育的大前提,忽视了教师的人性力量,后果是难以想象的。以学为核心的教育教学,非但不排斥和不否定教师的教,恰恰相反,在课堂教学的范畴中没有教师真正的教,就没有学生真正的学;没有人性的力量,就没有教师高水平的教,也就没有学生高水平的学。以学习者为中心,首先是教师在教学过程中获得身份的变化和意义的建构——释放人性力量的过程。朱小蔓先生也说过,情感犹似儿童的一个原始完整的胚胎,具有无限分化发展的可能,如果呵护、培育,就会积淀为饱满的、具有生产性的精神情感。她还认为,促进人正向、积极情绪情感状态的持存,不仅是有意义学习的基础条件,也在人的健康习性养成、道德价值观内化以及人格培养等方面发挥着弥散性的效用。[②] 情感,不是作料,而是燃料,是激发学生思维的人性力量。因为情感来自人性的力量,所以情感教育要和思维相结合,就是以人性的力量去塑造课堂教学、引导学生主体精神——人性力量的过程。

教师出身的著名教育家于漪老师提出,“立德树人”是教师最根本的基本功。[③] 有了这个基本功才能落实“立德树人”的根本任务。因此,在我们看来,课堂教学改革不只是技术问题,更是形而上的“道”的问题。我把“道”的问题,概括为四个要点:第一是情怀,第二是视野,第三是格局,第四是格调。以人民为中心,办人民满意的教育,是我们教育体制改革“以人为本”的伦理层面问题,也就是“教育为谁”和“为什么服务”的基本问题。坚持以人为本,要让区域教育有

---

① 陶行知:《陶行知语录》,《生活教育》2014年第23期。

② 参见李济清、马多秀:《用爱联结儿童用情滋养童心——朱小蔓儿童情感教育思想探析》,《江苏教育研究》2021年第34期。

③ 参见凌永年:《勤写教后记 锤炼基本功——学习全国著名特级教师于漪语文教学艺术一得》,《小学青年教师》(语文版)2002年第8期。

温度，从决策上引导社会论证，课程实施上争取家长的参与，更为关键的是注重尊重教育工作者职业尊严，激活为师者的人性光芒，陶冶学生的理想人格，才能从根本上落实立德树人根本任务。

在教师的价值坐标系中，做“四有”好老师是轴心，教师发展的核心要素及要求是横坐标，教师发展的程度与水平是纵坐标。有什么样的价值坐标，就有什么样的发展格局，就有什么样的发展布局。大情怀、大视野、大格局、高格调的教师，才能释放人性的力量，才能担当起课堂教学改革的使命，才能将“立德树人”根本任务落实在教育的整个过程之中。这要求我们要通过精准施策、和而不同的教育治理方式和路径，以治理的精准化、特色化来提升中国特色社会主义教育体制的生机和活力。这要求区域教育系统注重重要领域和关键环节改革的制度与举措的顶层设计，鼓励各教育主体和社会力量积极参与，形成“以人为本”的常态化共建、共治、共享的良性互动教育治理生态。更为重要的是，重立德促强能，建设优良师资队伍，要充分发挥基层教育积极性和创新力，以为师者的人格魅力和人性的光辉，影响学生积极向上人格的生成。

一是塑师德，实施“师德建设百千万”工程。加大师德师风建设先进集体和优秀个人宣传力度，持续治理中小学在职教师有偿补课问题，完善师德档案制度、师德考核负面清单制度和一票否决制度。

二是强师能，建设高素质专业化的教师队伍。贯彻落实《关于全面深化新时代教师队伍建设改革的意见》，以教师发展中心为平台，健全“广覆盖、分层次、多形式、成系列”的培训机制，完善“市校联动、研训一体”的区域培训模式。适应5G技术变革，实施教师信息素养提升行动，促进教师主动适应新技术变革，拓宽教学空间，提高教学能力。

三是育名师，与省市名校开展合作共建，优化人才引进机制。按照“瞄准高端、面向全员、提升薄弱、项目推进、整体优化”的思路，以名师工作室、乡村骨干教师培育站为抓手，实施高新区中小学骨干名师培养工程，提升管理团队、骨干队伍综合素养，推动骨干教师、优秀校长不断成长。

四是落实立德树人目标，大力促进学生全面发展。以中小学德育工程为引领，开展社会主义核心价值观教育、文明行为规范养成教育、文明有礼教育、传统文化教育等，持续开展“勤廉家风进校园”“争当美德小达人”“红领巾相约中国梦”等主题教育活动，强化中小学少先队工作，推动德育课程精品化、系统化。

五是注重打造特色品牌，发挥示范引领作用。通过推选高新最美教师、校长和班主任等举措，推动学校、教学和班主任工作多样化、特色化、个性化发展。

附　录

附录一　济南高新区凤凰路学校中层领导干部竞聘上岗工作方案

根据《济南高新区教育系统岗位聘任管理办法(试行)》(济高办发〔2017〕20号),高新区教育系统自2017年实施教育体制机制改革以来,第一个聘期已经结束,现就学校中层领导干部第二个聘期竞聘相关工作制定本方案。

一、竞聘原则

1.分层竞聘原则。校长、副校长由发展保障部组织竞聘。中层正副职由学校班子组织竞聘。

2.任人唯贤、德才兼备。

3.群众公认、注重实绩。

4.公开平等、竞争择优。

二、竞聘岗位和计划

济南高新区中小学管理岗、教辅岗、工勤岗职数设置

序号	学校	学段	济教人字〔2019〕8号文件(高中不超15%、初中不超12%、小学不超9%,四舍五入)			根据实际需求设置职数																			教辅工勤岗人数	备注
			2021.9学生数	核定教师需求数	核定管理教辅工勤岗总数	校级职数				内设机构及职数														
						校长	书记	副校长	副书记	办公室		组织人事部		教学管理部		学生发展部		后勤保障部		安全管理部		中层合计		
										正职	副职	正职	副职	正职	副职	正职	副职	正职	副职	正职	副职			
10	凤凰路学校	小学	684	38	3	1		1						1		1		1				3正1副	-1	消化原有职数
11	凤凰路学校	初中	166	17	2																			

三、聘期

本次竞聘上岗聘期为三年，自2021年9月1日起，至2024年8月31日止。

四、竞聘范围

济南高新区凤凰路学校在编、同工同酬教师。

五、竞聘条件

1.拥护党的领导，热爱教育事业，有较丰富的教育教学实践经验，具有强烈的事业心和责任感。坚持群众路线，能自觉接受群众的批评和监督。

2.有全局观念，有团队协作精神，善于合作，相互补台。有民主作风，对上对下言行一致，在群众中有较高威信。组织管理能力较强，且工作实绩较为突出，所管理的部门工作效率高、效果好，成员团结一心。

3.竞聘中层副职原则上担任教师三年及以上、班主任工作一年及以上；竞聘中层正职原则上担任中层副职三年及以上。特别优秀的须由学校提前向发展保障部提出竞聘申请，批复后参加竞聘。（调入教师管理工作及班主任工作经历，以档案为准）

4.身心健康，精力充沛，能胜任较繁重的工作任务。

5.在以往教育教学工作中出现教育教学工作事故，给学校造成不良影响的，不得参加此次竞聘。

六、竞聘程序

竞聘程序按照个人申报、面试答辩、确定人选、公示、聘用等环节进行。

（一）个人申报

1.报名时间：报名截止时间2021年7月28日下午6点。

2.提报材料：附件1《济南高新区凤凰路学校中层领导干部竞聘报名表》（本书不再摘录）。填报信息必须确保真实准确，如有虚假信息一经查实取消资格，并做出严肃处理。

3.报名邮箱：905873497@qq.com。

（二）面试答辩

1.面试时间：7月29日下午3点开始。

2.面试地点：修身讲堂。

3.面试方式：自述10分钟，答辩5分钟；自述内容为岗位业绩、岗位认知和岗位工作计划设想。

4.面试合格线：面试成绩满分为100分，面试成绩设最低合格线80分，低于80分的取消剩余各环节竞聘资格。

（三）宣布聘用人选

7月30日上午，依据面试情况，结合日常工作表现，确定聘用人选。如聘用人选自动放弃聘用资格，或拒不服从任职学校安排的，根据面试情况，由学校领导班子另选他人。确定人选后进行全校公示，公示无异议后于7月30日下午上报发展保障部。

（四）到岗开展工作

7月31日，新聘中层干部按照新聘用岗位做好交接，到岗开展暑期相关工作。

济南高新区凤凰路学校

2021年7月28日

附录二　济南高新区凤凰路学校2020～2021学年度学校KPI考核指标

一、关键指标

(一)党建工作

1.目标

加强党员干部学习、管理，思想建设、作风建设、组织建设、廉政建设等三年民主评议满意率均达到100%。

2.措施

认真学习习近平总书记系列重要讲话精神，进一步加强和改进广大党员、干部、教职工的政治思想教育。

(二)学业发展水平/各类测评

1.目标

初中九年级学业水平考试成绩。

2.措施

从学校管理、课程建设、课堂建设、德育、评价等方面系统规划学校工作。

(三)社会满意度

1.目标

家长对学校整体工作、对教育教学工作满意度分别达到90%，并努力逐年提高。

2.措施

(1)提升学校管理水平和教育教学质量，增强家长对学校发展成就的获得感。

(2)通过校园开放日、校长接待日等活动，让家长充分了解学校工作和学校发展，增强家长对学校工作的认可和支持。

(3)做好家长学校工作，开展丰富的家长活动，逐渐培养家长对学校的主人翁意识和责任感。

(4)加强班主任队伍建设,提升班主任工作艺术和与家长沟通的能力,引导班主任与家长建立朋友式的友好关系。

(四)队伍建设

1.目标

(1)干部培养。建立团队 KPI 考核机制,打造一支品行优良、工作能力强、深受教师爱戴的管理团队。

(2)班主任培养。建立一支班级管理有特色、家校沟通有方法、学生教育有艺术的班主任队伍,培养 3～5 名优秀班主任加入高新区班主任工作室,发挥模范带头作用。

(3)教师培训。每年组织教师外出培训,培训经费要达到学校办公经费的 5%并逐年增加;培养学科带头人,每个学科打造 1～2 名优秀教师,充分发挥骨干教师的辐射作用,带动师资队伍整体提升。

2.措施

(1)确立干部队伍建设目标,加强岗位培训,完善干部管理制度,逐步实现能者上、庸者下的干部任用机制,以适应现代学校管理需要。

(2)通过组织班主任外出学习、每月集体培训和班主任自学等方式,加强对班主任的培训;注重对班主任工作研究,形成行之有效的班主任工作范式。

(3)开展教师读书活动,创建学习型教师队伍;营造校本研修的良好氛围,强化教师专业素养;建立教师成长互助小组,发挥教师团队内部力量;开展教师教学技能展评活动,激发教师自我成长内驱力。

(4)完善对管理团队、班主任队伍、教师队伍的考评机制,建立队伍建设长效机制。

二、特色指标

(一)学校特色

1.目标

(1)提升学生道德水平,拓宽学生视野,树立远大理想,培养社会责任感。

(2)建立健全学校评价体系,提高少先队员全面素质,促进全体队员勤奋学习、快乐生活。

(3)打造“孩子成伙伴,家长成朋友”的良好育人环境。

(4)探索特色课程,促进学生全面发展。

(5)优化课堂建设,培养学生学习能力。

(6)培养学生阅读兴趣,提升学生课外阅读能力。

(7)发挥导师教育作用,促进学生健康成长。

(8)总结教育教学经验,跟踪教育前沿,搭建家校交流平台,促进学校宣传。

2.措施

(1)围绕特色德育课程开展主题教育活动。

(2)探索实施“雏鹰争章”评价体系。

(3)建立健全家校课程体系。

(4)开展 STEM、围棋等系列特色课程。

(5)开展“学习单位建设”“作业分层”研究,与大学建立研究共同体。

(6)研究阅读习惯培养路径,探索多种阅读习惯培养策略。

(7)研究导师制工作措施,建立学生健康成长档案。

(8)成立校刊工作小组,精心设计、编辑校刊。

(二)品德发展水平

1.目标

(1)行为习惯。培养学生养成良好的文明习惯、遵纪习惯、生活习惯、学习习惯、劳动习惯等。

(2)公民素养。培养学生拥有遵纪守法、明礼诚信、自尊乐群、遵守公德、爱护环境等良好素养。

(3)人格品质。培养学生形成积极、乐观、善良、感恩,富有同情心,勇于承担责任,诚实、自信、友好合作等良好品质。

(4)理想信念。确立共产主义的远大理想;确立为人民谋利益,为社会做贡献的人生观、价值观等。

分为 A、B、C 三个等级进行评价。三年目标:达到 A 等级的人数占 60%以上,达到 B 等级的人数占 30%以上,并且比例要逐年上升,逐渐消灭 C 等级。

2.措施

(1)完善学校学生综合素养评价体系。出台评价细则,引导学生加强自身品德提升,争做合格学生。

(2)以课堂、课程、课本为载体,引导教师充分挖掘教学中的德育素材,发挥课堂教学德育主阵地功效。

(3)开展主题教育活动,在活动中提升学生道德水平,培养良好习惯,树立远大理想;组织学生参加社会公益活动和社会实践调查,培养社会责任感。

(4)开展“榜样的力量”优秀学生评选活动,树立身边的楷模,形成良好的道德风尚。

(三)综合素养

1.目标

(1)社会实践。建立实践活动基地,每学年学生都能走出校门参加至少两次社会实践活动。

(2)音体美开设及学生满意度。按照国家课程设置要求开足开全课程,并不断提升教学水平,达到节节课都合格、每个学科都有教育亮点的目的。学生满意率三年均要达到85%以上并逐年提升。

2.措施

(1)调动学校和家长力量,建立校外学生社会实践基地;举行签约仪式,形成互惠互利管理模式,规范基地建设。

(2)完善对音体美学科课堂教学及教学效果考查机制,将学生满意度、学习成果展示、学生问卷等内容纳入考核。

(四)课程建设

1.目标

(1)课程开设。按照义务教育课程设置要求开足开全课程。

(2)特色课程建设。完善学校现有特色课程,从课程方案到过程性资料,再到课程评价体系,逐渐系统化,并着手编写特色课程教材。不断丰富学校特色课程体系,并着力打造1～2门特色课程,成为学校发展的品牌之一。

2.措施

(1)加强教学常规管理,确保按照义务教育课程开设要求开足开全课程,杜绝课程挪用现象和敷衍塞责现象。

(2)为学校特色课程开发提供人力、物力、智力支持,在考评机制上适当倾斜,激发老师干事创业的积极性。

(3)制定学校课程建设与实施方案,加强课程建设与实施的顶层设计。

(五)日常管理

1.目标

(1)教职工出勤。杜绝教职工无故缺勤、空堂现象,出现此类问题作为教学事故严肃处理。

(2)财务、固定资产管理。做到财务、固定资产管理规范、符合国家有关要求,杜绝财务违规、固定资产流失现象。

(3)校园环境。进一步美化校园环境,更新校园陈旧的教育设施,提升校园品位。

(4)宣传工作。完成教育行政部门制定的学校宣传考核标准,在此基础上通过学校网站、微信、微博、电视台、报纸等宣传学校办学理念和措施,提升学校知名度。

2.措施

(1)进一步完善学校考勤和财务、固定资产管理制度,严格按照要求开展工作。

(2)加强宣传队伍建设,提升学校网站建设水平,拓展较为稳定的宣传渠道。

三、加分指标

1.目标

(1)学校在三年内努力争取获得省市级荣誉,并向国家级荣誉突破。

(2)鼓励教师和学生多参与各项活动,在各类比赛中崭露头角。

2.措施

(1)完善学校自身建设,积极参加各级各类评选活动,在评选中不断完善、发展。

(2)完善对获奖教师、学生的奖励机制,调度老师和学生参与活动的积极性。

四、否决办法

1.目标

重大责任事故,校园欺凌事件,违反师德教风建设有关规定,出现责任性群访事件,班子民主测评基本合格、不合格合计超过三分之一,上级规定的其他否决指标，三年均为零。

2.措施

(1)加强学校安全管理，打造平安校园，杜绝安全事故的发生。

(2)开展法治教育、校园防欺凌教育；加强德育管理，完善学校学生管理规定，建设健康校园。

(3)加强教师师德培训与学习，做人民满意的教师。

(4)及时了解教师的问题与困难，做好教师问题疏导工作；如确实了解到教师困难，但学校无法解决的，要及时上报上级部门。

(5)提高管理效能，增强服务意识，严格按照有关规定落实工作，杜绝违规办学行为。

附录三　济南高新区正丰初级中学大丰车评价体系

七年级第一学期全面发展目标评价表

Ⅰ级指标	Ⅱ级指标	自评等级	教学共同体评价等级	综合评定等级
道德品质与公民素养	1.遵守法律法规和社会公德，践行社会主义核心价值观，关心社会，热爱祖国，发展个人，努力成为一名合格的社会主义公民。			
	2.严格遵守《中小学生守则》，依据守则中德智体美劳全面发展的基本要求，养成中学生应具备的良好的行为习惯。			
	3.积极落实《济南高新区正丰中学正丰少年行为规范》要求，遵守所列的 180 条行为规范，做全面发展的中学生。			
	4.按照《正丰中学文明行为指南》要求，遵守文明准则，做新时代文明中学生，为创建文明校园赋能增彩。			
	5.无违反《正丰中学十六大禁律》的情况。			

续表

Ⅰ级指标	Ⅱ级指标	自评等级	教学共同体评价等级	综合评定等级
学习态度与学习能力	6.有理想,有追求,有正确的学习动机,有明确的学习目标,并且有为实现目标相对应的实施规划和具体步骤。			
	7.具备良好的学习习惯和稳定的学习情绪,先预习后听课,先复习后作业,能与教学共同体成员通力合作,互相帮助,认真听讲,积极发言,不断提升。			
	8.学会思考,即善于独立思考,发现和解决问题。通过参与讨论,互相启迪和激发,让学习深度发生,保持对学习的浓厚兴趣。			
	9.学会学习,让知识转化为能力和素养。强化训练,掌握较强的阅读分析能力、运算能力、口头和文字表达能力、查阅资料与信息整合能力、合作学习能力。			
	10.具备实践能力。能运用所学知识和适当工具,解决学习和生活中的实际问题,能通过各种方式,获取和处理信息,解决生活和社会难题。利用所学积极主动参加综合实践活动,体验生活,服务社会。积极参加各种数理社团、文学类、创新类社团。			

续表

Ⅰ级指标	Ⅱ级指标	自评等级	教学共同体评价等级	综合评定等级
运动参与与身心健康	11.上好体育课。上课认真听讲，不无故缺勤，不嬉戏打闹，按照体育技术指导，强化训练，有1～2项爱好或擅长的体育项目，高质量上好每一堂体育课。			
	12.做好常规体育锻炼活动。上好课间操，按照学校要求，加强身体锻炼。做好眼操，保护视力。上好课外活动，合理安排课余生活，选择健康的生活方式，利用好每一分钟加强身体锻炼。			
	13.各种体育测试成绩优异。在市、区、校各种体质监测、体育测试中，成绩达到合格以上。			
	14.积极参加各种特色大型活动和体育社团。积极参加秋季全员运动会、春季体育节、健美操、校园足球特色校队等活动。积极参加各种体育类社团。			
	15.能自我调节情绪。会正确认识、评价自己和他人，能悦纳自我，学会1～3种自我减压小方法、小技巧，能控制和调节自己的情绪。使自己性格开朗，心胸豁达，意志坚强。			

续表

Ⅰ级指标	Ⅱ级指标	自评等级	教学共同体评价等级	综合评定等级
艺术修养与审美表现	16.上好艺术课程。上课认真听讲，不无故缺勤，不嬉戏打闹，按照音乐、美术技术指导，强化训练，有1～2项爱好或擅长的艺术项目，高质量上好每一堂艺术课。			
	17.做好常规艺术教育活动和特色品牌活动。唱好每周一歌，参加学校小剧场表演、正丰艺术节及其他各类特色展示，展示才艺，享受初中生活。			
	18.参与制作学校文化产品。积极参与或有作品入选正丰年鉴、学校大事记、学生作品集、国旗下演讲作品、美术作品、发明创造、荣誉榜等。			
	19.积极参加学校艺术类社团。参加学校合唱社团、舞蹈社团、街舞社团、流行音乐社等各种艺术类社团。			
	20.注重个人修养和言谈举止，仪表整洁、朴素大方，气质高雅。坐立行走姿势良好，言行举止端庄，符合中学生的年龄特征。			

续表

Ⅰ级指标	Ⅱ级指标	自评等级	教学共同体评价等级	综合评定等级
劳动技能与生活习惯	21.上好劳动技能课程,包括学校劳动培训、劳动体验课程、适应性训练课程、生涯规划教育等课程。			
	22.出色完成日常劳动任务,如班级值日、卫生区值日、校园值周、净化绿化美化行动等任务。			
	23.积极参加校园义工和志愿者活动。积极参加午餐分配、志愿服务、认领养护、主动美化、设备维护等活动。			
	24.积极参加学校组织的劳动竞赛活动。利用寒暑假期间,参加我是美食家、我的拿手好菜、家务活评比、劳动技能大赛等活动。			
	25.做好个人家务活和习惯性劳动。整理个人学校资料、整理个人橱柜和课桌桌洞,整理个人居住房间。			

附录四 济南高新区东城逸家中学“逸家”家长学校课程体系规划

课程区块	初一年级								初二年级								初三年级			
课程依据	孩子刚刚升入初中，进入第二个身心快速成长的时期，家长急需了解孩子在这一时期的生理心理发展变化，也特别需要知道应该如何在家庭中给予初中的孩子以恰当的指导。								孩子的急剧变化、两极分化期。为了降低“初二现象”损害，预防亲子冲突、交友不慎、男女交往失度、情绪情感失调等问题的出现，帮助家长明确必要而科学的辅导策略。								孩子即将面对学业水平考试以及毕业升学选择，也开始对自己的人生有所思考。			
核心话题	家庭准备		学习效率		悦纳自我		亲子沟通		家庭公约		同伴交往		学习支持		情绪情感		人生规划		积极应考	
课程名称	初中学习生活特点与心理特点	家庭教育主要内容、方法和建议	影响学习力培养	学习主效率提高的家庭指导策略	克服焦虑接纳孩子	关注孩子的自我认知	青春期亲子关系重塑	寻找青春期亲子沟通的钥匙	共建家规促成长	培养孩子提升家庭责任感	引导孩子把握与异性交往的“度”	支持孩子建立积极健康的同伴关系	提升孩子学习力的家庭支持	课外辅导与家庭辅导策略的研讨	引导孩子的情绪管理	让家庭成为情感共鸣的磁场	引导孩子走向幸福的家庭修炼	生涯规划指导	帮助孩子缓解压力、调整考试心态	积极面对考试升学的家庭支持策略
实施时间	9月	10月	11月	12月	3月	4月	5月	6月	9月	10月	11月	12月	3月	4月	5月	6月	9月	11月	3月	5月

附录五　济南高新区章锦小学“暑假互助共同体”具体实施建议

最先提出“学习共同体”概念的日本教育家佐藤学教授指出，构建学习共同体的第一步就是围绕不同工作事项建立不同的小型“学习共同体”，并使之成为互动衔接、协同成长的共同体学习网络。为此，我校暑假学习共同体围绕六大类设计了 36 个条目的学习内容，构建起了暑期合作学习的网络体系。

一、开阔视野，增长见识

1.看一场电影，《放牛班的春天》《地球上的星星》《三傻大闹宝莱坞》《隐形的翅膀》《草房子》《小孩不笨》等。

2.参观一次博物馆（或科技馆、纪念馆），描述（或描写）三件记忆深刻的事或物品。

3.进一次图书馆，自主体验一次完整的借书、读书、还书过程。

4.读一本名人故事图书（或古典名著）。

5.爬一座山（或看一处海、游一条河）。

6.外出旅游一次（低年级市内，中高年级市外）。

二、动手制作，美化环境

1.完成一件自己中意的书画作品。

2.制作一件创意手工作品。

3.完成一次变废为宝的活动。

4.设计一个未来的家。

5.种植一种植物（或养殖一种小动物）。

6.制作一份植物标本。

三、自我服务，助力他人

1.整理一次衣橱（或书架、玩具、卧室、杂物间等）。

2.给爸爸妈妈洗一次鞋袜。

3.做一次小区义务劳动。

4.完成一次探望老人的孝心行动（或去敬老院、福利院等）。

5.做一次社会义卖活动(或爱心捐赠)。
6.挑战完成一次未曾独立做的事。

四、参与劳动,体验生活

1.当一天“家长”(一日生活安排)。
2.做一次大扫除。
3.晒一次冬天的衣服及被褥。
4.做一餐美味菜肴。
5.做一次田园农事体验。
6.学会一项急救技能。

五、社会实践,培育情商

1.与同学交换一本喜欢的课外读物(或喜欢的玩具、物品等)。
2.到同学家玩一天一夜。
3.约同学到家里玩一天一夜。
4.参加(或组织)一次同学聚会。
5.给爸爸妈妈写一封信(或给老师、校长写一封信)。
6.做一份小吃与邻居共享。

六、强身健体,娱乐休闲

1.学会一项亲子健身项目。
2.学会一套健身美体操。
3.学会一项儿童运动项目(轮滑、乒乓球、羽毛球、足球、篮球等)。
4.学会一项亲子游戏。
5.学会一首儿童歌曲。
6.学会一种棋类项目。

附录六　济南高新区章锦小学“暑假互助共同体”学生与家长体验案例

一、家长体验案例

快乐“5＋2”，不负暑假好时光

（三年级二班　金洛迪妈妈）

2022年暑假，济南高新区章锦小学开展了以“互助学习、共同成长”为主题的暑期学习活动，在班主任王老师精心安排下，我有幸参与了这次活动。

此次活动集合时间为2022年7月16日早上九点，集合地点为我家。小组成员有：王艺潼妈妈、王艺潼同学、张墨涵同学、袁硕同学、殷中棋同学、金洛迪同学和我。其中，我与王艺潼妈妈担任团长，五位同学为参与者，组成了我们的“5＋2”学习互助模式。为了活动能够顺利进行，并且能够让孩子们更好地体验这次活动，我和王艺潼妈妈作为团长做了很多前期准备以及计划，如采购、卫生打扫、布置、活动当天的安排……

7月16日早上九点，同学们准时在我家集合了，你看，我们的小团队建成了！

周一：《小区义务活动》

由于天气预报当天有雨，所以我们决定趁早上天气好，把户外的一些活动进行完毕。我们带同学们来到楼下，每人发一个垃圾袋“捡垃圾”，让同学们做一次“环卫小卫士”。通过这个活动，孩子们体会到环卫工人的不易，了解到垃圾分类、爱护环境的重要性，用我们的小小双手呵护大大的地球。

周二：《体验运动项目——打羽毛球》

两两一组体验了打羽毛球这项运动，作为三年级的学生，孩子们上手还是挺快的，即便有的孩子不会，别的孩子也会积极帮助他，既让孩子们的身体得到了锻炼，又让孩子们在运动中加深了彼此之间的友谊，小小羽毛球，连接起了孩子们的心。

周三：《画画——荷花》

我提前给孩子们准备了生宣纸，同学们自己带的水彩笔，我们通过棉棒蘸水晕染的方式完成了一幅具有水墨画效果的作品《夏荷》，不少孩子直呼第一次在同学家作画，感受真的很不一样。

周四：《手工——蜗牛》

手工是我的强项，我也希望孩子们能够学到一点有用的手工知识。我提前准备了各种颜色的卡纸、剪刀、油画棒、双面胶等。做手工的全部过程都由孩子们自己动手完成，我在旁边进行辅助，孩子们完成得又快又好，我也在这一幅幅手工作品中看到了孩子的无限可能。

接下来，同学们开始打扫卫生、整理衣橱、收拾玩具、读书。上午11点，我与王艺潼妈妈准备午餐，同学们帮忙择菜，其间，张墨涵妈妈还送来了两道菜，让我们的午餐更加丰盛了。吃过午饭，同学们一起看了一部励志的电影。随后，每人写了一封信，有写给妈妈的，还有写给老师的……

周五我带着孩子们一起预习了下学期的数学和英语课程。我也是第一次与这么多孩子相处，收获颇多。

这段时间孩子们不仅在活动中学习到了知识，还加深了同学之间的友谊，同时，也让我们看到了孩子不一样的一面。通过这次活动，家长之间的联系和沟通也多了，我们经常一起交流讨论孩子的情况，分享育儿经验，联系更加紧密。

活动一直进行，让我看到了每个孩子的潜力，也体会到家校合作的重要性，感谢学校为我们提供了这样的平台。

快乐成长在一起

（五年级二班　臧光岳妈妈）

不知不觉，2022年暑期已过三分之一。为了丰富孩子们的暑假生活，让孩子们过一个既快乐又有意义的假期，暑假初，章锦小学五年级二班积极响应学校的号召，在班主任李婷老师的指导下，根据就近、方便的原则，组建了阳光小组、智慧小组、腾飞小组、追梦小组、争先小组、快乐小组六个学习共同体小组，明确了小组暑假学习与生活目标、活动方式和各自分工。这三周的活动，孩子们主动自学，乐于群学；家长们开心陪伴，热情服务，与孩子一起成长，让暑假生活有滋有味。

一是常规学习坚持不断。这个暑假，孩子们每天不仅认真完成适量的书面作业，还坚持每日朗读和每日阅读，每个学习共同体小组群内热闹非凡：英语朗读分享、体育锻炼分享、书法分享……小组成员们你追我赶，劲头十足。

二是特色活动精彩纷呈。主要进行了以下几项活动。

1.打篮球

炎炎夏日,一群热爱运动的少年相聚运动场,迎着朝阳,奋力投篮,朝气蓬勃,活力四射。

2.家务劳动

美好生活,劳动创造。家长与孩子们一起行动,呵护植物、学做美食、家务劳动、公益劳动,孩子们兴致勃勃,积极参加。从扫地到拖地,从洗菜到做菜,他们用勤劳的双手,为家人做着力所能及的家务事。不仅提升了自我动手能力,更感受到了父母平时的辛苦,体会舒适生活的来之不易。

一次劳动实践,就是一次成长。每个孩子都是劳动能手,家里每一处都有他们劳动的身影,在劳动中努力成长,体会父母的不易,用实际行动证明"我劳动,我快乐!"

3.阅读分享会

琅琅读书声,悠悠伴我心。孩子把自己读过的好书带到活动场地。大家或是眉飞色舞地分享着自己读书的收获和感受;或是入神倾听、沉浸书香中;又或是热火朝天地讨论着书中的情节和人物……一下午的集中阅读、分享、探讨,让我们深切感受到:读书,让孩子们的心灵正渐渐丰盈起来!

"与书香相伴,与梦想同行。"孩子们在小组群畅所欲言,积极分享自己阅读的故事,表达自己在阅读中的收获和感悟,互相讨论,把读书的乐趣分享给身边的同学,并向同学们推荐自己最喜爱的书籍。

4.英语歌曲秀

怀揣着对英语学习的热爱,"英语歌曲秀"在欢快的音乐声中拉开帷幕。孩子们精神饱满,用准确的英语发音演绎英语歌曲,表演形式独特,富有新意,大家在愉悦的氛围中体验到学习英语的快乐。

"独学而无友,则孤陋而寡闻",《礼记·学记》中的这句话告诉我们,独自学习,不了解外部动向,无人切磋,就会孤陋寡闻。一个人只有与他人共同学习,集思广益、取长补短,才能弥补自身的缺憾,并获得更多知识。学习共同体活动,不仅加强了师生间的交流,传递了知识,更加强了学生的合作和分享意识,激发了孩子们学习的积极性和主动性,使孩子们度过了一段充实有意义的暑假时光!相信在与同伴的一起学习下,五年级二班的孩子们在这个"双减"后的暑假将会走得更远、飞得更高。

暑假共同体感悟

（二年级一班　程骏喆爸爸）

大家好，我是章锦小学二年级一班程骏喆的爸爸程特，很荣幸跟大家交流暑假共同体的感悟。

刚开始接触“学习共同体”这个概念，是在今年7月份武教授的讲座上，在章锦小学三楼多媒体教室，武教授提出了“学习共同体”理念，当时我在台下，觉得这个想法挺新颖，给孩子的暑假生活提供了一种新的方式。没想到，这一想法很快得以实现。

暑假来临，班主任常老师先在家委会群里介绍了暑假学习互助共同体的基本原则、组织构建和具体实施建议，又解答了我们心中关于场地、人员、安全等问题的疑惑，考虑到二年级的孩子年龄小、性格活泼好动等特点，经过家长们的商量，我们决定在班级内先以小区为单位，分别在东岸嘉园、泰和新苑建立两个试点，每组自愿报名3～5名孩子，测试这个互助共同体是否可行。

近一个月的时间过去了，这个互助共同体的成果令我欣喜。

互助共同体由老师、家长和孩子共同参与，程骏喆参与的是东岸嘉园的互助共同体小组，成员还有同班的张家宇、孔德宸、任家豪，我担任团长，学生和其他几位家长为团员，班主任常老师为指导老师。根据疫情防控要求，这几个孩子都没有安排市外活动，这就给小组成员一起学习、一起玩乐提供了充足的时间。在互助共同体活动时间里，孩子们一起背诵古诗，一起看电影，一起打扫卫生，一起阅读，一起在小区里进行义卖，一起参加消防社会实践……忙得不亦乐乎。

作为家长，我心里感到无比欣慰。我的老家在临沂市莒南县，虽在济南工作安家，但特别害怕孩子没办法融入同学的小圈子中，而这个互助共同体小组的成立，很快让我这种顾虑烟消云散。看到孩子们一块自由自在地嬉闹，无拘无束地玩耍，我心里感觉特别踏实。

难能可贵的是，我们这一小组的每位家长都很负责，孔德宸爸妈文化水平比较高，主动为孩子们制定学习计划并监督实施，还为孩子们的运动项目做出专业的指导；张家宇妈妈和任家豪妈妈为孩子提供场地，做好后勤服务；我则是具体活动的总执行人，协调大事小情。因为孩子们的缘故，我们家长之间也变得熟络起来，“远亲不如近邻”这话一点也不假，周末我们会在一起聚聚餐，说说各自的工作，谈谈各自的孩子，有一搭无一搭地聊聊家常。大家都是在济南打拼定居到同一个小区的人，有这么几个人，能坐在一起，孩子们欢声笑语不断，大人们心里也倍感温暖。

二、学生体验案例

快乐暑假

（二年级三班 赵墨菡）

盼望着，盼望着，心心念念的暑假生活终于开始了。为了响应学校暑假互助共同体的号召，让安全多彩的暑假真实落地，我和张清怡、岳雨欣组成了学习互助小组，爸爸妈妈根据我们的情况给我们制定了各种计划，内容非常丰富，有开阔视野、增长见识的，有动手制作、美化环境的，有自我服务、助力他人的，有参与劳动、体验生活的，也有强身健体、娱乐休闲的。下面就让我简单说一说我们一起做过的比较有意义的事情吧！

我们一起观看了电影《放牛班的春天》，这部电影讲的是一群被人们认定为"无可救药"的孩子们在代课教师马修的教导下，学会互相帮助、尊重师长并组建了合唱队的故事。里面最感人的情节是：马修老师再也受不了校长体罚的教育方式，和校长争辩自己的看法，结果被校长开除了，当他走到往日上课的教室下面时，许多信飘了下来，他抬头一看，原来是从教室的窗户里飘下来的，越飘越多，这一刻，窗户里伸出了许多只手，在空中摇晃，学生们以这种方式跟老师告别。看到这个镜头时我和张清怡都感动地哭了，岳雨欣则很疑惑地看着我俩，果然大家的泪点是不同的，我俩还因此开玩笑说雨欣没有同情心呢。总之这场电影让我们收获了很多，我的愿望就是当一名老师，我希望我以后是一个受学生喜欢的老师。

暑假里为了践行垃圾分类，我们三个还一起制作了各类垃圾桶，有专门盛放厨余垃圾的绿色垃圾桶，有盛放可回收垃圾的蓝色垃圾桶，有盛放有害垃圾的红色垃圾桶以及盛放其他垃圾的黑色垃圾桶，这更加加深了我们对垃圾分类的了解。我们还主动去小区里捡拾垃圾，并且将它们分类放到对应的垃圾桶，其间还碰到了我们的同学和朋友，他们也纷纷加入我们，看吧，榜样的力量可不容小觑，连路过的叔叔阿姨都纷纷为我们竖起大拇指呢，做好事被表扬真的是很开心呢，以后我们争取做更多的好事！

因为我们三个在同一个舞蹈班，所以我们的舞蹈课也是一起上的。我们学了一支六级的舞蹈《茉莉花》，这支舞蹈要练习小五花，对我们来说有点难，我们学了好久。清怡和雨欣学得比较快，我学得稍微有些吃力，其间我都急哭了，有点想放弃了，但是她俩一直在鼓励我，而且在下课后还主动来我家里陪我练习，有了她俩的陪伴和爸爸妈妈的鼓励，我渐渐地找到了诀窍，经过练习，我也学会了，连舞蹈老师都表扬我进步大呢，我们顺利地通过了考级测试，为此我们三个还被奖励去吃了一顿肯德基，我真心感谢她们！

我们作为一个学习互助小组还做了许多事情，比如一起写作业、一起读书、一起画画、一起做手工等等，在这近一个月的时间里，我们有过争执但更多的是欢声笑语和共同进步，因为有分歧有争执的时候我们会认真地分析原因，我们学会了互相理解和体谅他人，这也是我们相处这么些时间以来我们感悟到的道理，这个暑假我们收获了知识也收获了友谊，这真是一个有意义的暑假啊！

附录七 济南高新区凤凰路小学"启凤榜样家长"感悟分享

一封家书,情意万千;寥寥数语,纸短情长。凤凰路小学的家长们以这种浪漫的交流方式,在字里行间,表达着对孩子点点滴滴的关心和爱。纸短情长,家书万金,父母的爱总是深沉而又无言的。爸爸妈妈们将这份爱化作一封封书信,字里行间句句深情,表达着对儿女最朴素的祝福和最美好的期盼。

家长代表 张铭洋妈妈:

在众多的活动中,让我感触最深刻的是学校举行的"启凤家书"活动。"启凤家书"活动通过各种形式组织家长参与其中,利用寄语、书信等方式让家长就孩子的学习成长发表自己的观点、表达自己的希望,从而使学生和家长在各方面都获得了不同程度的成长。细数几次活动收获,"启凤家书"活动拉近了我和孩子的距离,亲子关系更加亲密了,家庭氛围也更加和谐了,每次写好家书我都会先读给孩子听,俩儿子时而眨眨眼,时而点点头,仿佛明白了什么。而我也细心听取了孩子的想法,清楚了他们的小心思,也更理解他们了,家庭日常正逐步从"鸡飞狗跳"向"母慈子孝"转变。

家长代表 张家浩妈妈:

转眼间两个儿子入小学已经两年有余了。在这两年多的美好时光里,我陪着儿子学习文化知识,参加实践活动,身心都得到了成长。自参加活动以来,俩儿子渐渐明白了许多为人处世的道理,认真听着我的"唠叨"和老师的教诲。俩人在学校与同学相处更融洽了,在家学习也更自觉了,我真心感觉到孩子长大了。而我对学校的教育理念和老师的育人方式也更明了,对孩子各种问题的解决也更得心应手了。相信在家校共育的道路上我们会更加坚定前进的方向!真心感谢学校举办了这么有意义的活动,也真诚希望"启凤家书"活动能继续开展下去,越办越好!

家长代表 成建陆妈妈:

每次整理家里的卫生,总要把儿子成长的印记一点点地替他珍藏,有他幼儿园画的画,也有他第一次写他自己的名字,有他做的四不像的手工,还有他看过的书、得过的奖励、写过的试卷、玩过的玩具,甚至是他一年级写着歪扭拼音传过的小纸条……有一天我在他的书桌里发现了一个圆圆的小卡包,里边整整齐齐地排列着老师奖励他的凤凰成长币,那一刻我忽然有些小感动,平时有些邋遢的儿子，却如此用心地珍惜着他用努力换来的小确幸。一封家书，也许是在孩子的成长路上瞬间而过的一抹颜色，有的写在了纸上，将来也许可以传诵，有的刻在了生活当中，伴他整个人生。也许就是因为这一抹一抹的颜色吧，孩子的人生将来才会绚丽多彩。

家长代表　李坤儒爸爸：

在我心里，我只希望儿子能够做最好的自己，无论是学习，还是做人做事，我都让儿子问自己一句："还能再好一点吗?"如果能，那就去做吧，老爸支持你！如果一封家书只能有12个字的话，我希望我的儿子将来能够做一个"知感恩、明事理、懂规矩、有底线"的男人。这封家书的意义也许就在于此吧，特别感谢学校能有这么一个活动，让我们家长能够真真正正地停下来，停在孩子成长中的某一个时刻，静静地去回忆、思考，静静地去欣赏自己的孩子，正视孩子的教育与成长。

家长代表　厉梦洋爸爸：

以前，日子很慢。几张薄薄的信纸装入信封，贴上一方小小的邮票，要旅行好久，才能把我们的牵挂和思念送到亲人身边。现在，日子很快。只要你愿意，就可以随时随地拿起手机，发短信、连视频，即时通信从时间和空间上拉近了人们彼此的距离。可闲暇下来，我们有时会觉得，当下的沟通方式太过便捷简单，以至于我们失去了细致构思的庄重、字斟句酌的严谨和自然流淌的真情。感谢凤凰路小学"启凤家书"活动，提笔写信、倾诉衷肠，这是对中华优秀传统文化的传承和弘扬，也是对亲子关系的促进和提升。如果不是这项活动，也许已经习惯了快节奏生活的我们，不会想到用这种方式去和我们的孩子沟通交流。

当铺开家书的那一刻，带着温度的信纸，仿佛就是催化剂，让我和孩子妈妈内心隐藏许久但平时又无暇表达的真情，瞬间倾泻而出。纸短情长，殷切的希望、谆谆的嘱托、美好的祝福……倾注笔尖，滔滔而不绝。写信的方式，或许对于今天的孩子来讲，还比较陌生，表达的期许，或许他们还不太懂，但我们写下的每一个字，都流淌着最真挚的情感，每一句话，都是关于孩子成长最真实的记录，每一封信，都将成为他们人生中最珍贵的礼物。

"云中谁寄锦书来？雁字回时，月满西楼。"多年以后，当孩子重新打开这些已经发黄的纸张，看到父母写下的这些文字，他们的内心深处是否会激荡起一层层涟漪？爱的力量、家的温暖，将不断激励着他们在漫漫人生路上积蓄能量、迎接挑战、走向辉煌。

家长代表　齐梓涵爸爸：

一开始听说学校要举办“启风家书”活动时，真不知道应该说些什么，总认为孩子就在自己的身边，该说的早就说过了。但在出差的日子里，面对着信纸，提笔在手，想起他成长的点点滴滴，我一个大男人竟泪眼潸然。写什么内容是每次我和他妈妈面对“启风家书”时都在思考的问题。但回头想想，孩子的每一点进步、每一次失落、每一次开怀大笑、每一次黯然神伤……其实我们家长都看在眼里，有时我会送上一个结实的拥抱，有时我也会送上严厉的批评，当把这一点一滴都汇集起来，才发现原来我有那么多话可以对孩子说。也许有些话他很难理解，但是等他长大成人之后，再看爸爸妈妈在他小时候写给他的文章，或许又是另一番滋味了。